江西理工大学清江学术文库

分工演化、多重约束与区域协调发展

王昆 黎晓 著

北京
冶金工业出版社
2019

内 容 提 要

本书构建了一个有关多重约束、分工演化与区域协调发展理论的分析框架；在该分析框架下，完成对内在机理的实证检验，以支撑本书的理论分析；通过指标构建，对我国区域协调发展水平进行综合评价；在理论和实证分析的基础上，构建了促使我国区域协调发展的政策建议体系。

本书可作为高等院校国际贸易、能源经济、人口经济以及区域经济专业学生学习用书，也可供科研院所相关领域的研究人员参考使用。

图书在版编目(CIP)数据

分工演化、多重约束与区域协调发展／王昆，黎晓著. —北京：冶金工业出版社，2019. 11
ISBN 978-7-5024-8277-0

Ⅰ. ①分… Ⅱ. ①王… ②黎… Ⅲ. ①区域经济发展—研究—中国 Ⅳ. ①F127

中国版本图书馆 CIP 数据核字(2019)第 205228 号

出 版 人 陈玉千
地　　址 北京市东城区嵩祝院北巷 39 号 邮编 100009 电话 (010)64027926
网　　址 www. cnmip. com. cn 电子信箱 yjcbs@ cnmip. com. cn
责任编辑 杨盈园 美术编辑 郑小利 版式设计 禹 蕊
责任校对 王永欣 责任印制 李玉山
ISBN 978-7-5024-8277-0
冶金工业出版社出版发行；各地新华书店经销；北京建宏印刷有限公司印刷
2019 年 11 月第 1 版，2019 年 11 月第 1 次印刷
169mm×239mm；11 印张；212 千字；164 页
48. 00 元
冶金工业出版社 投稿电话 (010)64027932 投稿信箱 tougao@cnmip. com. cn
冶金工业出版社营销中心 电话 (010)64044283 传真 (010)64027893
冶金工业出版社天猫旗舰店 yjgycbs. tmall. com
(本书如有印装质量问题，本社营销中心负责退换)

前　言

区域协调发展是我国长期以来指导地区经济发展的基本方针。特别是在新时代下，区域协调发展是新时代影响人民日益增长的美好生活需要和不平衡不充分的发展之间矛盾的重要因素，也是2020年决胜全面建成小康社会、2035年基本实现社会主义现代化、21世纪中叶建成富强民主文明和谐美丽的社会主义现代化强国进程中坚持不懈的奋斗任务。因此解决区域协调发展问题是新时代的重大课题。

当前我国在处理区域协调发展的问题上出现了一些问题，特别是数量约束、成本利润约束、质量约束、环境约束等多重约束的出现，使得传统粗放型经济增长方式难以为继，一小部分产业不断外移，经济增长压力凸显，产业转型升级迫在眉睫。因此，对出现这些约束共同原因的探寻以及如何突破这些多重约束限制，进而实现我国区域协调发展的目标，成为本书研究的重要动力。本书在对现有文献梳理的基础上，首先，构建一个有关多重约束、分工演化与区域协调发展的分析框架；其次，在该分析框架下，完成对内在机理的实证检验，以支撑本书的理论分析；再次，通过指标构建，对我国区域协调发展水平进行综合评价；最后，在理论和实证分析的基础上，构建了促使我国区域协调发展的政策建议体系。研究结论主要如下：

一是分工演化确实是影响一国能源消费水平的重要因素之一，并且由于行业特性、一国在国际分工中所处位置的差异，导致分工演化对能源消费的影响在不同国家、不同行业类型间产生了显著的差异。从实证结果来看，分工演化确实提升了发展中国家的能源投入需求，抑制了发达国家的能源投入需求。

二是劳动成本优势转换、利润创造能力的不断下降是影响产业不断外移的重要原因。通过研究发现，中国劳动成本优势的不断弱化，与我国劳动报酬的快速上升密切相关。垂直专业化分工并没有很好地帮助我国实现“由价值增值到产品盈利再到资产获利”的产业发展目标，其“低端锁定”的路径依赖效应反而可能导致我国利润创造能力不断下降。

三是国际分工中的技术外溢，有助于我国全要素生产率的提升，但其外溢水平受到人力资本存量的制约。东部地区由于具有较高的人力资本优势，在国际分工中的技术外溢水平最高。但近年来，高额的生活成本和生存压力，使得东部地区部分人力资本开始回流，导致东部地区技术外溢水平增长受限甚至为负，进而抑制了我国全要素生产率的提升。西部地区在参与国际分工之际，更有可能发生“资源诅咒”的现象，但人力资本的持续改善能够避免该现象的发生；中部地区良好的基础设施及投资前景，可能导致技术外溢与“挤出效应”相抵消，从而使得垂直专业化分工对全要素生产率的影响并不显著。

四是分工演化同样加剧了我国环境污染问题。这一点无论是从参与垂直专业化分工的规模，还是从参与垂直专业化分工的程度来看，均得到了有效验证，并且 FDI 与加工贸易在对 SO_2 排放的影响上展现出了高度的统一性，很好地体现了二者之间的密切联系。

五是实证研究结果表明，中、高等人力资本积累在调整产业结构、促进产业结构升级方面所起的作用并没有达到预期的效果，甚至可能陷入了“低技术均衡”。研发投入在缓解能源约束方面的作用也需要通过与高等人力资本的配合，才能有效促进技术进步，进而降低能源强度。

六是对区域协调发展水平的评估发现，我国东部地区的协调发展程度要显著优于中、西部地区，导致这一差异的主要原因是东中西部地区经济发展水平的差异。庆幸的是，资源禀赋优势相对削弱了因中西部地区经济发展水平较低带来的不利影响。因此，在提升中西部地区协调发展水平之际，更应以“绿水青山就是金山银山”的发展理念来提升当地经济发展水平。需要注意的是，在参与国际分工的进程当中，资源环境问题的日益凸显是影响我国，特别是中西部区域协调发展水平提升的重要制约因素。所以，东部地区在引领经济发展之际，要加大对中西部地区的反哺力度，以进一步缩小东中西部之间的不平衡程度。

最后，根据以上结论，本书对如何缓解乃至突破上述多重约束，切实推动我国产业结构转型升级等方面，给出一系列的政策建议，以期为实现我国区域协调发展宏伟的目标做出贡献。

作　者

2019年5月

目　　录

1 导 论

1.1 研究背景、研究意义及概念界定

1.1.1 研究背景

近年来，我国经济建设取得了举世瞩目的伟大成就，人均国内生产总值从1997年的6481元/人上升至2017年的5.4万元/人，人民生活水平显著提升，但我国区域经济的发展却极不平衡，且东、中、西部地区之间呈现不断拉大的趋势，致使该问题已成为我国经济社会发展中的一个突出矛盾。区域协调发展作为我国长期以来指导地区经济发展的基本方针，特别是在新时代下，区域协调发展是新时代影响人民日益增长的美好生活需要和不平衡不充分的发展之间矛盾的重要因素，也是2020年决胜全面建成小康社会、2035年基本实现社会主义现代化、21世纪中叶建成富强民主文明和谐美丽的社会主义现代化强国进程中坚持不懈的奋斗任务，解决区域协调发展问题是新时代的重大课题。

然而，一些新问题的出现，使得我国在处理区域协调发展的问题上更为棘手。从发展历史来看，东部地区的快速发展，既与历史、地理等因素有关，也与20世纪90年代的全球化浪潮有关。在全球化进程中，我国东部地区凭借低成本优势，积极参与到国际分工当中，吸引了大量外商投资，有效促进了当地经济的快速发展。但是，由于初始技术水平有限，东部地区在参与国际分工的过程中，多承接的是加工、组装环节，"世界加工厂"的低端定位使得东部地区必须把中、西部地区压制在原材料和劳动力等生产要素供应商的地位，以获得低成本竞争优势，进而抑制了中、西部地区发展劳动密集型产业的空间和其他可能的选择，东部地区的快速发展，离不开中、西部地区的巨大贡献。中、西部地区为东部发展提供丰富的自然资源和大量的初级产品，在这种区域分工模式下西部地区牺牲了代际公平，但却并没有获得合理的补偿，这些非公平因素加剧了非平衡发展的程度。更为重要的是，经过多年的开采，我国现有自然资源已相当有限，且环境污染严重，大量能源依靠进口，资源环境约束问题严峻，现已成为制约我国经济发展的重要瓶颈。

此外，在参与国际分工的过程中，中国经济虽取得了高速增长，但伴随经济增长而来的劳动报酬也出现了爆炸性增长，劳动供需结构性失衡和老龄化社会的

即将到来，将进一步推动未来劳动报酬的上升速度，不断削弱我国劳动力成本优势。从目前来看，我国诸多企业都面临着招工难、用工贵、利润率低等问题，成本利润约束已十分明显。特别是在全球经济增速放缓、贸易保护主义抬头等外部因素的影响下，一部分以外资为主的代工者选择产业外移而非内地迁移的方式，导致国际分工的重新选择以及制造业回流等现象的出现，如 Sleek Audio、卡特比勒、ATM 机器生产商 NCR、玩具生产商 Wham-O、发光二极体生产商 Seesmart LED 等企业正在逐步回迁至美国，松下、日本大金、夏普、TDK 等企业也正在逐步回迁日本，甚至国内诸多著名企业，如华为、中兴、联想、吉利汽车等也纷纷前去墨西哥投资办厂。这些新现象的出现，必然会导致我国现有分工与增长模式难以持续。那么，分工演化是否是引致上述约束出现的原因？在这些约束下，我国在国际分工中的方向又该如何选择？多重约束下，应该如何实现我国区域协调发展的最终目标？这些问题都非常值得进一步的研究。笔者通过对文献进行梳理，发现国内尚未对此进行系统性的研究，因此，本书期望能够在上述分析的基础上，对分工演化、多重约束与中国区域协调发展的问题进行系统性的研究，以回答上述问题。这样，才能在新形势下，构建促进我国区域协调发展问题的相关政策体系，这也是本书选题的出发点所在。

1.1.2 研究意义

考虑到在新形势下，多重约束的出现使得最初参与分工的模式难以为继，在维持地区经济增长方面将面临更大的压力，各地对资源的竞争也会更加地激烈，这必然加大了我国区域协调发展目标实现的难度，因此，必须从理论上对其进行重新梳理，厘清分工演化与多重约束的关系，并从实证上进行理论检验，以寻求缓解乃至突破多重约束，进而实现区域协调发展的宏伟目标。本书研究意义主要体现在以下几点：

第一，本书是以广义资源为研究对象，包括自然资源和社会资源，从数量约束、成本利润约束、质量约束以及环境约束等几个方面进行系统性研究，在厘清分工演化与多重约束之间的内在联系后，构建了一个有关多重约束下的分工演化与区域协调发展的分析框架，这也是本书的重要贡献之处。

第二，本书利用数理统计的方法，实证检验了理论框架内的分工演化与多重约束的理论联系。通过国家间、产业间和企业间的多角度研究，深入剖析了我国出现多重约束的内在原因，并从多重约束的视角解释了产业的回流与外移现象，进而揭示了我国在国际分工中所面临的严峻问题。

第三，结合本书研究结论，构建促使中国区域协调发展的政策建议体系。

1.1.3 概念界定

本书所讲的分工，指的是 20 世纪 90 年代迅速发展并兴起的垂直专业化分工，该分工将传统的产业间、产业内分工拓展到产品内部生产的链条当中，大大拓展了国际分工的领域，诸多发展中国家借此机遇，也纷纷加入到这种国际分工当中，进而掀起了全球化的生产浪潮。各国凭借初始竞争优势，在全球价值链生产中占据不同的位置，随着时间的推移和竞争优势的转变，各国参与分工的水平不断演变，在全球价值链中的位置也在不断变迁。在这些国家当中，中国表现得尤为抢眼。自20世纪90年代以来，通过以低劳动力成本优势承接了大量来自发达国家的加工、组装环节，我国工业产值快速上升，加工贸易更是出现爆炸性增长，参与垂直专业化分工的水平不断提升，现已成为全球第一制造大国。因此，本书所指的分工演化，也是指垂直专业化分工与贸易的不断变迁。

1.2 研究思路、研究方法与结构安排

1.2.1 研究思路

本书从我国目前的经济发展情况出发，首先，通过勾勒我国在经济发展中所面临的多重约束问题，引出分工演化、多重约束与区域协调发展问题；其次，尝试通过对现有理论的梳理，构建一个有关多重约束、分工演化与区域协调发展的分析框架；再次，在该分析框架下，完成对内在机理的实证检验，以支撑本书的理论分析；之后，通过指标构建，对我国区域协调发展水平进行综合评价；最后，在理论和实证分析的基础上，构建促使我国区域协调发展的政策建议体系。

1.2.2 主要研究方法

本书采取的研究方法主要有以下两种：

（1）对比分析法。采用静态比较分析与动态比较分析相结合的方法，对同一时期内的截面数据采用静态比较分析，对不同时期内的面板数据采用动态比较分析。

（2）计量分析法。本书利用GMM估计、工具变量、逐步回归等计量分析手段，对分工演化与多重约束的内在机理进行系统性的实证检验。

1.2.3 结构安排

本书在我国出现多重约束的背景下，在国内外经济环境发生改变时，系统分析了分工演化与区域协调发展理论联系，并通过其计量分析和国际比较研究，构建了促使我国区域协调发展的政策建议体系。全书共分10章，撰写结构如下：

第1章为导论。首先，明确本书研究背景及意义；之后，阐述本书研究思路、方法和内容；最后，介绍本书的创新点和不足之处。

第2章为理论分析框架的构建。通过对文献的重新梳理，构建了一个有关多重约束、分工演化与区域协调发展的理论框架，并初步勾勒了分工演化影响多重

约束的途径和作用机理，以及如何通过促使分工的进一步演化，缓解甚至突破多重约束，进而实现区域协调发展的宏伟目标。

第 3 章为分工演化对能源消费影响的实证研究。首先，构建分工演化对能源消费的影响机理，其次，利用 WIOD 数据库，对发达国家和发展中国家参与国际分工的情况和能源投入消费情况进行初步的统计分析；最后，利用计量分析手段，从国家和产业两个层面实证研究分工演化对能源消费的影响。

第 4 章重点研究了人力资本积累是否有助于缓解能源约束的问题。首先，在构建人力资本积累影响能源消费机理的基础上，提出相应的研究假设，并利用 WIOD 数据库，从国家和行业两个层面，对分工演化、人力资本积累与能源消费的关系进行了较为系统的实证研究；其次，利用国内省级层面的相关数据，对人力资本与能源消费的关系作进一步的实证检验；最后，将研发投入强度纳入分析框架当中，从结构匹配的视角，重点考察了研发投入强度对我国能源效率的影响。

第 5 章从劳动成本优势转换的视角，解释了产业外移的部分原因。在分析时，本章从劳动报酬、劳动生产率与劳动成本优势三个方面进行了国际比较研究，系统分析并探讨了我国劳动成本优势转换的原因。

第 6 章是对分工演化与我国利润创造能力进行系统性的分析。本章在 WIOD 和中国工业企业数据库的基础上，通过设定多个衡量利润创造能力的指标，从国家层面、产业层面和微观企业层面，系统研究了我国工业利润创造能力的变迁情况。

第 7 章从技术进步的视角探讨了分工演化与产品质量的关系。具体来看，本章利用省级层面的相关数据，采用 GMM 估计或 IV 估计的方法，对我国分工演化与技术进步的关系进行了相应的实证研究。

第 8 章重点研究了分工演化对我国环境污染的影响。本章在我国省级面板数据的基础上，利用系统 GMM 估计的方法，实证研究了垂直专业化分工对我国环境污染的问题，并对实证结果进行了稳健性检验。

第 9 章从经济发展、社会进步、环境质量和资源状况 4 个方面，构建了衡量我国区域协调发展水平的指标体系，并在该指标体系下，测算了我国 30 个省、自治区、直辖市 2015 年的区域协调发展水平。

第 10 章是在理论和实证分析结果的基础上，总结本书的主要结论，并构建促使我国区域协调发展的政策体系。

1.2.4 不足之处

由于数据的可获性及自身水平的限制，本书也存在着以下两点不足之处：

（1）由于投入产出表的非连续性，使得本书在从省级层面计算我国参与分工水平时，采用的是加工贸易法，但这样存在高估我国垂直专业化水平的可能性。

（2）由于数据的可得性，部分章节的数据未能更新至最新，如将来能够得到新的数据资源，将能进一步更新和扩充本书的研究内容。

2 多重约束、分工演化与区域协调发展的内在机理[1]

统筹区域发展是中共十六届三中全会提出的重要内容之一，而引起中国区域经济发展的不平衡，特别是东部沿海地区与中西部地区之间不平衡的原因，可能与东部沿海地区在参与国际分工中的定位有密切的关系，如张少军、刘志彪认为，东部地区在参与国际分工时，由于处于分工体系中的加工、组装等低端环节，只能依靠低成本优势来竞争，进而在一定程度上把中西部地区压制在原材料和劳动力等生产要素供应商的地位，从而抑制了中西部地区产业升级的空间和转型可能的选择。因此，在国际分工演化的进程中，应该看到，一方面，中国通过参与国际分工，在经济上取得了高速增长，获得了分工利益；另一方面，我们更付出了高额的代价，如由于分工的低端定位而导致的资源环境约束问题日益凸显，且呈现出数量、成本利润、质量、环境四重约束的特征，中国区域经济增长也遭遇到更多的瓶颈，特别是在国际外部环境发生改变、国际贸易保护主义重新抬头、中国区域多重约束的动态变化等因素的影响下，一部分以外资为主的代工者选择产业外移而非内地迁移的方式，进而导致国际区域分工的重新选择以及制造业回流等现象的出现，这将对中国区域协调发展目标的实现产生一系列不利影响。

由此可见，在分工演化的过程中，多重约束的凸显对区域协调发展的实现提出了新的挑战，需要进行理论上的阐述和构建。因此，本书尝试在对现有文献梳理的基础上，从分工演化的视角，构建一个有关多重约束、分工演化与区域协调发展的理论分析框架，以期对现有研究做一补充。

从掌握的资料来看，现有文献对此方面的研究已取得一系列的成果，这些成果也是本书研究的重要思想来源。但总体来看，现有文献主要集中在对分工与资源约束、资源约束与区域协调发展以及分工与区域协调发展等两两关系的理论阐述和实证研究，系统地对彼此之间内在联系进行研究的成果并不多见。下面，我们对其研究进行一一的归纳与总结。

---

[1] 本部分核心内容已发表，参见：王昆，黎晓. 多重约束、分工演化与区域协调发展：一个理论分析框架 [J]. 贵州财经大学学报，2014，32（2）：73－78.

2.1 已有相关理论阐述与实证结果总结

2.1.1 分工与资源约束的理论阐述与实证

资源有广义和狭义之分，广义资源包括自然资源和社会资源，狭义资源仅指自然资源。在当今社会，社会资源，尤其是技术、人力资本、知识水平、融资能力、制度等社会资源水平对贸易分工的影响力日益增大。因此，在谈及分工与资源约束之际，必然涉及分工与自然资源和分工与社会资源两大方面的分析。

在分工与自然资源约束理论研究方面，现有文献主要是从加工贸易的视角来进行分析。中国的加工贸易具有一些独一无二的特征，中国长期的加工贸易政策和税收政策更是进一步促进了企业的出口强度，这种加工贸易必然要为“委托加工者”大量地消耗本国国内的自然资源，进而使得发达国家自然资源约束矛盾向发展中国家转嫁。

在社会资源约束与分工理论的研究方面，主要集中在分工与技术溢出与人力资本的分析上面，但其结论并不统一。如在技术溢出方面，Jabbour 等人认为贸易分工可以促进技术扩散的发生，有利于技术落后国的技术进步和产业升级，缩小与发达国家的技术差距；同时，这种技术扩散还可能会使发达国家的进口企业受益，进而实现双赢。梁超等人也认为国际分工有助于提升中国制造业的创新能力，但人力资本积累及其吸收能力对企业创新能力的提升极其重要。除此之外，国内一些经济学家在此方面还进行了更为细致的研究，如从内外资企业的视角，分析了产品内分工对内外资企业技术溢出水平的不同影响。孟祺从内资视角，从行业数据出发，着重分析了产品内分工对中国内资企业技术溢出效应的影响，发现整体上内资企业并没有获得明显的技术溢出效应。许晓娟等人从微观企业数据出发，对中国本土企业是否获得技术溢出进行了更为翔实的研究，研究发现中国本土企业通过垂直产业的前后向关联获得的技术溢出效应并不明显，外资企业是垂直技术溢出的获益者，两国之间的技术差距并没有缩小，反而可能拉大，这种结果的出现可能是因为外资企业由于诸多因素的考虑，更倾向于选择外资企业作为上下游合作伙伴引起的。

2.1.2 资源约束与区域协调发展的理论阐述与实证

2003 年以来，随着全球经济的逐步复苏以及国内投资和经济的快速增长，导致国内对资源性产品的需求激增，进口数量逐年递增，进口价格也持续上涨，进而导致自然资源相对短缺的东部沿海地区，尤其是珠三角和长三角区域企业生产和营运成本快速上升，企业利润的迅速下降，但这也为自然资源较为富裕的中、西部地区带来难得的发展机遇。基于这种思想，诸多经济学家提出用能源替代、产业转移等方式，来缓解我国资源约束的现状，进而实现区域的协调发展问题。如 Bastianoni 等人通过将可再生能源与不可再生能源的替代性引入模型，证明在受到资源约束时，加强对可再生资源的替代投资，可以改善目前能源的消费结构，是实现区域经济可持续发展的唯一路径。曹玉书也认为引进和消化国外能源技术的研究成果，将有助于我国区域经济的协调发展。傅允生认为，在目前这种区域不平衡约束的情况下，国内产业的梯度转移将有助于我国区域协调发展的实现，但目前产业梯度转移的进展较为缓慢，转移的内在动力不足，效果也不明显，而这又与各区域资源禀赋、技术水平、金融发展、市场与政策等多方面的因素有关。王铮等人在考虑了区域增长、资源贸易与资源开发溢出效应等因素的前提下，对 Bretscheger 模型进行了扩展研究，进而探讨了资源约束下两区域经济增长的问题，研究发现当区域内部技术溢出不足时，落后地区通过出售资源获得的收入较大；反之，落后地区将资源用于生产所获得的收入大。因此，两区域可以通过调整各自区域资源出售的比例，进而获得区域双赢的结果。该研究也说明了技术溢出的大小，会引致各区域在促进经济增长的行为上存在着选择性差异。

2.1.3　分工与区域协调发展关系的理论阐述与实证

在理论阐述方面，诸多经济学家从不同的角度提出了自己的观点，如早期的斯密、李嘉图、赫克歇尔-俄林分别从绝对优势、比较优势、要素禀赋方面对区域分工进行了阐述，并认为这种分工有助于实现区域的双赢。然而，普雷维什等提出的“中心-外围”理论却认为在传统的国际分工下，外围国家的初级产品贸易条件存在长期恶化的趋势，两国所获得的贸易利益是不平等的，外围国家实现的可能是悲惨式增长，这将不利于区域经济的协调发展。

20 世纪 80 年代之后，随着经济全球化的发展，分工形式也开始不断演化，传统的国际分工实现了从产业间到产业内再到产品内的一个历史性跨越，分工的内容不再拘泥于某一产品整体，而是深入到产品内部的某一环节，国际贸易也因此出现爆炸性的增长，中国也借此机遇积极参与到国际分工当中，以分享分工所带来的利益。国内外众多经济学家对这种产品内分工与区域协调发展的关系也展开了大量研究，但其结论也并不统一，至今仍存在着到底是单方受益还是双方受益的争议，其争议主要集中在双方的工资率、就业、环境污染等方面。如在就业和工资率方面，Arndt 认为分工将同时改善劳动稀缺国和劳动充裕国的就业和工资率；Samuelson 等人认为分工减少了发达国家非熟练劳动力的岗位；臧旭恒和赵明亮认为中国工业部门参与垂直专业化分工总体上降低了对熟练劳动力的相对需求，非熟练劳动力的相对需求增加；唐东波从微观企业数据出发进行研究，认为与经济合作与发展组织（OECD）等发达国家分工程度的提升，有助于提高我国制造业高技能劳动力就业比例，而与亚非拉等低收入国家分工程度的提升，则会引起劳动力技能水平的相对下降；戴枫和陈百助认为造成美国就业下降的最主要因素是劳动生产率的提高，只有2000~2003年间3.11%的就业减少以及2007~2011年间3.58%的就业减少归因于来自中国的进口（包括中间品和最终产品进口）。

在环境污染方面，Dean等人认为，出口贸易的爆炸性增长，会导致国内环境的恶化。基于此，国内外诸多学者认为中国在获得出口的高速增长以及巨额的贸易顺差的同时，也付出了巨大的环境代价，其增长是不可持续的。党玉婷利用我国制造业的相关贸易与污染数据的实证研究，也验证了这一点。值得注意的是，沈利生等人在基于投入产出表的基础上的实证研究，认为虽然对外贸易有助于污染减排，但减排速度低于贸易增长速度。因此，从整体上看，中国出口产品的排污总量依然在上升。然而，张少华等人的经验研究，却认为参与国际分工，能够促进清洁型贸易的发展，进而显著降低中国的环境污染水平。戴翔也持相同观点，并对其进行了解释。他认为产品内分工的新型贸易模式能够使发展中国家的比较优势不再拘泥于传统的污染密集型产业，而是可以参与到一些结构层次更高的、生产环节更为清洁的生产阶段上，进而减少发展中国家的污染排放水平。王昆、黎晓的研究则证实了无论是从参与垂直专业化分工的规模，还是从参与垂直专业化分工的程度来看，参与垂直专业化分工均加剧了我国的环境污染问题，不利于我国区域协调发展目标的实现。

由上可知，有关分工演化对环境污染影响的结论也并不统一，而这种不一致性可能与研究方法、数据选取、模型设定等因素有关。除此之外，国内统计与国际统计标准上的差异也会在一定程度上影响研究分析的准确性。此外，环境管制在分工演化与区域协调发展中同样扮演着重要角色。有关这方面的研究主要集中在对环境波特假说是否存在的讨论上。如王国印的研究认为波特假说在较为落后的中部地区不成立，而在东部发达地区则可以获得较强的验证，这说明环境管制将进一步强化现有的区域分工格局，阻碍我国东部沿海地区产业向中、西部地区转移的进度和效果。李静在搜集中国省级数据的基础上，运用GML生产率指数方法进行研究，证实了东部地区具有较高的环境技术效率，而西部地区则相反，这也验证了王国印的研究。沈能则进一步对这种波特假说的地区差异进行了解释，他认为这种地区差异主要是受到环境规制强度及发展水平的影响。然而，在关注波特假说是否成立之外，丘兆逸等人指出，在分工与环境管制方面，还应注意到环境管制的变化将导致外包的再次转移，尤其是当国际经济环境发生改变时，这种产业转移将更为明显，进而导致区域分工的进一步演化。

综上所述，有关分工、资源约束与区域协调发展两两之间关系的研究已有很多，但从三者整体进行理论构建的文献则较为少见，并且现有研究在分析资源约束时，多是从水、矿、土地等自然资源或人力资本、制度等社会资源的某一方面来论证资源约束与区域协调发展的内在联系，少有将自然资源和社会资源糅合在一起来进行研究。值得一提的是，王家庭从多重约束的视角探讨了中国低成本集约型城镇化模式问题，这为本书理论框架的构建提供了一定的研究思路，但他也并没有将多重约束与分工演化理论结合起来对区域协调发展理论进行研究。而在国内外环境发生改变的背景下，如何构建三者之间的理论联系尤为重要，该理论框架的构建也可为我国实现区域协调发展的目标提供一定的理论参考，并对现有研究做一重要补充，这是本书研究价值的主要体现。

2.2 理论分析框架构建

通过对文献的梳理分析，我们发现垂直专业化分工对区域协调发展影响的结论并不统一，而这种不统一性又被大多数经济学家认为是由参与分工的模式、要素禀赋、技术水平、利润分配和环境管制政策等诸多因素造成的。事实上，这些要素彼此之间还存在着内在联系，如要素禀赋和技术水平决定着分工模式，而分工模式又决定着利润分配，分工过程中形成的路径依赖效应和技术溢出效应又会影响一国的技术水平。同样，在全球价值链中所处的位置差异也会导致分工对环境污染呈现出不同的影响。当然，对环境污染监管力度的改变也会加大企业的成本投入，降低全要素生产率，甚至会导致产业的再次转移。因此，本书认为，分工演化对一国资源消费、企业成本利润、产品质量以及环境污染这四个方面均有影响，这些因素的改变，会进一步引致分工演化。实际上，我国在参与国际分工的进程中，也正面临着能源数量约束、环境约束、产品质量约束和成本利润约束这四大问题。从前文对文献的梳理，可以看到分工演化与这四大约束问题息息相关，多重约束问题的出现对我国区域协调发展目标的实现提出了新要求。至此，在文献梳理的基础上，本书找到了三者理论构建的切入点，并构建了有关多重约束、分工演化与区域协调发展的理论分析框架，如图 2-1 所示。

由图 2-1 可知，理论分析框架可以分为三个部分来看，第一部分探讨的是广义资源的多重约束问题，是本书分析的起点和背景所在；第二部分构建了分工演化与多重约束的内在机理；第三部分归纳并概括了分工演化、多重约束与区域协调发展三者之间的内在联系。因此，通过对这三个部分的分析，本书构建了多重约束、分工演化与区域协调发展的理论分析框架。下面，本章开始论证其分析框架，并分析其内在联系，以便更好地理解并把握三者之间存在的内在联系。

2.2.1 广义资源的多重约束问题

近年来，中国经济持续高速增长，导致对矿产资源投入需求大幅上升而供给不足，国内矿场资源可开采数量趋紧，资源数量约束日益趋紧。虽然经济全球化使中国能从世界范围内进口优质资源，从而缓解国内资源数量和质量约束问题，但在中国需求不断扩大等因素的影响下，又产生了成本利润约束问题，并出现

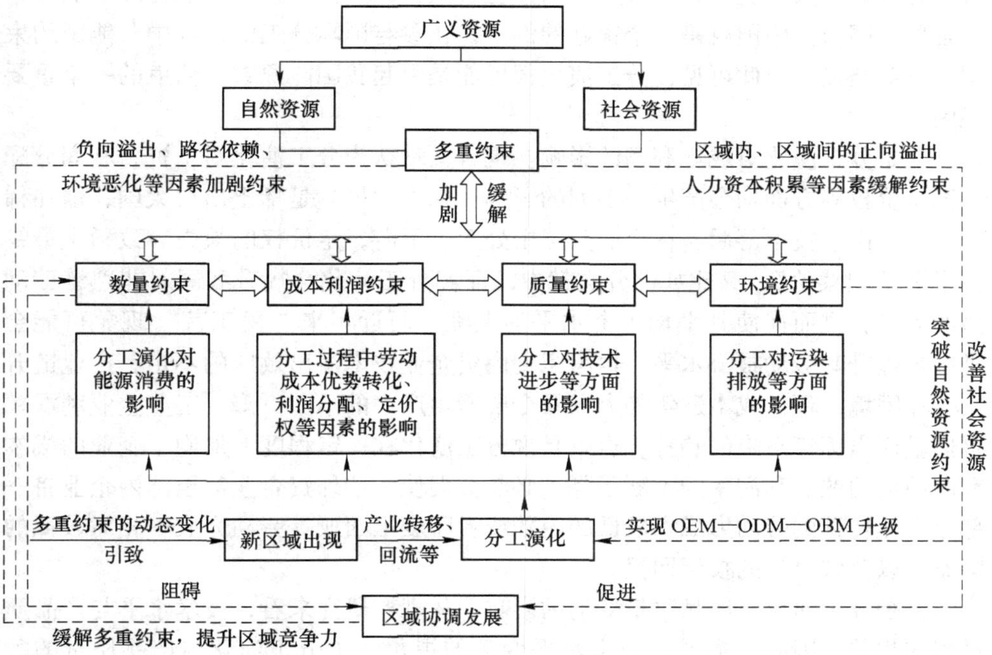

图 2-1 理论分析框架

“中国买什么，涨什么”的经济现象。此外，北京雾霾的出现，三一重工的迁都之争和富士康的产业内迁等现象不仅反映了中国社会环境和自然环境的恶化，更反映了中国各区域之间的多重约束具有异质性的特征，而这种多重约束和区域异质性又与分工演化密切相关。因此，广义资源的多重约束与分工演化相互结合。

2.2.2 分工演化与多重约束的内在机理分析

分工演化是一个生产协作的过程，也是一个动态演进的过程。在分工演化进程中，一国的要素禀赋至关重要，因为一国的要素禀赋不仅决定了该国在生产协作中的位置，其动态变化还将引起分工的动态演化。在本书中，要素禀赋的变化表现为资源多重约束的变化，这样我们就将分工演化与多重约束结合了起来。在具体分析时，本书根据对现有文献的掌握，认为分工演化主要从四个方面影响多重约束的问题：

一是分工演化对能源需求变动的影响。现有文献认为由于发展中国家在国际分工中承担更多的是高能耗生产环节，因此，随着分工程度的加深，会加剧其对能源投入的需求；而发达国家由于转移了大量的高能耗环节，对能源投入的需求可能并没有太大的变化，其投入需求甚至会减少，因为大量的高能耗环节被转移至发展中国家。中国就是一个很好的例子，在参与国际分工的过程中，能源约束问题日益凸显，由此可见，分工演化很可能是引起我国能源数量约束的一个重要原因。

二是分工演化对成本利润的影响。现有文献认为分工演化对工资、利润分配甚至定价权等方面均会产生一系列的影响，如中国虽然是稀土出口大国，但在稀土产业上由于技术落后，在产业分工中处于中下游，定价权的缺失导致稀土最终卖了个“白菜价”；又比如部分文献中已证实分工演化会提升我国对非熟练劳动力的需求，进而促使其平均工资水平的上涨，而近年来“民工荒”现象可能会进一步提升其劳动报酬水平，再考虑到内资企业技术溢出效应的不足，产业链升级存在困境，环保成本逐年加大以及全要素生产率的不断下降，工业企业利润率自然呈现出逐年下降的趋势，也就是说分工演化在一定程度上加剧了企业的成本利润约束问题。利润率的不断下降，必然会促使一些外资企业甚至国内企业将一部分产业转移到劳动力成本较低的内陆或者印度尼西亚等劳动力成本相对较低的国家，以获取更高的投资回报。

三是分工演化对产品质量变动的影响。从现有研究来看，技术水平与产品质量密切相关，因此，本书从技术水平变动的视角分析分工演化与产品质量的关系。现有文献表明，一方面，发展中国家通过参与国际分工，可以获得正向的技术溢出，在提升本国人力资本存量和质量的同时，促使本国国内技术水平的提高，进而缩小发展中国家与发达国家之间的技术差距；另一方面，一些学者认为，由于发展中国家在分工中处于不利地位，发达国家对核心技术进行严密封锁，技术溢出效应尚不足以提升本国的技术水平，其低端路径锁定效应反而有可能抑制本国技术水平的提升，进而对产业的顺利升级造成一定的阻碍，产品质量也难以得到有效提升。

四是分工演化对环境变动的影响。现有文献表明分工演化会对一国生态环境产生重要的影响。正如能源投入一样，在国际分工中，发展中国家在承接发达国家的产业转移时，由于处于分工的中下游环节，其承接的环节多是高污染型环节，更有可能恶化了国内自然环境。当然也有文献证实，在垂直专业化分工这种新型贸易模式下，能够实现产业升级并获得清洁技术的改进，进而改善国内环境问题；此外，在参与分工的进程中，通过与发达国家或跨国企业的沟通与交流，还能学习到先进的管理经验以及更好的制度设计和安排，进而改善国内的社会环境水平，这样可以给企业营造一个更好的发展环境，尤其是对中小企业的进一步发展至关重要。可见，分工演化通过影响一国的环境水平，可能加剧也可能缓解一国环境约束的水平，其具体结果的出现也取决于多种原因。

多重约束的动态变化对分工演化同样会产生一定的影响。如图 2-1 所示，一方面，由分工演化导致的负向技术溢出、路径依赖、成本上升和环境恶化等因素，会进一步加剧多重约束的情况，而多重约束的加剧将导致新区域的参与，发达国家会将产业转移到新区域中去，以获得更大的利润。甚至随着外部环境的改变，发达国家会将产业转移至本国国内，如美国制造业的回流，进而使得分工进一步演化。另一方面，波特假说告诉我们，通过适当的环境管制，有助于刺激技术革新，改善社会资源状况，进而突破自然资源的约束，实现 OEM—ODM—OBM 的产业升级，提升本国在分工演化中的国际地位。但加强环境管制同样会提升企业环保成本，降低企业利润率，促使企业将产业重新转移至环保监管力度较小的地区。

至此，本书基本构建了分工演化与多重约束理论的内在机理，这也是本书研究的重点所在。下面将区域协调发展要素纳入到分析框架中，进行整体性的阐述。

2.2.3 多重约束、分工演化与区域协调发展

进一步地，本书将区域协调发展理论纳入分析框架中，可发现区域协调发展与多重约束之间也存在着双向联系。一方面，多重约束的加剧势必阻碍我国区域协调发展目标的实现；另一方面，由于国内各区域的多重约束具有异质性的特征，那么利用这种区域异质性，通过适当的产业转移或资源的重新组合配置将能够有效缓解多重约束的现状，在提升区域竞争力的同时，促进区域协调发展目标的实现，而这又与分工演化息息相关。这样，本书完成了有关多重约束、分工演化与区域协调发展研究理论模型的构建。

综上所述，发展中国家在参与国际分工时，既可以分享分工所带来的收益，如贸易利得、正向技术溢出、人力资本质量的提升、清洁技术改进等，这些因素都有利于改善多重约束的现状，加速区域协调发展目标的实现；又要注意避免由参与分工所导致的路径依赖、负向溢出以及环境恶化等不利因素，这些因素将进一步加剧多重约束的现状，不利于区域协调发展的实现。区域协调发展的实现，不仅有助于缓解多重约束的现状，还能够增强本国区域的竞争力，进一步实现区域内的产业升级，提升国际分工中的地位。只有实现区域协调发展，我国才能摆脱上述约束的困扰，真正实现我国经济可持续发展的宏伟目标。

3 分工演化对能源消费的影响分析[1]

3.1 分工演化影响能源消费的内在机理

一国经济要想保持持续稳定的增长，就离不开能源要素的持续投入。因此，能源与经济增长的问题始终是经济学研究的核心问题之一。一般而言，一国经济体量越大，对能源消费的需求就越大，但近年来能源消费的重心却不断向亚洲等地区转移，发展中国家特别是新兴经济体已逐渐成为能源消费的主体。在这些国家当中，中国和印度两国表现得更为明显。据《BP 世界能源统计年鉴（2017）》报告，2016 年中国 GDP 仅占全球的 14.84%，但一次能源消费却占全球的 23%，二者之间出现较大的失衡。印度同样存在类似的现象，GDP 全球占比不到 3%，一次能源消费却占全球的 5.5%，类似的现象还见诸于其他发展中国家，高投入、低产出似乎已成为发展中国家的标签。与发展中国家相反，发达国家则呈现出低投入、高产出的生产特征。以美国为例，GDP 占全球比重的 24.32%，能源消费却仅占全球比重的 17%。因此，在美国抛出"能源独立"政策重弹的同时，发展中国家却大多面对能源危机、环境恶化等诸多问题。这使得我们进一步思考，到底是什么因素导致了这种典型的国家差异，并且这种差异长期持续存在。对这一问题的探讨和分析，有利于厘清各国在减排过程应有的责任。

要回答这一问题，必须回归到能源消费的影响因素方面。虽然，对能源消费影响因素的探讨，从一开始就集中在经济增长因素方面，但经济增长并非是影响能源消费的唯一因素，甚至在探讨二者之间是否存在着因果关系、存在怎样的因果关系方面，始终存在着不小的争议，即经济增长因素不足以解释上述现象的发生。除经济增长因素外，B. W. Ang 证实一国的结构效应和强度效应同样会对能源消费产生重要的影响。因此，产业结构升级缓慢、能源利用效率低可能是影响发展中国家能源消费占比远超 GDP 占比的重要因素，而这又与发展中国家粗放型经济增长方式有关。此外，近年来的一些研究表明，人口、能源结构、物流发展、城镇化和工业化等因素同样是影响能源消费的重要因素，这些因素在一定程度上有助于解释发展中国家能源消费的快速增加，但在解释高投入、低产出的生

[1] 本章核心内容已发表，参见：黎晓，王昆. 分工演化、人力资本积累与能源投入需求［J］. 福建行政学院学报，2018（1）：78－90.

产模式方面较为乏力。

因此，本书想找到这么一种因素，一方面，既能解释发展中国家能源消费的快速增加和发达国家能源消费比重的持续下降，另一方面，这种因素又制约了发展中国家由高投入、低产出的粗放型生产方式向低投入、高产出的集约型生产方式转变。前文提到，国际分工满足上述两个条件：一是国际分工，特别是垂直专业化分工的兴起，使得发展中国家迅速加入到全球化浪潮当中，并在全球生产领域中扮演越来越重要的角色；二是在垂直专业化分工中，发达国家和发展中国家的地位并不对等，发达国家利用自身优势地位，向发展中国家转移了大量的高能耗、高污染型生产型环节。所以，发展中国家实际上可能承担了大量的来自发达国家能源消费的需求。由此可见，分工演化可能是产生上述现象的一个重要原因。特别是通过对文献的梳理，发现现有文献无论是在对二者影响机理的梳理，还是在对二者之间的实证研究方面，都明显存在着缺失。因此，本章尝试对该影响机理进行重新梳理，厘清其可能存在的影响途径及结果。

从现有国际分工体系来看，发达国家在垂直专业化分工链条中处于主导地位，始终控制全球价值链的核心环节，并利用发展中国家参与分工的机遇，不断将高能耗、高污染型生产环节转移到发展中国家来。因此，发达国家通过国际分工，一方面能够进一步优化资源的全球配置，加快科技创新的步伐，发展那些具有高附加值的核心环节；另一方面又通过产业的全球转移，将那些能耗高的产品生产环节转移到发展中国家去，进而转嫁了本国对能源消费的需求。发展中国家为参与国际分工，则承接了大量的来自发达国家的高能耗、低附加值生产环节，一方面加剧了本国对能源消费的需求；另一方面，又可能出现“路径依赖”效应，被“锁定”在价值链低端的生产加工环节。进一步，不少学者还认为，“向底线赛跑”“GDP 锦标赛”等现象的存在，可能会导致发展中国家的地方政府为谋求政绩，通过降低环保标准，引进更多的“高能耗”型生产环节，进而阻碍了发展中国家向集约型生产方式转变的进程，其具体影响机理如图 3-1 所示。

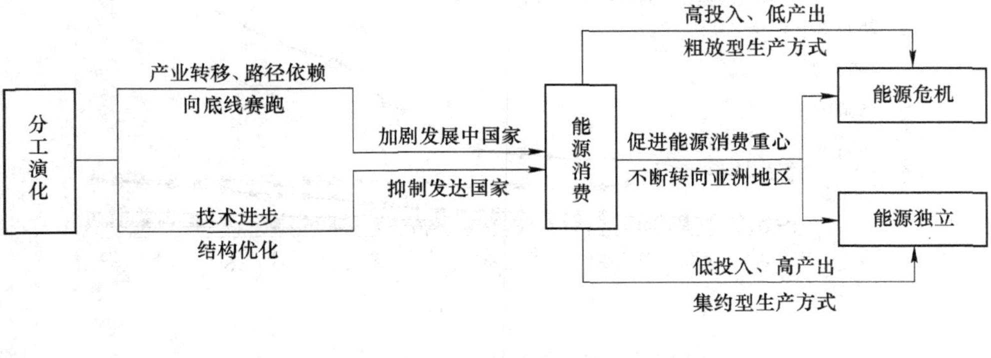

图 3-1 分工演化对能源消费的影响机理

3.2 研究假设

在前文对二者影响机理分析的基础上，以下提出本章的第一个研究假设：

[假设1] 现有分工深化通过外包、跨国公司等途径，可能转嫁了发达国家对能源消费的需求，进而导致分工演化对发达国家和发展中国家能源消费的影响可能是相反的，即在抑制发达国家能源消费需求的同时，提升了发展中国家对能源消费的需求。

进一步，从国际分工的现实来看，技术密集型行业由于技术复杂度和工序可分性程度均要高于劳动密集型行业，导致参与国际分工的可能性和参与程度也要高于劳动密集型行业。因此，分工演化对能源消费的影响理应在行业层面存在着一定的差异。据此，给出第二个研究假设：

[假设2] 分工演化对技术密集型行业能源消费的影响，可能要高于对劳动密集型行业。

此外，考虑到分工演化对能源消费的影响还与各国在全球生产链条中的位置、所承接的环节、环保标准以及经济发展环境等多种因素有关。因此，即使在新兴经济体内部，也可能存在着典型的国别差异。从能源消费事实来看，也确实如此，在能源消费的重头逐渐向发展中国家转移之际，中国、印度两国能源消费水平上升较快，特别是中国，而其他新兴经济体的能源消费增长并没有像中国、印度两国增长得那么快，据此，给出第三个研究假设：

[假设3] 分工演化对能源消费的影响在新兴经济体中也呈现出典型的国别差异，对中国和印度的影响可能要远大于对其他新兴经济体的影响，如图3-2所示。

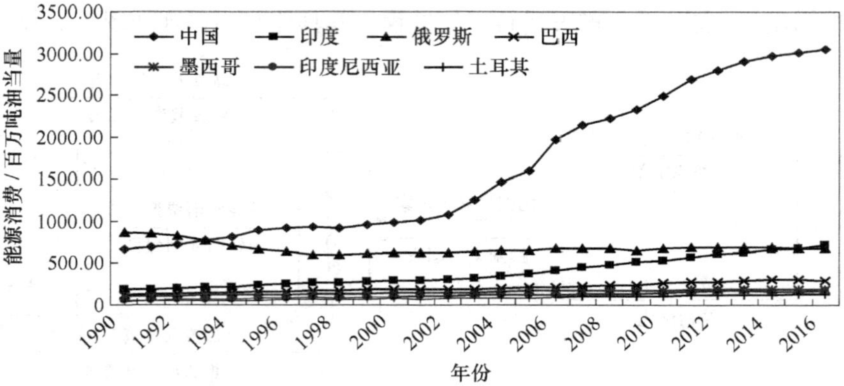

图3-2 新兴经济体能源消费变化

3.3 模型设定与数据来源

3.3.1 模型设定

根据对文献的梳理，本节在设定计量模型时，除考虑了能源消费因素分解法中常涉及的产业结构、产出值与能源消费强度三大因素外，还考虑了分工演化对能源消费的影响。那么，如何测度一国参与国际分工的水平便成为本研究的关键问题之一。考虑到发展中国家能源消费的快速增加正好处于垂直专业化分工迅速发展阶段，因此，采用 Hummels、Ishii、Yi 提出的测算方法，即 VS 份额法，通常也记为 VSS，用来描述一国分工演化水平的动态变化，计算方法：

$$VSS_i^t = \frac{II_i^t}{TO_i^t} \tag{3-1}$$

式中，II_i^t 为行业 i 在第 t 年使用的进口中间投入；TO_i^t 为行业 i 在第 t 年的总产出；VSS_i^t 代表行业 i 在第 t 年总产出的进口投入份额，用以衡量 i 产业参与国际分工的程度。

同时，考虑国家规模、外贸开放度等因素也会影响一国能源消费水平。因此，本节还加入了人口规模、外贸开放度来控制这些因素对能源消费的影响，最终设定的基准计量模型如下：

$$\begin{aligned} EC_{ijt} = {} & \beta_0 + \beta_1 VSS_{ijt} + \beta_2 POP_{ijt} + \beta_3 JG_{ijt} + \beta_4 Y_{ijt} + \beta_5 OPEN_{ijt} + \\ & \beta_6 EF_{ijt} + \beta_7 GF_{ijt} + a_i + u_{it} \end{aligned} \tag{3-2}$$

式中，i 代表第 i 个国家；j 代表第 j 个产业；t 代表第 t 年；VSS 是本章关注的核心变量；JG 采用产业增加值占 GDP 的比重来计算，描述的是细分产业层面产业结构的变动；Y 代表产出水平；EF 代表能源利用效率，即能源消费强度的倒数，用实际产出值除以能源消费量来获得；POP 代表人口数量；GF 代表固定资本形式。

3.3.2 数据来源及描述性统计

为保证数据来源的一致性，计量分析所涉及的数据均来自世界投入产出数据库（WIOD），研究对象包括 40 个国家和地区，研究区间为 1995 ~ 2009 年。由于国际分工主要发生于制造业，因此，在产业层面选取方面，仅选取了 15 个主要制造业来进行分析，包括采矿挖掘业，食品、饮料及烟草制造业，纺织及纺织品制造业，皮革及鞋类制造业，木材及制品、造纸印刷业，石油加工、炼焦及核燃料加工业，化学及化学制品制造业，橡胶塑料制造业，非金属矿物制品业，基本金属及金属制品制造业，通用专用设备制造业，电气和光学设备制造业，交通运输设备制造业，其他未列明制造业及回收加工业。

表 3-1 给出了本节涉及的部分变量初步统计分析的结果，在数据计算过程中，初步删除了部分缺失数据。进一步，由于本节所选用数据为细分产业层面，数据较为复杂，在面板回归分析时，除删除负值等不合理值外，还对样本进行了截尾处理，把前后 5% 的样本进行了删减。需要注意的是，本章所讲的能源消费，指的是从生产投入视角分析的能源消费，而非终端消费，进而本章分析的是分工演化对能源投入需求的影响，而非对最终需求的影响。

表 3-1　相关核心变量的初步统计分析结果

项目	EC/千瓦亿焦耳	VSS	GF/百万美元	OPEN	EF/百万美元·千万亿焦耳$^{-1}$	JG/%	Y/百万美元	POP/千人
均值	416.54	0.208	6654.2	0.413	0.524	2.18	31922.97	104866.2
最大值	44818	0.923	96870.7	6.977	12.563	23.34	1859972	1344130
最小值	0.0001	0.013	0.075	0.005	0.0001	0.008	0.693	377.419
标准差	2082.1	0.134	2297.51	0.289	0.809	2.05	88854.42	261401.1
观察值	8838	10052	8404	10052	8838	10052	8868	10052

3.4　分工演化与能源投入需求的比较分析

3.4.1　分工演化的比较分析

表 3-2 给出了发达国家和发展中国家细分行业参与国际分工程度的均值变化。由表 3-2 可知，从国家层面来看，无论是劳动密集型行业，还是技术密集型行业，发达国家参与国际分工的程度均明显高于发展中国家，这与发达国家自身经济发展程度较高有关。从行业类型来看，技术密集型行业参与国际分工的程度又明显高于劳动密集型行业，这与技术密集型行业环节多、易分工的特征有关。

表 3-2　发达国家和发展中国家参与国际分工水平的均值变化

VSS	行业	发达国家			发展中国家		
		1995 年	2009 年	增长/%	1995 年	2009 年	增长/%
劳动密集型行业	1	0.102	0.113	10.78	0.069	0.069	0.00
	2	0.116	0.136	17.24	0.071	0.084	18.31
	3	0.224	0.218	-2.68	0.136	0.170	25.00
	4	0.172	0.197	14.53	0.139	0.119	-14.39
	5	0.153	0.162	5.88	0.075	0.088	17.33
	6	0.172	0.177	2.91	0.119	0.118	-0.84

续表 3-2

VSS	行业	发达国家			发展中国家		
		1995 年	2009 年	增长/%	1995 年	2009 年	增长/%
技术密集型行业	7	0.417	0.454	8.87	0.279	0.251	-10.04
	8	0.216	0.242	12.04	0.177	0.198	11.86
	9	0.229	0.239	4.37	0.189	0.194	2.65
	10	0.139	0.146	5.04	0.118	0.113	-4.24
	11	0.234	0.246	5.13	0.139	0.183	31.65
	12	0.215	0.219	1.86	0.148	0.177	19.59
	13	0.267	0.291	8.99	0.185	0.215	16.22
	14	0.248	0.273	10.08	0.135	0.181	34.07
	15	0.178	0.194	8.99	0.105	0.167	59.05

注：行业 1 ~15 分别代表采矿挖掘业，食品、饮料及烟草制造业，纺织及纺织品制造业，皮革及鞋类制造业，木材及制品业，造纸印刷业，石油加工、炼焦及核燃料加工业，化学及化学制品制造业，橡胶塑料制造业，非金属矿物制品业，基本金属及金属制品制造业，通用专用设备制造业，电气和光学设备制造业，交通运输设备制造业，其他未列明制造业及回收加工业。

从均值水平来看，在 1995 年，发达国家参与国际分工水平最高的 5 个行业全部集中在技术密集型行业，分别是石油加工、炼焦及核燃料加工业，橡胶塑料制造业，基本金属及金属制品制造业，电气和光学设备制造业和交通运输设备制造业；到了 2009 年，化学及化学制品制造业取代橡胶塑料制造业成为参与国际分工水平最高的五大行业之一。反观发展中国家，在 1995 年，参与国际分工水平最高的五个行业也均集中在技术密集型行业，分别是石油加工、炼焦及核燃料加工业，化学及化学制品制造业，橡胶塑料制造业，通用专用设备制造业和电气和光学设备制造业；到 2009 年，基本金属及金属制品制造业超过通用专用设备制造业成为参与国际分工水平最高的五大行业之一。

从均值增长率水平来看，分工水平增长最快的行业并非仅局限于技术密集型行业。在 1995 ~2009 年间，发达国家参与国际分工水平增长最快的五个行业分别是食品、饮料及烟草制造业，皮革及鞋类制造业，化学及化学制品制造业，电气和光学设备制造业和交通运输设备制造业（其他未列明制造业及回收加工业增长率与之持平）；在此期间，发展中国家国际分工水平增长最快的五个行业则分别是纺织及纺织品制造业、基本金属及金属制品制造业、通用专用设备制造业、交通运输设备制造业和其他未列明制造业及回收加工业。由此可见，尽管从均值水平和均值增长率来看，各细分行业的表现在各国之间略有差异，但绝大多数行业均表现出分工深化的特征，并且其分工程度的加深集中表现在上述几个行业中。

3.4.2　能源投入的比较分析

表3-3给出了发达国家和发展中国家细分行业能源投入量的均值变化。由表3-3可知，在1995～2009年间，发达国家绝大多数行业的能源投入需求要明显低于发展中国家，并且出现显著下降的趋势，特别是纺织及纺织品制造业，皮革及鞋类制造业，木材及制品业，橡胶塑料制造业，基本金属及金属制品制造业，通用专用设备制造业，电气和光学设备制造业和其他未列明制造业及回收加工业，这些行业的能源投入需求均下降了10%以上。发展中国家绝大多数行业的能源投入需求则出现爆炸性增长，特别是采矿挖掘业，造纸印刷业，石油加工、炼焦及核燃料加工业，橡胶塑料制造业，非金属矿物制品业，基本金属及金属制品制造业，电气和光学设备制造业和交通运输设备制造业的能源投入需求均提升了60%以上。

表3-3　发达国家和发展中国家能源投入量的均值变化　（万亿焦耳）

EC	行业	发达国家			发展中国家		
		1995年	2009年	增长/%	1995年	2009年	增长/%
劳动密集型行业	1	156137.5	189758.1	21.53	394378.9	668310.6	69.46
	2	109198.6	116102.3	6.32	293258.2	419775.3	43.14
	3	47511.23	25510.28	-46.31	144115.7	182851.5	26.88
	4	3959.902	1593.254	-59.77	11681.85	14233.19	21.84
	5	50604.02	40882.49	-19.21	76729.09	66586.41	-13.22
	6	189665	177314.3	-6.51	102755.2	185158.2	80.19
技术密集型行业	7	3324362	3480081	4.68	2782196	5157839	85.39
	8	645340.3	688334	6.66	832832.3	1176267	41.24
	9	29506.96	22755.4	-22.88	47305.8	77071.49	62.92
	10	131123.2	119616.8	-8.78	413419.8	752135.1	81.93
	11	419132.1	353860.2	-15.57	1087632	2023186	86.02
	12	36825.5	32942.23	-10.55	98464.83	94592.93	-3.93
	13	45215.24	36405.39	-19.48	47804.88	81192.77	69.84
	14	45222.01	42285.38	-6.49	42926.25	95945.9	123.51
	15	16309.37	13013.51	-20.21	23834.1	25808.85	8.29

注：行业1～15同表3-2。

至此，一旦细分产业的分工演化与能源投入需求变化相结合来进行分析，就会发现从行业均值来看，发展中国家参与分工水平较高或增速较快的那些行业，基本上都是能源投入需求较大或增速较快的行业，并且在技术密集型行业表现得尤为明显，而发达国家能源投入需求与分工水平的变化似乎呈现出相反的方向。由此也可以初步判断，分工演化与能源消费之间存在一定的内在联系，但在发达国家和发展中国家中的表现可能存在着差异。从这点来看，也与假设 1 理论相符合。

3.5 实证结果与分析

3.5.1 内生性问题

通过对文献的梳理发现，本部分主要的内生性问题在于，垂直专业化分工与能源消费之间可能存在着双向因果关系。因此，在处理该问题时，选取该变量的滞后一期和滞后二期来做工具变量（IV），以避免因滞后期选择差异所引起的模型估计稳健性问题。

3.5.2 国家和地区层面的回归结果

在回归时，考虑到研究对象涉及 40 个国家和地区，研究期限长达 15 年之久。因此，在做面板回归时，本部分采用双向固定效应模型。同时，考虑到在国际分工演化进程中发达国家通常在国际分工中处于领导地位，发展中国家为参与国际分工，承接的产业链环节通常是加工、组装环节。特别是当发达国家为降低本国能源消耗程度、降低环境污染水平，在进行国际产业转移时会有意识地将能源消耗大、环境污染程度高的产业链环节转移至发展中国家，以牺牲发展中国家资源环境的代价，保证本国经济资源环境的可持续发展。因此，从理论上讲，分工演化对能源消费的影响很可能存在着典型的国别差异。基于这种考虑，本部分还以加入虚拟变量的形式，来实证分析二者之间的差异，回归结果见表 3-4。

表 3-4 国家或地区层面回归结果

项目	模型（1）	模型（2）	模型（3）	模型（4）
VSS	315.84③ （3.57）	258.17③ （2.73）	1236.36③ （8.48）	1038.79③ （6.72）
Dum × *VSS*			−1383.08③ （−7.92）	−1188.11③ （−6.38）
Y	0.001③ （8.03）	0.001③ （8.18）	0.001③ （7.94）	0.001③ （7.96）
OPEN	−55.89 （−1.54）	−44.83 （−1.19）	−82.91② （−2.29）	−61.97① （−1.65）
EF	−83.5③ （−7.82）	−81.83③ （−7.36）	−78.12③ （−7.33）	−76.68③ （−6.90）
JG	52.23③ （7.91）	53.43③ （7.54）	56.65③ （8.59）	56.4③ （7.96）

续表 3-4

项目	模型（1）	模型（2）	模型（3）	模型（4）
POP	0. 003③ (12. 55)	0. 003③ (11. 68)	0. 003③ (11. 4)	0. 003③ (10. 80)
GF	0. 026③ (15. 92)	0. 026③ (15. 32)	0. 026③ (16. 05)	0. 026③ (15. 49)
N	7802	7215	7802	7215
Within-R^2	0. 17	0. 17	0. 18	0. 18
F	72. 56	71. 47	72. 69	70. 34

注：1. ①、②和③分别表示 1%、5% 和 10% 置信水平；

2. 模型（1）和模型（3）是以一阶滞后为 IV（工具变量）的回归结果，模型（2）和模型（4）是以二阶滞后为 IV 的回归结果，*Dum* 为虚拟变量，*Dum* = 0 代表发展中国家，*Dum* = 1 代表发达国家或地区；

3. 模型（1）~模型（4）为双向固定效应回归结果。

由表 3-4 回归结果可知，分工程度 *VSS* 变量在模型（1）~模型（4）中的回归结果均显著为正，其他控制变量回归系数方向也均与现有经济理论预期相符合，且系数大小和方向均未发生明显改变，只是个别变量的显著性水平略有波动，这说明本模型的回归结果是较为稳健的。由此可见，分工程度的加深确实会影响能源消费，但在国家类型间表现出显著的差异，即国际分工程度的加深加剧了发展中国家对能源的需求，降低了发达国家或地区对能源的需求，这也验证了前文的理论分析，说明主导分工的发达国家确实通过自身在全球价值链中的优势地位，将高能耗环节不断转移到发展中国家来，进而导致发展中国家对能源消费的爆炸性增长。

3. 5. 3　行业层面的回归结果

进一步，从理论上讲，劳动密集型行业的可分工环节较少，不易进行大规模的跨国分工；而技术密集型行业，由于技术标准化等原因，使得分工的空间可能性大大增强，技术密集型行业的分工水平一般也较高，而分工水平越高，对能源消费的影响也就有可能越大，即在行业层面，分工对能源消费的影响可能也存在着典型差异。因此，本部分对行业层面的差异进行进一步的实证分析，回归结果见表 3-5。

表 3-5　行业层面的回归结果

项目	模型（1）	模型（2）	模型（3）	模型（4）
VSS	-145. 04 (-0. 86)	-147. 45 (-0. 82)	-213. 7① (-1. 78)	-215. 33① (-1. 65)
JSMJ × *VSS*	605. 78③ (3. 19)	536. 66③ (2. 64)		

续表3-5

项目	模型（1）	模型（2）	模型（3）	模型（4）
Dum1 × VSS			-190.06 (-0.62)	-199.75 (-0.61)
Dum2 × VSS			1953.43③ (9.80)	1706.17③ (8.00)
Dum3 × VSS			246.66 (1.07)	242.66 (0.97)
Y	0.001③ (7.92)	0.001③ (8.08)	0.001③ (7.70)	0.001③ (7.70)
OPEN	-49.06 (1.35)	-41.42 (-1.10)	-70.89② (-1.96)	-57.16 (-1.53)
EF	-83.96③ (-7.86)	-82.42③ (-7.42)	-75.84③ (-7.13)	-74.89③ (-6.75)
JG	50.2③ (7.57)	51.73③ (7.27)	56.02③ (8.47)	55.76③ (7.86)
POP	0.0032③ (12.69)	0.0033③ (11.79)	0.0031③ (12.06)	0.003② (11.28)
GF	0.026③ (15.94)	0.026③ (15.33)	0.026③ (16.04)	0.026③ (15.49)
N	7802	7215	7802	7215
Within-R^2	0.17	0.17	0.18	0.18
F	69.68	68.31	68.74	65.69

注：1. ①、②和③分别表示1%、5%和10%置信水平；

2. 模型（1）和模型（3）是以一阶滞后为IV的回归结果，模型（2）和模型（4）是以二阶滞后为IV的回归结果，*JSMJ*为虚拟变量，*JSMJ*=0代表劳动密集型行业，*Dum*=1代表技术密集型行业，*Dum1*～*Dum3*代表不同国家类型下的不同行业类型，即*Dum1*=1，代表发展中国家劳动密集型行业，*Dum2*=1，代表发展中国家技术密集型行业，*Dum3*=1，代表发达国家劳动密集型行业；

3. 模型（1）～模型（4）为双向固定效应回归结果。

根据模型（1）和模型（2）的回归结果，在不考虑国家类型的前提下，分工程度的加深，确实会加剧技术密集型行业对能源消费的需求，而对劳动密集型行业能源消费并没有明显的影响。根据模型（3）和模型（4）的回归结果，在考虑国家类型差异后，技术密集型行业又表现出典型的国家差异，仅*Dum2*×*VSS*变量显著为正，*Dum1*×*VSS*，*Dum3*×*VSS*均不显著，这表明随着参与分工程度的加深，只有发展中国家技术密集型行业表现出对能源消费的增加，而发达国家技术密集型行业则减少了对能源消费的需求，也进一步佐证了前文的结论。

3.5.4　分工演化对新兴经济体影响的差异

为进一步看出分工演化对能源消费的国别差异，特别是想要了解垂直专业化分工对新兴经济体能源消费的影响差异，因此，本部分还分别对中国、巴西、印度、俄罗斯、墨西哥、土耳其、印度尼西亚等国分别进行回归，以期挖掘出可能存在的差异，回归结果见表3-6。

表3-6　分工演化对新兴经济体能源消费的影响

项目	中国			印度		印度尼西亚	
	模型（1）	模型（2）	模型（3）	模型（1）	模型（2）	模型（1）	模型（2）
VSS	28066.99③ (9.57)	27101.69③ (7.81)	21033.58③ (4.4) 9323.12① (1.79)	2174.09② (2.43)	745.9827 (0.84)	101.36 (0.76)	0.192 (0.00)
N	195	180	180	210	195	210	195
Within-R^2	0.77	0.75	0.78	0.56	0.55	0.26	0.23
F	29.77	25.5	28.19	11.58	11.08	3.33	2.71

项目	土耳其			墨西哥		巴西		俄罗斯	
	模型(1)	模型(2)	模型(3)	模型(1)	模型(2)	模型(1)	模型(2)	模型(1)	模型(2)
VSS	221.13③ (6.12)	−135.13③ (−2.51)	331.02③ (9.16) −303.18③ (−6.40)	−600.23 (−1.37)	−106.1 (−0.25)	1586.2③ (−2.34)	845.66 (−1.34)	441.17 (0.44)	366.2 (0.33)
N	209	194	194	210	195	210	195	210	195
Within-R^2	0.33	0.2	0.48	0.31	0.31	0.52	0.51	0.53	0.54
F	4.6	2.25	7.64	4.21	4.13	10.09	9.2	10.59	10.4

注：1. ①、②和③分别表示1%、5%和10%置信水平；

2. 模型（1）和模型（2）分别是以一阶滞后和二阶滞后IV的回归结果，模型（3）是同时加入一阶、二阶滞后变量的回归结果；

3. 全部模型均为双向固定效应回归结果。

从回归结果来看，分工演化对新兴经济体的能源消费产生了典型的国别差异。其中，分工演化对中国能源消费的影响最大，且远高于其他国家，并且无论是从一阶滞后还是二阶滞后来看，二者皆显著，将一阶滞后、二阶滞后同时加入进行回归后发现二者也均显著为正，这说明分工演化确实是拉动我国能源消费迅速增加的一个重要因素，并且这种拉动很有可能还具有长期效应。由此可见，分工演化确实是影响我国能源消费提升的重要因素之一。印度、巴西和土耳其的回归结果也表明分工演化确实是影响能源消费的重要因素，只是并未表现出二阶滞后显著的特征。

然而，分工演化对印度尼西亚、墨西哥、俄罗斯三国能源消费的影响却并不显著，这可能与这些国家参与分工的程度、方式，以及所承接的生产环节有关。特别是，土耳其模型（1）和模型（2）的回归结果呈现出方向相反的特征。因此，本部分也同时将一阶滞后和二阶滞后变量加入到回归方程中，发现土耳其一阶滞后为正，而二阶滞后为负，这说明随着时间的推移，垂直专业化分工可能通过技术溢出等效应大幅削弱当期对能源消费需求的拉升作用，尽管从长期来看，对能源消费的影响依然是增加的。进一步，本部分研究发现分工演化对新兴经济体能源消费需求的提升作用主要体现在亚洲区域，特别是中国和印度两国，对欧洲新兴经济体能源消费的影响则要远小于亚洲地区，甚至并不显著，而这种回归结果也与能源消费的社会现实相符合，所以亚洲地区逐渐成为了全球能源消费的中心，而这必然与分工演化有关。

3.6 小结

从本部分的研究结果来看，分工演化确实是影响一国能源消费水平的重要因素之一，并且由于行业特性、一国在国际分工中所处位置的差异，导致了在国家间、行业间分工演化对能源消费影响出现了典型的差异。实证结果表明，发展中国家为参与国际分工，的确承接了大量发达国家转移而来的高能耗型产业，导致随着分工程度的加深，而加剧了对能源消费的需求，发达国家则利用在国际分工中的主要优势，通过产业转移等方式抑制了自身对能源消费的需求。进一步，如果从行业层面来看，分工演化对能源消费的影响更多的是表现在技术密集型行业，这与技术密集型行业易于分工的特性息息相关，而对劳动密集型行业的影响并不显著；并且在发达国家样本当中，对能源消费的抑制作用主要体现在技术密集型行业能源的需求，而发展中国家，分工程度的加深会加剧技术密集型行业能源的需求，进而在行业层面也呈现出典型的国家差异。这些实证结果充分显示了发达国家在国际分工中的主导优势地位，通过国际分工，将高能源消费环节转移到发展中国家去，从而保证了本国经济资源环境的可持续发展；而发展中国家则为参与国际分工，承接了大量的高能耗环节，使得发展中国家“高投入、低产出”的生产模式难以彻底转变，阻碍了向集约化生产转变的进程。然而，实证结果同时表明，虽然参与国际分工会加剧发展中国家对能源消费的影响，但对其影响的程度却存在较大的区别，这可能与各自参与水平以及承接的产业类型等多种因素有关。

此外，本部分还注意到，首先无论是国家层面的回归结果，还是行业层面的回归结果，*EF* 变量的回归系数始终显著为负，这说明无论是发展中国家，还是发达国家，提高能源效率都是降低能源需求的重要手段之一，特别是对发展中国家而言，粗放型的经济增长模式使得发展中国家在提升能源效率方面具有更高的空间。其次产业结构调整始终是影响能源消费的重要因素。所以，建议在我国参与国际分工之时，一是在参与国际分工之际，要通盘考虑，对到底要承接何种产业要进行充分的论证，尽可能削弱其对能源消费的影响；二是要杜绝能源浪费现象的发生，对浪费能源者深究严惩，切实提高我国能源利用效率；三是对我国政府自身而言，要加大研发力度，提升人力资本存量，增强技术吸收能力，扩大行业间的技术外溢效应，加快产业结构升级的步伐，尽快提升我国在国际分工中的地位，进而避免因过于简单的参与国际分工而导致能源、环境问题的进一步恶化。

4 人力资本积累是否有助于缓解能源约束

4.1 分工演化、人力资本积累与能源投入需求[1]

4.1.1 影响机理构建

从上一章的分析可知，产业结构和能源效率始终是降低一国能源消费的重要影响因素，而人力资本不仅能够实现对能源消费的替代，还能加强资本对能源的替代能力；不仅能够提高能源利用效率，还能调整产业结构，助推产业升级，而发挥这些效用的关键取决于各国中、高级人才的数量和质量。从这点来讲，人力资本的发展才是我国工业经济增长缓解能源约束的根本出路。然而，本章通过对文献的梳理发现，现有研究在此方面较为匮乏。近几年虽然个别文献对人力资本与能源问题进行了初步探讨，但也多是从人力资本与能源效率的角度进行分析，直接从人力资本与能源消费角度进行分析的并不多见。赵连阁、钟搏研究了我国贸易开放、人力资本与能源消费的关系，但并没有对人力资本结构与能源消费的关系进行深入分析，更缺乏跨国经验的证据，这既不利于我们挖掘不同层次人力资本对能源消费影响的途径与差异，也不利于我们借鉴国际经验，从而找出自身人力资本发展的不足之处。基于此，本章首先尝试从生产领域对分工演化与能源投入需求的国别差异进行理论上的细化，并将人力资本积累因素纳入其研究框架当中，以构建一个有关分析分工演化、人力资本积累与能源投入需求关系的理论框架；其次，在理论分析框架基础上，提出几点研究假设，并利用 WIOD 数据库和国内省级层面的面板数据，进行国家间、产业间、省际的系统性研究，更全面地看出人力资本积累对我国能源消费的影响；最后，在系统研究的基础上，总结本章主要研究结论，并给出相关的政策建议。

在上一章理论分析的基础上，本部分将人力资本积累因素引入分工演化与能源消费的理论分析框架当中，以进一步勾勒并实证检验人力资本积累在缓解能源约束的作用机理。根据前面两章的理论阐述，本章总结归纳人力资本积累对技术进步和产业升级的影响途径及相关机理后，构建如图 4-1 所示理论分析框架。由

---

[1] 本部分重要内容已发表，参见：黎晓，王昆. 分工演化、人力资本积累与能源投入需求［J］. 福建行政学院学报，2018（1）：78－90.

图4-1可知，像前文提及的那样，在国际分工中，一方面发达国家会通过产业转移的途径将能耗强度大的生产加工转移至发展中国家来进行生产，进而提升发展中国家对能源投入的需求，抑制本国对能源投入的需求；另一方面，人力资本的积累，特别是中、高等人力资本的积累，有助于提升一国社会熟练劳动力存量，扩大国际分工中的技术溢出效应，提升能源利用效率，促进产业结构顺利升级，进而有助于缓解我国能源约束问题。此外，随着人力资本的积累和技术水平的提升，还能进一步提升一国要素替代能力，并不断推动一国由粗放型经济增长方式向集约型增长方式过渡，能够有效降低我国对能源投入的需求，进而环节我国能源约束问题。

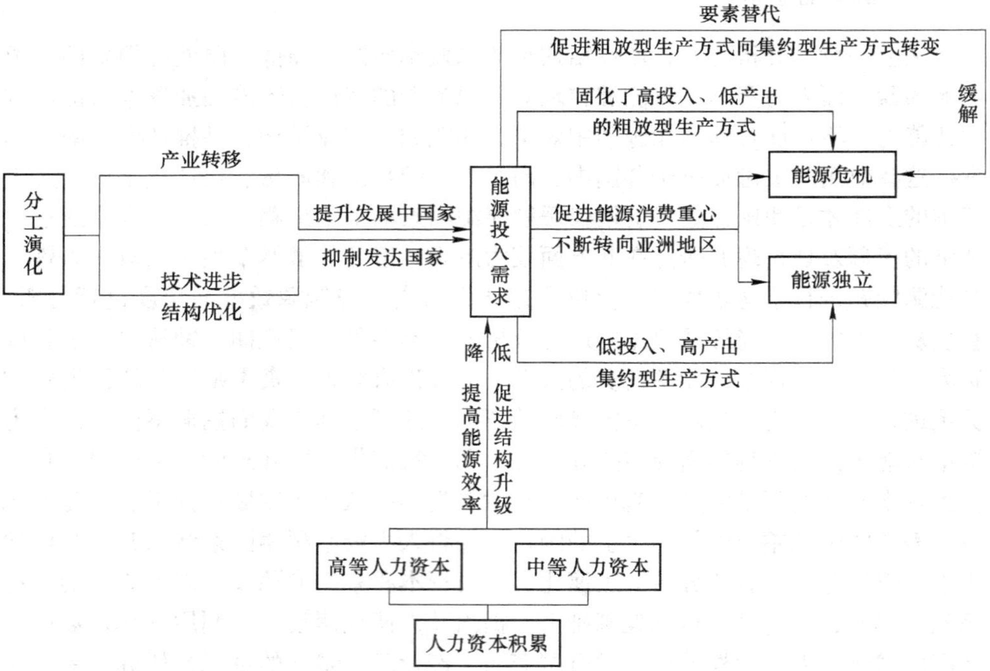

图4-1　分工演化、人力资本积累与能源投入需求的影响机理

4.1.2　模型设定及数据来源

4.1.2.1　计量模型设定

为验证人力资本积累对能源投入需求的影响，本部分进一步将不同层次的人力资本变量引入到上一章的计量模型当中，具体涉及中等技能水平和高等技能水平这两种人力资本。本部分没有考虑低等技能水平人力资本对能源投入需求的影

响，这是因为一方面可以避免三者之间出现完全共线性，另一方面对能源利用效率、产业结构的调整主要取决于中、高等技能水平的人力资本。同时，考虑到人力资本积累与产业结构和能源效率之间均存在着紧密联系，为此，本部分还引入了人力资本积累与产业结构的交互项、人力资本积累与能源效率的交互项，进而分析不同人力资本在影响能源投入方面的差异所在。

在衡量不同层次人力资本积累时，为了能与产业结构变动相匹配，本部分更愿意从一种人力资本结构变化的视角来进行分析，即本部分是以中、高等人力资本分别占总人力资本的比重来衡量人力资本积累，在具体测算时，由于 WIOD 数据库中给出了中、高等技术水平人力资本的工作时间和所有从业人员的工作时间。因此，本部分利用中、高等人力资本技术水平人力资本的工作时间占总从业人员工作时间的比重来近似衡量中、高等人力资本在各国各行业中的比重。至此，本部分在上一章的基础上，构建如下计量回归模型，进行人力资本积累对能源投入需求的实证研究，具体回归模型如式（4-1）所示：

$$
\begin{aligned}
EC_{ijt} = {} & \beta_0 + \beta_1 VSS_{ijt} + \beta_2 POP_{ijt} + \beta_3 JG_{ijt} + \beta_4 Y_{ijt} + \beta_5 OPEN_{ijt} + \beta_6 EF_{ijt} + \beta_7 GF_{ijt} + \\
& \beta_8 HMS_{ijt} + \beta_9 HHS_{ijt} + \beta_{10} HHS_{ijt} \times JG_{ijt} + \beta_{11} HMS_{ijt} \times JG_{ijt} + \beta_{12} HHS_{ijt} \times \\
& JG_{ijt} + \beta_{13} HHS_{ijt} \times EF_{ijt} + \beta_{14} HHS_{ijt} \times EF_{ijt} + a_i + u_{it}
\end{aligned} \tag{4-1}
$$

式中，i 代表第 i 个国家；j 代表第 j 个产业；t 代表第 t 年；*VSS* 是我们关注的核心变量；*EC* 代表能源投入需求，用能源投入量来衡量；*JG* 采用产业增加值占 GDP 的比重来计算，描述的是细分产业层面产业结构的变动；*Y* 代表产出水平；*EF* 代表能源利用效率，即能源消费强度的倒数，用实际产出值除以能源消费量来获得；*GF* 代表固定资本形成额；*HHS* 代表高等技能水平人力资本占总人力资本的比重；*HMS* 代表中等技能水平人力资本占总人力资本的比重。

4.1.2.2 数据来源

为保证数据来源的一致性，计量分析涉及的数据均来自世界投入产出数据库（WIOD），研究对象包括 40 个国家和地区，研究区间为 1995 ~ 2009 年。在产业层面选取方面，仅选取了 15 个主要制造业来进行分析，包括采矿挖掘业，食品、饮料及烟草制造业，纺织及纺织品制造业，皮革及鞋类制造业，木材及制品业，造纸印刷业，石油加工、炼焦及核燃料加工业，化学及化学制品制造业，橡胶塑料制造业，非金属矿物制品业，基本金属及金属制品制造业，通用专用设备制造业，电气和光学设备制造业，交通运输设备制造业，其他未列明制造业及回收加工业。

4.1.3 实证结果及分析

4.1.3.1 内生性问题

在引入人力资本积累因素后，本章主要的内生性问题与上一章依然类似。因此，在估计时，本章依然选取该变量的滞后一期和滞后二期来做工具变量，以避免因滞后期选择差异引起的模型估计稳健性问题。

4.1.3.2　回归结果

从表4-1的回归结果来看，在考虑了人力资本积累对能源投入需求的影响后，首先，本部分发现，并没有得到分工演化对能源投入需求影响的主要结论，其回归系数也没有出现大的变动，由此也可以看出前文的回归结果是比较稳健的。其次，从模型（1）的回归结果可知，*HMS* 的回归系数显著为负，*HHS* 的回归系数为正，但并不显著。这说明从样本总体来看，一国中等人力资本的提升有助于降低能源投入需求总量，但高等人力资本并没有表现出类似的特征。进一步，模型（2）的回归结果显示，一旦考虑了二者之间可能存在的国别差异，在发达国家样本中，中、高等人力资本比重的提升均有助于降低能源投入需求，而在发展中国家中，只有中等人力资本比重的上升有助于能源投入需求的下降，高等人力资本比重的提升却强化了对能源投入的需求；紧接着，在加入人力资本与能源效率的交互项之后，模型（3）的回归结果表明，$HMS \times EF$ 的回归系数为 -7.49，$Dum \times HMS \times EF$ 的回归系数为 7.19，这从能源效率的视角给出了中等人力资本的积累之所以能够降低能源投入需求的原因，这也与本部分的理论分析框架相契合，并且这种抑制作用主要体现在发展中国家，对发达国家的影响则非常小[1]，这与发达国家本身能源效率水平均已较高的社会现实有关，因此，导致出现对能源效率影响不大的结果。而发展中国家在促进经济增长方面，特别是在起飞阶段，多走的是外延式经济增长模式，高投入的增长方式导致资源浪费情况较为严重，能源效率较低，而人力资本的积累，特别是作为一线劳动力的中等人力资本的积累，一方面能够提升劳动力技能水平，另一方面能够降低劳动力市场的错配程度，避免“技工荒”现象的出现，进而提升能源效率，降低能源投入需求。此外，本部分在模型（3）的基础上进一步引入了人力资本与产业结构的交互项，模型（4）的回归结果表明，在发达国家中，中、高等人力资本比重的提升，均有助于降低对能源投入需求，并且这种下降还能通过与产业结构的良性交互作用进一步降低对能源投入需求，这也从一个侧面反映出人力资本积累对产业结构升级方面发挥了至关重要的作用。然而，在发展中国家中，这种交互作用尽管也存在，但其影响方向却与发达国家恰好相反，也就是说中、高等人力资本积累在调整产业结构，促进产业结构升级方面所起的作用可能并没有达到预期的效果，甚至可能陷入了“低技术均衡”。尽管低技术均衡并非发展中国家独有，

[1] 模型（4）的回归结果佐证了该结论，即中等人力资本积累对能源效率的影响主要表现在发展中国家。

但诸多经济学家也认为发展中国家低技术均衡问题比发达国家更为严重，并且在垂直专业化分工下，发展中国家由于承接了大量的低技术环节，更有可能出现这种低端路径依赖效应。从已有的研究来看，不少学者也发现了类似的结论，如B. R. Schneider（2009）的研究发现，生产方式固化了拉美国家的“低技术陷阱”，我国学者张兴祥、许焱、李雅霏，张涛和张若雪等人的研究也证实了我中国制造业确实存在“低技术均衡”，却没有发现“高技术均衡”的存在。进一步，如果从发展中国家的实际情况来看，大都存在着长期处于国际分工链条的低端、产业结构水平较低、产品附加值不高、产业升级缓慢等现实情况，因此，即使人力资本积累得以提升，但依然会有相当一部分人力资本仍被“锁定”在低技术、低附加值的生产环节，进而导致人力资本积累在促进产业结构升级方面的效果不佳，从长期来看，这种低端锁定效应也不利于发展中国家整体绩效的提升。

值得注意的是，在模型（1）~模型（4）的回归结果中，*HMS* 的回归系数始终显著为负，且其系数的绝对值均大于 *Dum* × *HMS* 的回归系数，这说明无论是在发展中国家，还是在发达国家中，中等人力资本的积累均有助于降低对能源投入的需求，并且这种效应在发展中国家表现得更为明显，这凸显了中等人力资本积累在降低能源投入需求方面的重要作用。从这点看，加快发展中等职业教育是十分有必要的。幸运的是，我国政府在2014年也意识到职业教育对一国经济可持续发展的重要性，适时出台了《国务院关于加快发展现代职业教育的决定》，这将对我国职业教育的发展打入一针强心剂，特别是通过加快促进中等职业教育学校的发展，能够切实培养出一批完全符合企业需求的中等技能水平的人力资本，在提高初始人力资本水平的同时，解决“技工荒”问题，进而提升能源效率并降低能源投入需求，推动我国粗放型经济增长方式向集约型不断转变，避免生产过程中不必要的能源浪费现象。

表4-1 人力资本积累对能源投入需求影响的回归结果

项目	模型（1）	模型（2）	模型（3）	模型（4）
VSS	1229.635③ (8.42)	1174.202③ (7.90)	1339.403③ (8.93)	1341.166③ (9.03)
Dum × *VSS*	−1380.51③ (−7.90)	−1315.35③ (−7.36)	−1538.24③ (−8.52)	−1461.6③ (−8.17)
HMS	−3.22② (−2.40)	−7.59③ (−3.86)	−10.06③ (−4.90)	−13.88③ (−6.32)
Dum × *HMS*		7.38③ (3.29)	9.2③ (3.98)	12.49③ (5.19)
HHS	0.23 (0.12)	12.33③ (3.23)	24.91③ (5.82)	10.07① (1.92)
Dum × *HHS*		−13.97③ (−3.69)	−26.73③ (−6.18)	−12.62③ (−2.37)

续表 4-1

项目	模型（1）	模型（2）	模型（3）	模型（4）
Y	0.001③ (7.69)	0.001③ (7.72)	0.001③ (10.21)	0.001③ (9.30)
OPEN	-82.733 (-2.28)	-87.1② (-2.40)	-69.69① (-1.93)	-63.93① (-1.79)
EF	-81.32③ (-7.58)	-81.86③ (-7.58)	-7.8 (-0.21)	-8.87 (-0.24)
HHS×EF			-8.16 (-1.05)	-0.094 (-0.01)
Dum×HHS×EF			6.15 (0.78)	-2.42 (-0.31)
HMS×EF			-7.49③ (-3.62)	-9.73③ (-4.73)
Dum×HMS×EF			7.19③ (3.70)	9.79③ (5.06)
HHS×JG				5.6③ (4.26)
Dum×HHS×JG				-5.88③ (-4.15)
HMS×JG				1.74③ (4.85)
Dum×HMS×JG				-1.94③ (-5.18)
JG	57.176③ (8.66)	55.35③ (8.34)	55.45③ (8.29)	20.857① (1.65)
POP	0.003③ (11.07)	0.003③ (9.45)	0.002③ (8.35)	0.002③ (7.64)
GF	0.026③ (16.12)	0.027③ (16.22)	0.025③ (15.55)	0.026③ (16.20)
N	7802	7802	7802	7802
Within-R^2	0.18	0.18	0.19	0.21
F	66.73	62.63	58.93	57.89

注：1. ①、②和③分别表示 10%、5% 和 1% 置信水平；

2. 篇幅受限，文中仅报告了以一阶滞后为 *IV* 的回归结果，*Dum* 为虚拟变量，*Dum* = 0 代表发展中国家，*Dum* = 1 代表发达国家或地区；

3. 模型（1）~模型（4）为双向固定效应回归结果；

4. 模型（1）是仅考虑人力资本结构因素的回归结果，模型（2）是考虑到人力资本积累对能源投入需求的影响，在发达国家和发展中国家可能同样存在着差异，进而加入了与虚拟变量 *Dum* 的交互项，模型（3）是在模型（2）的基础上进一步考虑了人力资本积累与能源效率的交互影响，模型（4）则是在模型（3）的基础上进一步考虑人力资本积累与产业结构的交互影响。

根据上面的分析，分工演化确实是影响一国能源投入需求的重要因素之一，并且由于行业特性、一国在国际分工中所处位置的差异，导致了在国家间、行业间分工演化对能源投入需求影响出现了典型的差异。实证结果表明，发展中国家为参与国际分工，的确承接了大量来自发达国家转移而来的高能耗型产业，导致随着分工程度的加深，加剧了对能源投入的需求，发达国家利用在国际分工中的主要优势，通过产业转移等方式，抑制了自身对能源投入的需求。进一步，如果从行业层面来看，分工演化对能源投入需求的影响更多的是表现在技术密集型行业，这与技术密集型行业易于分工的特性息息相关，而对劳动密集型行业的影响并不显著，并且在发达国家样本当中，对能源投入需求的抑制作用主要体现在技术密集型行业能源的需求，而发展中国家，分工程度的加深则会加剧技术密集型行业对能源投入的需求，进而在行业层面也呈现出典型的国家差异。这些实证结果充分显示了发达国家在国际分工中的主导优势地位，通过国际分工，将高能源投入环节转移到发展中国家去，从而保证了本国经济资源环境可持续发展，而发展中国家则为参与国际分工，承接了大量的高能耗环节，使得发展中国家“高投入、低产出”的生产模式难以彻底转变，阻碍了向集约化生产转变的进程。由此可见，虽然参与国际分工会加剧发展中国家对能源投入需求的影响，但对其影响的程度却存在较大的区别，这可能与各自参与水平以及承接的产业类型等多种因素有关。

上述研究表明，在考虑了人力资本积累对能源投入需求的影响之后，并没有改变上一章中分工演化对能源投入需求影响的主要结论，并且实证结果表明，无论是在发展中国家，还是在发达国家中，中等人力资本的积累均能够降低对能源投入的需求，而且这种抑制效应在发展中国家表现得更为明显。然而，重要的是，在发展中国家，中、高等人力资本积累在调整产业结构，促进产业结构升级方面所起的作用可能并没有达到预期的效果，甚至可能陷入了“低技术均衡”，这不利于我国经济的长期增长。所以，在本部分研究的基础上，建议在我国参与国际分工之时，一是在参与国际分工之际，要通盘考虑，对到底承接何种产业要进行充分的论证，尽可能削弱其对能源投入需求的影响。二是要杜绝能源浪费现象的发生，对浪费能源者深究严惩，切实提高我国能源利用效率。三是要进一步办好教育，努力提升人力资本存量，在此，一方面要加快中等职业教育的发展，切实培养一批高质量的技术工人和实用型人才，进而提升我国能源效率，降低能源投入需求；另一方面，要深入推进产学研合作，充分发挥中、高等人力资本在促进产业结构升级中的重要作用，加快促进我国工业经济的转型升级，不断推动我国经济增长方式的转变，进而缓解能源约束问题。

4.2 人力资本对能源消费影响的进一步验证

前文利用 WIOD 数据库，从国家和行业两个层面，对分工演化、人力资本积累与能源消费的关系进行了较为系统的实证研究。本节尝试在上一节的基础上，利用国内省级层面的相关数据，对人力资本对能源消费的影响作进一步的实证检验，以补充和验证上一章的研究结论。

4.2.1 模型、指标设定及统计性描述

4.2.1.1 模型设定

外商直接投资（FDI）和加工贸易是我国参与垂直专业化分工的主要方式，因此，二者与我国参与垂直专业化分工的规模密切相关。考虑到以往研究在分析垂直专业化分工对能源消费量影响之时，仅从 FDI 进行论证，明显有失偏颇，也不利于归纳垂直专业化分工对能源消费的影响。基于此，本部分在从垂直专业化分工规模的视角进行实证研究之时，分别利用 FDI 和加工贸易这两个变量进行实证研究，这样一方面能够更为全面地判断垂直专业化分工规模的扩大对能源消费的影响；另一方面，考虑到我国 FDI 与加工贸易之间存在的强相关性，对二者分别进行分析，也有助于判定结论的稳健性。此外，为系统考证垂直专业化分工对能源消费的影响，本部分还实证研究了垂直专业化分工程度与能源消费的关系，以从不同视角检验垂直专业化分工与我国能源消费的关系。进一步地，考虑到垂直专业化分工过程可能存在技术外溢，而现有文献一般认为技术外溢存在一定的人力资本门槛。因此，为检验该门槛是否存在，本部分还加入了垂直专业化分工与人力资本变量的交互项。至此，在借鉴现有文献的基础上，给出本部分如下三个回归模型：

$$\begin{aligned}\ln EG_{it} = {} & c + \beta_1 \ln EG_{it-1} + \beta_2 \ln FDI_{it} + \beta_3 \ln FDI_{it} \times \ln H_{it} + \beta_4 \ln H_{it} + \beta_5 \ln GDP_{it} + \\ & \beta_6 \ln CZHL_{it} + \beta_7 \ln TE_{it} + \beta_8 \ln GYBZ_{it} + \beta_9 \ln NYJG_{it} + \theta_i + \lambda_t + \xi_{it} \end{aligned} \tag{4-2}$$

$$\begin{aligned}\ln EG_{it} = {} & c + \beta_1 \ln EG_{it-1} + \beta_2 \ln JGMY_{it} + \beta_3 \ln JGMY_{it} \times \ln H_{it} + \beta_4 \ln H_{it} + \beta_5 \ln GDP_{it} + \\ & \beta_6 \ln CZHL_{it} + \beta_7 \ln TE_{it} + \beta_8 \ln GYBZ_{it} + \beta_9 \ln NYJG_{it} + \theta_i + \lambda_t + \xi_{it} \end{aligned} \tag{4-3}$$

$$\begin{aligned}\ln EG_{it} = {} & c + \beta_1 \ln EG_{it-1} + \beta_2 \ln VSS_{it} + \beta_3 \ln VSS_{it} \times \ln H_{it} + \beta_4 \ln H_{it} + \beta_5 \ln GDP_{it} + \\ & \beta_6 \ln CZHL_{it} + \beta_7 \ln TE_{it} + \beta_8 \ln GYBZ_{it} + \beta_9 \ln NYJG_{it} + \theta_i + \lambda_t + \xi_{it} \end{aligned} \tag{4-4}$$

式中，下标 i 代表第 i 个地区；t 代表年份；EG 代表环境污染水平；FDI 代表外商直接投资额；$JGMY$ 代表加工贸易额；VSS 代表参与垂直专业化分工的程度；H 代表人力资本水平；GDP 代表经济增长水平；$CZHL$ 代表城镇化率；TE 代表技术水平；$GYBZ$ 代表工业比重；$NYJG$ 代表能源价格；θ_i 和 λ_t 分别代表不随时间变化和截面变化的固定效应；ξ_{it}代表随机误差项。

为降低异方差以及由时间趋势因素可能导致的影响，对文中所有变量均做了对数化处理，并且考虑到能源消费通常会受到上一期的影响，笔者在三大基本回归模型中均加入被解释变量的一阶滞后项。考虑到本部分关注的重点在于垂直专业化分工及其技术溢出效应，因此，本部分的核心变量为 $\ln FDI$、$\ln JGMY$、$\ln VSS$ 及其与人力资本 $\ln H$ 的交互项，其他变量均为控制变量。

4.2.1.2 指标设定

指标设定如下：

（1）能源消费量 *EG*。本部分采用各地区能源消费总量为被解释变量，数据来自于历年《中国能源统计年鉴》，单位：万吨标准煤。

（2）外商直接投资额 *FDI*。本部分在度量 *FDI* 之时，采用的是实际利用外商直接投资额，数据来自历年各省统计年鉴，单位：万元。

（3）加工贸易额 *JGMY*。加工贸易额指的是加工贸易进出口总额，该部分数据整理自各省历年统计公告及相关统计年鉴，单位：万元。

（4）垂直专业化程度 *VSS*。在此，本部分并没有采用投入产出表来计算其分工水平，而是利用加工贸易数据来计算。这是因为，考虑到本部分采用的省级面板数据，国内投入产出表编制具有典型的非连续性，采用这种方法来计算会损失过多的样本[1]。因此，本部分的计算方法与前文并不一致，但也正好能够从多个方面来考证分工演化对能源消费的影响，其结论可能更具有参考价值。在计算时，在此参考胡昭玲、张蕊、张秋菊和朱钟棣等人的做法，即利用加工贸易出口占总出口的比重来衡量各地区的垂直专业化程度。但即使如此，部分样本的加工贸易出口数据也并不完整，进而导致部分地区缺失某些年份的垂直专业化程度数据。

（5）人力资本水平 *H*。本部分采用平均受教育年限代表人力资本存量水平，将受教育程度分为小学、初中、高中和大专及以上，定义各层次的受教育年限为6年、9年、12年和16年，然后与其各自占总人口的比例相乘并加总求和得出，数据来自于《中国人口统计年鉴》或人口普查。

（6）经济增长水平 *GDP*。本部分采用各地区实际国内生产总值来衡量各地区经济增长水平，数据来自于国家统计局网站，单位：万元。

（7）城镇化率 *CZHL*，本部分采用城镇人口占该地区人口的比重来衡量该指标，其中，1996~2000年为周一星的修订值，2005~2014为统计局数据，2001~2004年是根据周一星的方法，对2001~2004年中国各省的人口数据进行修正后测算得出的结果。

（8）技术水平 *TE*。由于样本时间跨度较长，技术水平可能发生了一定的变化。因此，本部分选用劳动生产率来控制本地区技术发展水平变动的影响，并考察技术水平变化对能源消费的影响。

（9）工业比重 *GYBZ*。经济发展史表明，产业结构高级化过程，通常会出现第一产业比重下降，第二产业比重先升后降，第三产业比重日趋增大的趋势，而通常认为第二产业比重的下降能够有效降低能源需求。在此，本部分选用工业比

---

[1] 尽管 WIOD 编制有连续性非竞争型投入产出表，但只是针对中国整体，而非省级层面。

重来代替第二产业比重，具体计算时，采用历年工业增加值除以当年 GDP 得到，用以衡量产业结构变化对能源消费的影响。

（10）能源价格指数 *NYJG*。一般理论上认为能源价格与能源消费成反比，能源价格上升，有助于倒逼企业改进生产技术，进而降低能源消费。本部分选用燃料零售价格指数来近似替代能源价格这一指标，数据来自 EPS 数据库。

4.2.1.3　主要变量的统计性描述

用面板数据进行实证研究，研究对象包括 30 个省市自治区[1]。在综合考虑各宏观数据可得性后及垂直专业化分工历史背景后，确定本部分的研究范围为 1996 ~ 2014 年。同时，为避免价格因素的影响，对文中涉及的宏观变量均做基期转换，基期为 1996 年。其中，以美元计价的 FDI、加工贸易等原始数据均按当年平均汇率水平做了相应的调整。

在给定上述指标测算方法后，笔者经测算并给出了其统计性描述结果，结果见表 4-2。

表 4-2　主要变量的统计性描述

变　量	样本数	均值	标准差	最小值	最大值
ln*EG*（标准煤）/万吨	570	3.78	0.95	0.52	5.17
ln*FDI*/万元	570	13.61	1.75	8.28	16.64
ln*JGMY*/万元	498	14.53	2.30	8.23	19.63
ln*VSS*	498	2.97	0.97	−1.30	4.40
ln*H*/年	570	2.08	0.14	1.55	2.49
ln*GDP*/万元	570	19.49	6.85	6.70	38.58
ln*CZHL*	570	−0.83	0.33	−1.57	−0.11
ln*TE*/万元 · 人$^{-1}$	570	10.10	0.76	8.29	11.80
ln*GYBZ*	570	−0.97	0.26	−2.07	−0.52
ln*NYJG*	570	5.18	0.42	4.53	6.19

4.2.2　回归结果及分析

4.2.2.1　内生性问题

考虑到设定的计量经济模型中包含有被解释变量的一阶滞后项，而一阶滞后项通常与个体效应相关，会引起所谓的内生性问题，内生性问题又会导致传统

[1] 西藏自治区由于数据缺失严重，并未包括。

OLS 估计系数有偏且不一致，因此，如何削弱内生性的影响也成为本部分要解决的关键问题之一。考虑到上述模型为动态面板数据模型，而广义矩估计（GMM）方法有助于解决上述动态面板数据的内生性问题；在广义矩估计（GMM）方法中，系统 GMM 估计能够比差分 GMM 估计利用更多的信息，进而提高估计结果的有效性和异质性，因此，系统 GMM 估计是本部分选定的最终估计方法。此外，在对前期文献梳理的基础上，考虑到无论是衡量参与垂直专业化分工规模的 *FDI* 变量或 *JGMY* 变量，还是衡量垂直专业化分工程度的 *VSS* 变量，都可能与随机扰动项相关。因此，在采用 Arellano、Bover 提出了系统 GMM 估计来解决上述内生性问题之时，将 *FDI*、*JGMY* 及 *VSS* 的滞后项也作为工具变量来进行 GMM 估计，估计结果见表 4-3。

表 4-3 三大模型回归结果

模型（1）		模型（2）		模型（3）	
L. ln*EG*	0.941③ (55.91)	L. ln*EG*	0.937③ (41.04)	L. ln*EG*	0.935③ (43.32)
ln*FDI*	0.0467① (1.81)	ln*JGMY*	0.0869③ (2.91)	ln*VSS*	0.183③ (2.61)
ln*FDI* × *LNH*	−0.0244② (−2.03)	ln*JGMY* × ln*H*	−0.0417③ (−2.92)	ln*VSS* × ln*H*	−0.0904③ (−2.71)
ln*GDP*	0.0304② (2.19)	ln*GDP*	0.0274 (1.18)	ln*GDP*	0.0314① (1.69)
ln*H*	0.258① (1.71)	ln*H*	0.605③ (2.88)	ln*H*	0.256② (2.50)
ln*TE*	0.0368③ (2.92)	ln*TE*	0.0476③ (3.02)	ln*TE*	0.0307① (1.65)
ln*GYBZ*	0.0550③ (2.96)	ln*GYBZ*	0.0563② (2.35)	ln*GYBZ*	0.0604② (2.80)
ln*CZHL*	−0.0539② (−2.41)	ln*CZHL*	−0.0953③ (−2.99)	ln*CZHL*	−0.0572 (−1.55)
ln*NYJG*	0.00453 (0.25)	ln*NYJG*	0.0089 (0.24)	ln*NYJG*	0.0143 (0.36)
AR（1）	0.006	AR（1）	0.022	AR（1）	0.022
AR（2）	0.106	AR（2）	0.37	AR（2）	0.361
Sargan	0.834	Sargan	0.182	Sargan	0.164
N	540	*N*	481	*N*	481

注：1. 本表结果由 stata14 给出；

2. ①、②、③分别表示 10%、5%、1% 水平上显著，括号内为 *z* 值。

4.2.2.2 回归结果与分析

表 4-3 给出三大模型的系统 GMM 估计回归结果。首先，从回归结果来看，ln*FDI*、ln*JGMY* 和 ln*VSS* 三变量的回归系数均显著为正。这说明，无论是从参与

垂直专业化分工的规模（*FDI* 和 *JGMY* 变量），还是从参与垂直专业化分工的程度（*VSS* 变量）来看，参与垂直专业化分工均是影响我国能源消费增加的一个重要因素。特别是考虑到 ln*VSS* 的回归系数远高于 ln*FDI* 和 ln*JGMY*，这说明我国在参与国际分工、分享贸易利益之时，可能承接了大量的高能耗产业，进而导致分工程度每提升 10%，能源消费大概增加 1.8%。其次，从模型（1）和模型（2）的回归系数来看，ln*FDI* 与 ln*JGMY* 的回归系数较为接近，这与我国 *FDI* 与加工贸易之间紧密联系的社会现实相符合。再次，ln*FDI* × ln*H*、ln*JGMY* × ln*H*、ln*VSS* × ln*H* 这三个变量在三大回归结果中均显著为负，这说明中国在参与国际分工的过程中，确实存在着技术溢出效应，只是该技术溢出效应的发挥存在着一定的人力资本门槛，该门槛值大概在 1.91 ~ 2.08 之间，与 XuBin 给出的人力资本门槛值十分接近。通过对各地区人力资本存量数据的进一步分析，发现截至 2014 年，所有地区均已跨越 1.91 的人力资本门槛，且仅有云南一个省未能达到 2.08 的人力资本门槛。这说明我国人力资本的迅速发展有效促进了国际分工技术外溢效应的发挥。然而需要注意的是，东部地区由于良好的经济发展基础，培育和吸引了大量的人才，导致绝大多数东部地区在一开始就能够分享国际分工的技术外溢效应，而中、西部地区则多半是从 2003 年左右跨越 2.08 的人力资本门槛，而 2003 年刚好是我国高校大规模扩招后第一批本科生毕业的年份。由此可见，（1999 年）高校扩招政策有效提升了我国人力资本存量，促进了中、西部地区对国际分工中技术溢出效应的吸收。

最后，从控制变量来看，ln*GDP* 的回归系数在模型（1）和模型（3）的回归结果中显著为正，在模型（2）的回归结果中虽不显著，但回归系数依然为正。这说明，我国长期快速的经济增长也是引起能源需求增加的一个重要因素。需要注意的是，ln*H* 和 ln*TE* 的回归系数在三大模型中也均显著为正，这可能是因为，一方面，人力资本存量的提升往往伴随着经济增长；另一方面，我国的技术进步也多发生在经济增长领域，对节能型技术进步的研发与关注则远远不够，而我国的经济增长是引起能源消费增加的重要因素。因此，导致 ln*H* 和 ln*TE* 的回归系数也出现显著为正的情形。ln*GYBZ* 的回归系数在三大模型中均显著为正，这说明在产业结构高级化过程中，工业比重的逐渐下降，有助于降低对能源消费的需求，与经验理论上的预判相符合。ln*CZHL* 的回归系数在三大模型中均为负，只是在模型（3）中并不显著，但实际上该回归系数也极其接近 10% 的显著性水平。这可能是因为我国在积极推进城镇化的进程中，同时促进了产业结构的调整与优化，提高了资源配置效率，降低了能源强度，进而引致我国能源需求的降低。ln*NYJG* 的回归系数为正，但并不显著，这可能是因为我国能源市场价格机制并不健全，现有的能源定价可能过低，导致能源比价偏低，即使能源价格水平上升也未能完全反映出能源的内在价值。因此，要加快推进我国能源市场化改革进程，充分发挥价格机制应有作用。

4.2.2.3 稳健性检验

为保证回归结果的稳健性，在参考前期文献的基础上，尝试进行如下稳健性检验：一是采用人均外商直接投资 ln*RJFDI* 和人均加工贸易 ln*RJJGMY* 来衡量我国参与垂直专业化分工的规模；二是利用加工贸易进出口额占贸易总额的比重来近似衡量我国参与垂直专业化分工的程度。

回归方法同样是使用系统 GMM 估计，回归结果见表 4-4。由表 4-4 可知，尽管个别控制变量的回归结果与表 4-3 相比显示出一定的差异，但核心变量 ln*RJFDI*、ln*RJFDI* × ln*H*、ln*RJJGMY*、ln*RJJGMY* × ln*H*、ln*VSS* 和 ln*VSS* × ln*H* 在三大模型中的回归系数的大小、方向及显著性水平均没有发生大的改变，特别是国际分工技术外溢的人力资本门槛依然稳定在 1.94 ~ 2.08 之间，与前文回归得出的人力资本门槛基本相一致，这说明本部分的回归结果是比较稳健的。

表 4-4 稳健性回归结果

模型（1）		模型（2）		模型（3）	
L. ln*EG*	0.940③ (60.36)	L. ln*EG*	0.934③ (46.70)	L. ln*EG*	0.935③ (35.79)
ln*RJFDI*	0.0658② (2.02)	ln*RJJGMY*	0.0851③ (2.85)	ln*VSS*	0.233③ (2.60)
ln*RJFDI* × ln*H*	−0.0340② (−2.25)	ln*RJJGMY* × ln*H*	−0.0413③ (−2.91)	ln*VSS* × ln*H*	−0.112③ (−2.61)
ln*GDP*	0.0221① (1.76)	ln*GDP*	0.0374① (1.80)	ln*GDP*	0.0255 (1.16)
ln*H*	0.162① (1.88)	ln*H*	0.588③ (2.79)	ln*H*	−1.232② (−2.59)
ln*TE*	0.0475③ (2.64)	ln*TE*	0.0421③ (3.19)	ln*TE*	0.0393② (2.13)
ln*GYBZ*	0.0591③ (3.32)	ln*GYBZ*	0.0528② (2.35)	ln*GYBZ*	0.0759③ (2.78)
ln*CZHL*	−0.0687② (−2.40)	ln*CZHL*	−0.0912③ (−3.09)	ln*CZHL*	−0.0798② (−2.35)
ln*NYJG*	−0.00248 (−0.09)	ln*NYJG*	0.0322 (0.90)	ln*NYJG*	−0.00562 (−0.14)
AR（1）	0.006	AR（1）	0.022	AR（1）	0.021
AR（2）	0.105	AR（2）	0.371	AR（2）	0.361
Sargan	0.415	Sargan	0.179	Sargan	0.163
N	540	*N*	481	*N*	481

注：与表 4-3 相同。

至此，基于 1996 ~ 2014 年中国 30 个省区的面板数据，利用系统 GMM 估计的方法，实证研究了垂直专业化分工、技术外溢与能源消费的关系，并通过改变核心解释变量的选取方式，进行了三大模型的稳健性检验，进而得到以下三点结论：

（1）无论是从参与垂直专业化分工的规模，还是从参与垂直专业化分工的程度来看，参与垂直专业化分工均加剧了我国对能源消费的需求，并且作为我国参与垂直专业化分工的两大主要方式，ln*FDI* 与 ln*JGMY* 的回归系数较为接近，反映出我国 FDI 与加工贸易之间紧密联系的社会现实。

（2）高人力资本门槛阻碍了垂直专业化分工技术外溢效应的发挥，特别是在中、西部地区表现得更为明显，而高校扩招政策在中、西部地区跨越技术外溢人力资本门槛方面起到了明显的促进作用。

（3）城镇化与产业结构高级化的过程，均有助于降低我国能源消费，而人力资本存量的提升以及技术进步，往往会通过经济增长效应加剧我国对能源消费的需求。能源市场价格机制的不健全，使得价格与需求之间的传导机制失灵。

4.3 研发投入强度、人力资本结构与能源强度

4.3.1 能源强度影响因素研究现状

在前面几个章节，系统探讨了垂直专业化分工与能源消费的关系，并在多个数据库的基础上均证实垂直专业化分工确实加剧了我国对能源消费的需求。在一定程度上可以说，我国在参与国际分工的过程中，也承接了来自发达国家的部分能源投入需求，进而加剧了我国能源约束问题。此外，考虑在参与国际分工的过程中，同样会产生技术溢出效应，因此，前文专门探讨这一效应对能源消费的影响。本节进一步考虑到近年来随着经济的快速发展我国研发投入水平不断提升，人力资本结构得以持续改善。那么，这些因素对我国能源消费的影响到底是怎样的呢？是否能够有效提升我国能源效率，从而缓解目前的能源约束问题？其中，又存在怎样的问题？基于对上述问题的考虑，本节尝试分析研发投入强度和人力资本结构变动对我国能源效率的影响，以期为政策体系的构建提供一个重要的依据。

从现有研究来看，在分析能源效率之际，诸多学者采用能源强度这一指标，对其影响因素的分析主要集中在以下 3 个方面：

（1）探讨了产业结构升级与能源强度的关系，但其结论并不统一，史丹、魏楚、沈满洪、赵涛和时洪功等学者认为，产业结构调整与升级，特别是第三产业的发展，能够有效地降低能源强度；Ayres 进一步指出在产业结构没有良性调整前提下，会削弱其他方式降低能源强度的效果；但王玉潜和吴巧生认为产业结构调整并不一定能够降低能源强度，甚至可能有反作用。考虑到中国省际能源强度存在着较大差异，林伯强（2014）对中国各地区能源强度的影响因素进行分解，发现产业结构变动是阻碍中部地区能源强度下降的最大阻力。通常认为，样本选择、对产业结构水平的测算以及回归方法等方面的差异，是导致上述结论不

同的重要原因。然而，上述结论的不统一，也可能是忽视了其他重要因素对产业结构调整的影响，如唐辉亮认为如果人力资本结构对产业结构高端化升级的匹配性不高，则难以支撑产业结构持续升级，对能源强度的影响自然较弱。

（2）探讨了技术进步对能源强度的影响，诸多学者如 C. Ma、D. I. Stern、余泳泽、周五七等人认为技术进步有助于降低能源强度，无论其研究样本选取的是整体、省际还是行业层面，得出的结论均是如此。然而，近年来研发投入快速增加，我国研发投入已由1995 年的349 亿元上升到2017 年的1.75 万亿元，研发投入强度由 0.57% 上升至 2.12%。可见，我国研发投入出现爆炸性增长，而研发投入是一国提高自主创新的重要途径，是促进技术进步的重要因素。因此，近年来诸多学者开始转向研究研发投入对能源强度的影响，但其结论并不统一。Karen 认为 R&D 是引起中国能源强度下降的重要因素之一；滕玉华则认为中国自主研发并没有提高能源效率，这可能说明研发支出对技术进步的影响需要其他因素来配合才能实现；李平、刘利利、李蕾蕾的研究验证了这点，他们研究了 66 个国家研发资助与技术进步的关系，发现在人力资本水平较高的国家，政府研发资助对技术进步具有显著的促进作用，而在人力资本水平较低的国家，政府研发资助并没有拉动本国的技术进步，甚至产生了阻碍作用。这说明在分析研发投入对能源强度的影响时，也需要考虑人力资本因素，二者之间的良好匹配才能有效促进技术进步，进而降低能源强度。

（3）分析了贸易对能源强度的影响，李未无认为对外开放有助于降低能源强度；而呙小明认为制造业对外开放对能源强度的影响呈非线性，并随外资依存度变化呈现出先下降后上升的 U 形曲线。考虑到加工贸易是中国参与国际分工与贸易的重要方式，外商直接投资又是加工贸易的主要参与者，一些学者还专门研究了 FDI 对能源强度的影响，但其结论并不统一。李锴和齐绍洲、陈媛媛和李坤望认为 FDI 有助于降低东道国能源强度；Cole 及董利等人认为 FDI 进入对东道国能源强度的影响并不显著，甚至会降低能源效率；叶素云和叶振宇则认为，FDI 对中国能源强度的影响存在区域差异，西部地区更有可能成为外资的污染天堂。

除上述 3 个主要方面外，近年来一些学者专门研究了城镇化对中国能源强度的影响。王柯英和张鸿武使用共同相关效应组均值（CCEMG）估计方法对中国 1978 ~2014 年城镇化与能源强度之间的关系进行分析，发现城镇化对能源强度的影响并不显著；李标认为中国城镇化短期内能够显著降低能源强度，但长期影响为正；靖学青认为人口城镇化和地域城镇化与西部地区能源强度显著正相关。另外一些学者则从能源价格因素进行了一些探讨，如樊茂清等人认为在国家层面提高能源价格有助于降低能源强度，但存在一定的部门差异和地区差异。

可以说，上述研究为本部分提供了重要参考，但这些研究并未对研发投入强度、人力资本结构与能源强度之间的关系进行深入分析，特别是通过文献梳理，发现人力资本结构是推动产业结构调整升级的重要因素，也是影响研技术进步的重要变量。因此，有必要将人力资本结构问题纳入能源强度分析框架当中。近年来，部分学者敏锐地发现这一问题，尝试性地分析了人力资本与能源强度的关系，如赵领娣和郝青等人从人力资本存量出发，发现人力资本水平的提升有助于降低能源效率，但他们也并未从结构视角来进行分析，尤其是在探讨人力资本结构与产业结构以及人力资本结构与研发投入强度之间的交互影响在降低能源强度方面的研究更为少见。基于此点考虑，在此尝试从研发投入强度和人力资本结构的视角出发来研究其对能源强度的影响，特别是重点考察研发投入强度与人力资本结构的交互影响，以及人力资本结构与产业结构的交互影响，以期对现有文献做一重要补充。

4.3.2 影响机理、模型设计及变量统计性描述

4.3.2.1 影响机理分析

通过对现有文献的梳理发现，如果研发投入强度与人力资本结构能够相互匹配，将能有效促进技术进步，进而降低能源强度；同样地，如果人力资本结构与产业结构相互匹配，也能够通过促进产业结构的持续升级，进而降低能源强度。反之，如果不匹配，对能源强度的影响则较弱，甚至会抑制能源强度的降低。当然，本部分中涉及的人力资本结构指的是中、高等人力资本结构，因为只有中、高等人力资本才能不断推动产业结构持续升级，低等人力资本在推动产业结构升级方面基本无效。据此，本部分构建如图 4-2 所示影响机理。

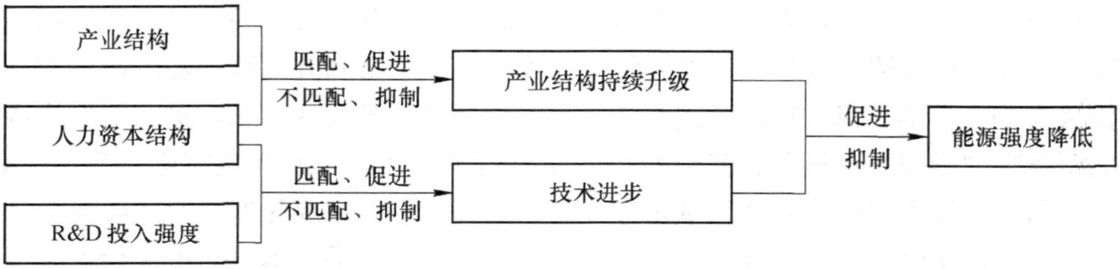

图 4-2 结构匹配对能源强度的影响机理

4.3.2.2 模型设计

为刻画这种匹配关系对能源强度的影响，本章采用引入交互项的方式来近似衡量，如果二者匹配较好，理论上二者之间将产生良好的交互效果，有助于降低能源强度，该回归系数应为负；反之，对能源强度的影响则不确定。同时，考虑到不同类型人力资本在技术进步和产业结构调整与升级方面所起的作用可能存在

着天然的差异，如高等人力资本由于自身知识体系、创新能力等方面与中等人力资本存在着较为明显的差异，其与研发投入强度相结合，可能更有助于促进技术进步，对能源强度的影响也可能更大。因此，将人力资本按受教育水平进一步划分为高等人力资本和中等人力资本，并将其各自比重分别与产业结构、R&D 投入强度的交互项引入到模型当中，以考证不同类型人力资本在降能过程的区别所在。至此，我们给出本部分设定的基本计量模型，如式（4-5）所示：

$$\begin{aligned} EI_{it} = {} & \beta_0 + \beta_1 RD_{it} + \beta_2 GD_{it} + \beta_3 GD_{it} \times RD_{it} + \beta_4 ZD_{ijt} + \beta_5 ZD \times RD_{it} + \beta_6 CYJG_{it} + \\ & \beta_7 GD_{it} \times CYJG_{it} + \beta_8 ZD_{it} \times CYJG_{it} + \beta_9 CZHL_{it} + \beta_{10} FDI_{it} + \beta_{11} NYJG_{it} + \\ & \beta_{12} RJGDP_{it} + u_i + v_t + \varepsilon_{it} \end{aligned} \tag{4-5}$$

式中，下标 i 代表第 i 个省；t 代表第 t 年；*EI* 代表能源强度；*RD* 代表研发投入强度；*GD*、*ZD* 分别代表高等人力资本比重和中等人力资本比重；*CYJG* 代表产业结构水平；$GD \times RD$、$ZD \times RD$、$GD \times CYJG$、$ZD \times CYJG$ 代表了人力资本结构与研发投入比重、产业结构水平之间的交互作用，也是本部分考察的核心变量；*CZHL*、*FDI*、*NYJG* 是本模型的控制变量，分别代表城镇化率、*FDI* 比重和能源价格；u_i 代表不可观测的个体效应；v_t 代表不可观测的时间效应，ε_{it} 代表随机扰动项。

由于有关中国各省人力资本结构的数据基本上是从 1996 年开始统计，因此，本部分的研究范围也局限于 1996～2014 年。文中涉及的宏观经济变量指标均按各省价格指数做了相应调整，基期为 1996 年。在此没有考虑低等人力资本比重对能源消费的影响，这是因为一方面可以避免与中等、高等人力资本比重之间可能出现的完全共线性，另一方面对技术进步、产业结构的调整也主要取决于中、高等人力资本。文中所选用的数据主要来自各省统计年鉴、统计公告和 EPS 数据库，缺失较多的是 1996～1997 年部分地区人力资本结构数据，以简单平均的方法进行了插补。此外，本部分共选取 30 个地区作为研究对象，其中，西藏地区由于数据缺失严重并未包括。

4.3.2.3 变量设定及数据来源

各变量的设定及具体说明如下：

（1）能源强度。用各省能源消费量除以实际 GDP 得到。

（2）研发投入强度 *RD*。由于本部分是从结构交互视角出发，所以在此考虑的也是一个研发投入比重，而非研发支出存量。在具体计算时，本部分采用的是以各省 R&D 经费支出占 GDP 的比重来衡量。其中，1996～1997 年数据为各省研究与开发机构及情报文献机构经费支出总额占 GDP 的比重。

（3）人力资本结构变量 *GD* 和 *ZD*。*GD* 指的是总就业人员中受过高等教育人员的比重，*ZD* 指的是总就业人员中受过中等教育人员的比重。

（4）产业结构水平 *CYJG*。在测算产业结构发展水平时，借鉴的是周昌林、魏建良（2004）年的做法，$CYJG = \sum_{i=1}^{n} k_i \times \sqrt{\frac{P_i}{l_i}}$，其中，$P_i$ 为第 i 产业的产值，l_i 为第 i 产业的从业人员数，P_i/l_i 即为第 i 产业的劳动生产率，在本部分中，也仅选择三大产业作为研究对象❶。

（5）人均实际国内生产总值（*RJGDP*）。采用人均实际国内生产总值（RJGDP）指标来刻画经济发展对能源强度的影响，各省名义 GDP 数据、CPI 及常住人口数据均来自 EPS 数据库。

（6）城镇化率 *CZHL*。本部分采用城镇人口占该地区人口的比重来衡量该指标，其中，1996～2000 年为周一星的修订值，2005～2014 为统计局数据，2001～2004 年是根据周一星的方法，对 2001～2004 年中国各省的人口数据进行修正后测算得出的结果。

（7）外资进入情况 *FDI* 比重。为控制外资进入情况对能源强度的部分影响，本部分引入外商直接投资比重变量来近似衡量，采用当年实际利用 FDI 额占当年 GDP 的比重来衡量。

（8）能源价格指数 *NYJG*。一般理论上认为能源价格与能源强度成反比，价格上升，有助于倒逼企业改进生产技术、节约能源、降低能源强度。本部分选用燃料零售价格指数来近似替代这一指标，数据来自于 EPS 数据库。

考虑到本部分是利用交互项来探讨结构匹配性对能源强度的影响，为避免可能出现的多重共线性，在实证分析时，文中对涉及交互的核心变量做了相应的中心化的处理，表 4-5 给出了各变量原始数据的统计结果。

表 4-5　样本整体的基本描述性统计

变量及其描述	观测值	均值	标准差	最小值	最大值
能源强度/万吨·亿元$^{-1}$	570	172.1	93.88	46.89	530.5
研发投入强度/%	569	1.119	1.080	0.0841	8.067
高等人力资本比重/%	570	9.183	7.463	0.800	55.87
中等人力资本比重/%	570	57.05	10.48	26.40	76.43
产业结构水平 *CYJG*	566	195.5	68.89	75.29	442.3
人均实际 GDP/万元·人$^{-1}$	570	1.763	1.442	0.201	7.508
城镇化率/%	570	0.463	0.159	0.209	0.896
外资进入情况/%	568	3.004	2.989	0.068	16.85
能源价格指数 *NYJG*	570	193.6	81.92	92.65	486.6

❶ 黑龙江缺少 2011～2014 年的三大产业相关数据。

4.3.2.4 数据描述与分析

在进行回归分析之前，本部分对主要变量进行初步的统计分析，以更好地了解我国东、中、西部地区的具体发展情况。首先，来看被解释变量能源强度的变化趋势。从表 4-6 ~ 表 4-8 可知，1996 ~2014 年，东、中、西部地区能源强度均有了大幅下降，其中，东部地区平均能源强度由 1996 年的 169. 69 万吨/亿元下降到 2014 年的 77. 4 万吨/亿元，下降了 54%；中部地区平均能源强度由 1996 年 254. 68 万吨/亿元下降到 2014 年的 111. 85 万吨/亿元，下降了 56%，西部地区平均能源强度由 1996 年 335. 26 万吨/亿元下降到 2014 年的 171. 77 万吨/亿元，下降了 49%。由此可见，从变化幅度来看，东、中、西部地区能源强度下降幅度区别不大，均在 50% 左右浮动。从地区平均能源强度来看，无论是 1996 年还是 2014 年，东部地区的能源强度始终是最低的，而西部地区能源强度始终是最高的。2014 年，西部地区平均能源强度仅相当于东部地区 1996 年的平均能源强度水平。由此可见，西部地区的能源效率还具有较大的提升空间。当然，这需要人力资本、研发投入、产业结构调整等多方面因素的配合。

表 4-6 东部地区能源强度 （万吨/亿元）

年份	上海	北京	辽宁	天津	河北	山东	江苏	浙江	福建	广东	广西	海南	平均
1996	164. 77	226. 71	308. 39	226. 78	258. 85	153. 73	135. 09	117. 05	94. 90	118. 82	142. 65	88. 57	169. 69
1997	145. 59	222. 98	272. 65	205. 24	236. 46	141. 51	121. 65	112. 35	85. 96	110. 78	144. 50	95. 92	157. 97
1998	135. 85	209. 78	240. 17	187. 68	218. 98	128. 57	113. 98	107. 31	79. 57	105. 84	125. 26	90. 95	145. 33
1999	134. 68	198. 84	227. 07	178. 63	205. 08	120. 09	105. 82	103. 00	78. 46	101. 41	120. 95	88. 18	138. 52
2000	129. 24	187. 69	230. 15	172. 20	219. 14	135. 23	100. 22	111. 15	90. 64	97. 43	124. 01	90. 23	140. 61
2001	119. 43	134. 54	213. 51	155. 49	188. 56	112. 06	94. 54	96. 62	78. 64	83. 65	112. 19	89. 41	123. 22
2002	117. 00	116. 44	193. 72	143. 11	220. 75	146. 02	90. 47	104. 64	95. 53	82. 04	117. 38	92. 46	126. 63
2003	109. 23	105. 38	190. 16	128. 29	223. 87	143. 02	89. 66	101. 14	97. 98	81. 14	119. 89	94. 32	123. 67
2004	100. 87	97. 55	205. 71	125. 05	216. 18	140. 62	95. 54	99. 52	99. 85	81. 51	122. 69	92. 78	123. 16
2005	98. 78	92. 51	180. 04	111. 71	213. 07	144. 02	98. 96	97. 28	101. 14	82. 16	125. 41	92. 78	119. 82
2006	94. 36	85. 68	173. 52	109. 33	207. 86	135. 11	95. 39	92. 24	97. 96	79. 07	118. 07	90. 60	114. 93
2007	89. 78	77. 00	167. 78	106. 30	198. 48	130. 66	91. 47	88. 51	93. 90	76. 33	113. 59	91. 11	110. 41
2008	89. 03	72. 17	154. 24	95. 05	184. 73	120. 13	85. 93	84. 46	91. 31	73. 55	110. 03	87. 28	103. 99
2009	84. 22	67. 52	148. 79	92. 06	178. 10	116. 26	82. 06	80. 03	85. 68	70. 33	106. 14	85. 49	99. 72
2010	82. 23	63. 01	138. 43	90. 18	168. 07	111. 15	77. 02	74. 64	80. 76	67. 91	99. 21	79. 13	94. 31
2011	77. 83	58. 13	131. 13	86. 01	158. 35	107. 51	73. 23	71. 33	77. 51	65. 45	93. 07	80. 96	90. 04
2012	76. 72	56. 00	124. 91	83. 67	153. 70	104. 29	71. 38	68. 92	74. 28	64. 19	92. 02	77. 83	87. 33
2013	72. 50	48. 94	107. 82	73. 96	145. 04	87. 73	66. 87	66. 75	68. 62	58. 73	84. 34	73. 27	79. 55
2014	67. 34	46. 89	104. 63	71. 52	142. 34	85. 80	64. 16	64. 69	68. 86	57. 52	83. 01	72. 06	77. 40
下降	59%	79%	66%	68%	45%	44%	53%	45%	27%	52%	42%	19%	54%

表 4-7　中部地区能源强度　　（万吨/亿元）

年份	山西	内蒙古	吉林	黑龙江	安徽	江西	河南	湖北	湖南	平均
1996	523.54	286.56	312.23	244.28	193.05	142.03	181.74	201.94	206.75	254.68
1997	486.41	320.60	310.55	248.04	167.13	126.79	170.27	182.73	165.14	241.96
1998	453.26	265.45	247.70	223.76	165.20	112.81	167.79	165.75	161.68	218.16
1999	436.84	310.55	224.16	212.14	159.51	116.94	157.70	154.15	127.18	211.02
2000	430.57	265.78	205.57	189.06	162.75	127.41	149.51	144.14	115.74	198.95
2001	412.19	250.82	183.45	179.03	168.72	108.51	145.54	153.80	125.48	191.95
2002	415.05	248.45	193.30	164.80	166.65	121.45	146.70	156.51	134.19	194.12
2003	382.55	261.44	197.05	166.67	152.11	124.83	153.26	162.63	143.23	193.75
2004	344.90	278.75	189.41	164.32	146.82	116.81	160.04	170.48	150.03	191.28
2005	337.54	281.89	157.30	154.49	148.70	113.75	147.67	165.77	167.75	186.09
2006	330.12	262.33	150.13	151.55	143.12	105.33	142.19	159.68	159.02	178.16
2007	309.44	240.50	141.94	149.73	131.93	99.47	135.63	150.11	150.32	167.67
2008	274.48	212.08	135.10	143.77	123.33	93.47	128.63	139.05	138.30	154.25
2009	270.06	200.71	127.27	146.30	117.90	91.26	123.09	129.19	131.51	148.59
2010	240.06	189.49	119.47	135.11	103.69	83.24	116.65	119.16	123.23	136.68
2011	225.31	181.17	113.08	127.08	96.32	77.10	113.62	112.30	115.13	129.01
2012	226.20	178.36	106.43	126.87	94.12	74.71	108.65	108.70	108.03	125.79
2013	227.94	154.42	91.76	114.11	88.83	72.15	95.25	89.10	88.77	113.59
2014	231.26	154.65	87.59	112.27	85.49	71.89	93.43	85.53	84.57	111.85
下降	56%	46%	72%	54%	56%	49%	49%	58%	59%	56%

表 4-8　西部地区能源强度　　（万吨/亿元）

年份	云南	四川	宁夏	新疆	甘肃	贵州	重庆	陕西	青海	平均
1996	185.57	316.30	413.70	353.45	392.48	517.02	158.69	299.90	380.24	335.26
1997	217.52	209.81	396.16	318.96	339.91	516.36	202.82	250.79	366.71	313.23
1998	198.91	197.36	377.40	305.22	314.72	530.48	227.88	225.57	354.23	303.53
1999	187.37	176.96	359.76	278.46	311.21	452.45	246.04	180.88	413.59	289.63
2000	183.66	167.75	453.18	245.36	302.98	439.95	145.80	165.02	355.63	273.26
2001	167.46	167.15	281.30	245.21	265.60	407.27	165.79	164.18	332.18	244.02
2002	182.90	166.98	376.51	240.07	265.07	370.13	130.97	165.17	328.03	247.31
2003	180.42	184.40	474.13	231.18	261.95	404.32	131.32	164.28	321.84	261.54
2004	185.68	188.00	469.85	238.32	246.27	388.86	137.45	158.07	337.92	261.16
2005	193.82	182.38	456.67	228.32	244.40	307.88	144.91	150.64	357.73	251.86

续表 4-8

年份	云南	四川	宁夏	新疆	甘肃	贵州	重庆	陕西	青海	平均
2006	188.42	174.26	438.20	217.21	228.39	293.74	143.02	139.50	346.98	241.08
2007	179.63	166.19	397.05	215.39	218.05	279.22	138.61	133.65	331.43	228.80
2008	167.63	155.99	345.13	210.82	210.66	253.46	128.57	122.54	310.74	211.73
2009	166.05	150.90	324.34	221.03	204.55	243.23	121.92	119.57	309.44	206.78
2010	158.82	140.57	293.86	199.76	189.15	229.91	115.84	110.82	285.63	191.59
2011	148.85	133.17	294.39	208.36	180.30	216.32	108.08	104.15	304.21	188.65
2012	144.22	125.60	284.99	227.05	177.48	201.40	102.68	100.89	305.76	185.56
2013	125.06	109.05	280.49	241.58	170.00	164.65	81.65	92.55	303.10	174.24
2014	122.74	106.02	276.93	245.92	165.89	153.63	79.53	91.11	304.13	171.77
下降	34%	66%	33%	30%	58%	70%	50%	70%	20%	49%

其次，本部分对各地区研发投入强度变化趋势进行初步分析，见表 4-9 ~ 表 4-11。从研发投入强度绝对值来看，在 1996 ~ 2014 年间，我国研发投入强度呈现出东部 > 中部 > 西部的趋势，东部地区平均研发投入强度大概是中、西部地区的 2 倍。具体来看，东部地区平均研发强度由 1996 年的 1.18% 上升至 2014 年的 2.26%，提高了 92%；中部地区平均研发强度由 1996 年的 0.47% 上升至 2014 年的 1.22%，提高了 163%，而西部地区平均研发强度由 1996 年的 0.82% 上升至 2014 年的 1.05%，仅提高了 28%。因此，从平均研发强度的变化程度来看，呈现出中部 > 东部 > 西部的趋势，中部地区研发投入强度的爆炸性增长，一方面彰显了中部地区对研发投入的重视，另一方面也与较低的初始研发投入强度有关。然而，从平均研发强度的绝对差距来看，1995 年，中、西部地区与东部地区的研发强度分别相差 0.36 和 0.71 个百分点，到 2014 年，中、西部地区与东部地区的研发强度分别相差 1.02 和 1.21 个百分点，从这点来看，中、西部地区与东部地区的研发强度在不断被拉大，尽管中部地区研发投入强度的增速要高于东部地区。

表 4-9 东部地区研发投入强度 (%)

年份	上海	北京	辽宁	天津	河北	山东	江苏	浙江	福建	广东	广西	海南	平均
1996	1.90	8.07	0.72	1.24	0.25	0.24	0.51	0.18	0.11	0.35	0.33	0.25	1.18
1997	1.45	7.76	0.61	1.15	0.19	0.20	0.37	0.16	0.10	0.31	0.21	0.21	1.06
1998	1.51	5.14	0.68	0.94	0.23	0.32	0.50	0.39	0.19	0.52	0.08	0.16	0.89
1999	1.58	5.54	0.70	0.86	0.30	0.41	0.57	0.50	0.26	0.76	0.10	0.28	0.99
2000	1.69	6.28	0.89	1.51	0.52	0.61	0.85	0.61	0.54	1.11	0.41	0.15	1.26
2001	1.69	4.61	1.07	1.31	0.47	0.66	0.98	0.65	0.55	1.14	0.35	0.14	1.14

续表 4-9

年份	上海	北京	辽宁	天津	河北	山东	江苏	浙江	福建	广东	广西	海南	平均
2002	1.78	5.07	1.31	1.45	0.56	0.86	1.11	0.72	0.55	1.16	0.36	0.19	1.26
2003	1.93	5.10	1.38	1.57	0.55	0.86	1.21	0.80	0.75	1.13	0.40	0.17	1.32
2004	2.11	5.24	1.60	1.73	0.52	0.95	1.43	0.99	0.80	1.12	0.35	0.26	1.43
2005	2.31	5.48	1.55	1.86	0.59	1.06	1.45	1.22	0.82	1.08	0.37	0.18	1.50
2006	2.45	5.33	1.46	2.13	0.67	1.07	1.59	1.43	0.89	1.18	0.38	0.20	1.57
2007	2.46	5.13	1.48	2.18	0.66	1.21	1.65	1.53	0.89	1.27	0.38	0.21	1.59
2008	2.58	4.95	1.39	2.32	0.68	1.40	1.87	1.61	0.94	1.37	0.47	0.22	1.65
2009	2.81	5.50	1.53	2.37	0.78	1.53	2.04	1.73	1.11	1.65	0.61	0.35	1.83
2010	2.81	5.82	1.56	2.49	0.76	1.72	2.07	1.78	1.16	1.76	0.66	0.34	1.91
2011	3.11	5.76	1.64	2.63	0.82	1.86	2.17	1.90	1.26	1.96	0.69	0.41	2.02
2012	3.37	5.95	1.57	2.80	0.92	2.04	2.38	2.08	1.38	2.17	0.75	0.48	2.16
2013	3.56	5.98	1.64	3.17	0.99	2.13	2.49	2.16	1.44	2.31	0.75	0.47	2.26
2014	3.66	5.95	1.52	2.95	1.06	2.19	2.54	2.26	1.48	2.37	0.71	0.48	2.26
变化	93	-26	111	138	324	813	398	1156	1245	577	115	92	92

表 4-10　西部地区研发投入强度　　(%)

年份	云南	四川	宁夏	新疆	甘肃	贵州	重庆	陕西	青海	平均
1996	0.49	1.41	0.71	0.28	1.26	0.32	0.22	2.21	0.47	0.82
1997	0.47	1.03	0.44	0.22	1.03	0.27	0.30	2.22	0.49	0.72
1998	0.29	0.84	0.40	0.17	0.79	0.31	0.37	2.05	0.36	0.62
1999	0.31	1.01	0.37	0.21	0.79	0.32	0.40	2.10	0.34	0.65
2000	0.35	1.12	0.64	0.23	0.74	0.42	0.64	2.98	0.49	0.85
2001	0.36	1.34	0.44	0.21	0.75	0.47	0.57	2.57	0.40	0.79
2002	0.42	1.31	0.53	0.22	0.89	0.49	0.63	2.69	0.62	0.87
2003	0.43	1.49	0.54	0.20	0.91	0.55	0.77	2.63	0.62	0.90
2004	0.41	1.22	0.58	0.27	0.85	0.52	0.88	2.63	0.64	0.89
2005	0.62	1.31	0.52	0.25	1.01	0.55	0.92	2.35	0.55	0.90
2006	0.52	1.24	0.69	0.28	1.05	0.62	0.94	2.14	0.51	0.89
2007	0.54	1.32	0.82	0.28	0.95	0.48	1.01	2.11	0.48	0.89
2008	0.54	1.27	0.62	0.38	1.00	0.53	1.04	1.96	0.38	0.86
2009	0.60	1.52	0.77	0.51	1.10	0.68	1.22	2.32	0.70	1.05
2010	0.61	1.54	0.68	0.49	1.02	0.65	1.27	2.15	0.74	1.02
2011	0.63	1.40	0.73	0.50	0.97	0.64	1.28	1.99	0.75	0.99

续表 4-10

年份	云南	四川	宁夏	新疆	甘肃	贵州	重庆	陕西	青海	平均
2012	0.67	1.47	0.78	0.53	1.07	0.61	1.40	1.99	0.69	1.02
2013	0.67	1.52	0.81	0.54	1.06	0.58	1.38	2.11	0.65	1.04
2014	0.67	1.57	0.87	0.53	1.12	0.60	1.42	2.07	0.62	1.05
变化	37	11	23	89	−11	88	545	−6	32	28

表 4-11 中部地区研发投入强度 （%）

年份	山西	内蒙古	吉林	黑龙江	安徽	江西	河南	湖北	湖南	平均
1996	0.49	0.33	0.87	0.31	0.26	0.30	0.40	0.72	0.55	0.47
1997	0.33	0.27	0.72	0.27	0.20	0.18	0.29	0.70	0.35	0.37
1998	0.46	0.10	0.51	0.50	0.31	0.24	0.27	0.64	0.29	0.37
1999	0.50	0.14	0.45	0.50	0.36	0.33	0.29	0.69	0.36	0.40
2000	0.60	0.24	0.74	0.46	0.66	0.41	0.48	0.81	0.52	0.55
2001	0.53	0.23	0.78	0.59	0.65	0.36	0.51	0.95	0.63	0.58
2002	0.62	0.25	1.12	0.64	0.73	0.48	0.49	1.14	0.63	0.68
2003	0.55	0.27	1.04	0.81	0.83	0.61	0.50	1.15	0.65	0.71
2004	0.66	0.26	1.14	0.75	0.80	0.62	0.50	1.00	0.66	0.71
2005	0.62	0.30	1.09	0.89	0.86	0.70	0.53	1.14	0.67	0.76
2006	0.74	0.33	0.96	0.92	0.97	0.78	0.65	1.24	0.70	0.81
2007	0.82	0.38	0.96	0.93	0.98	0.84	0.67	1.19	0.78	0.84
2008	0.86	0.40	0.82	1.04	1.11	0.91	0.68	1.32	0.98	0.90
2009	1.10	0.53	1.12	1.27	1.35	0.99	0.90	1.65	1.18	1.12
2010	0.98	0.55	0.87	1.19	1.32	0.92	0.91	1.65	1.16	1.06
2011	1.01	0.59	0.84	1.02	1.40	0.83	0.98	1.65	1.19	1.06
2012	1.09	0.64	0.92	0.99	1.64	0.88	1.05	1.73	1.30	1.14
2013	1.22	0.69	0.92	1.14	1.83	0.94	1.10	1.80	1.33	1.22
2014	1.19	0.69	0.95	1.07	1.89	0.97	1.14	1.87	1.36	1.24
变化	143	109	9	245	627	223	185	160	147	163

由此可见，近年来，我国东、中、西部地区对研发投入日益重视，研发投入强度也在不断提升，东部地区凭借自身的经济优势，不断拉大了与中、西部地区研发强度的差距，尽管中部地区在奋起直追。由前文提到各地区能源强度的下降幅度较为一致来看，我国研发强度与能源强度之间的关系可能较为复杂，并非简单的线性关系，这也从另一个侧面说明本部分综合考虑研发投入强度与人力资本结构交互影响的必要性。

最后，本章对各地区人力资本结构数据进行初步统计分析。从中等人力资本比重变化趋势来看，除东部地区的北京、上海和天津三地区的中部人力资本处于下降趋势外，其他地区中等人力资本比重均呈现上涨态势；从平均变化幅度来看，东部地区由于本身已具有较高的中等人力资本比重，因此，东部地区中等人力资本比重的上涨幅度，要远低于中、西部地区。从高等人力资本比重变化趋势来看，所有地区的高等人力资本比重均呈现出上升趋势；但从平均变化幅度来看，尽管东部地区本身具有较高的高等人力资本比重，其上升幅度依然超过了中、西部地区。这说明，东部地区由于优越的经济社会环境，在吸引和培养高等人力资本具有中、西部地区难以比拟的优势，且其优势在进一步扩大。详情可见表4-12～表4-17。

表4-12　东部地区中等人力资本比重　（%）

年份	上海	北京	辽宁	天津	河北	山东	江苏	浙江	福建	广东	广西	海南	平均
1996	71.2	70.2	65.6	65.2	54.6	49.5	52.9	47.6	38.6	51.8	46.3	50.5	55.33
1997	71	72	62.1	64.4	57.5	50	54.3	48	42	54.7	44.9	58.9	56.65
1998	68	70.3	63.4	63.2	60.3	52.3	53.3	47.7	42.8	56.9	47.8	55.4	56.78
1999	70.4	67.5	63.5	66.8	59.3	54.8	54.1	51.8	44.9	58.9	48.4	54.6	57.92
2000	69.9	69.75	64.25	68	61.05	57.75	56.85	52.85	48.4	59.8	52.15	56.4	59.76
2001	69.4	72	65	69.2	62.8	60.7	59.6	53.9	51.9	60.7	55.9	58.2	61.61
2002	68.5	69	67.6	69.4	62.8	62.7	59.6	53.3	50	64.5	54.4	65.3	62.26
2003	72.97	67.23	67.9	69.46	64.5	61.09	58.86	54.3	53.34	62.79	54.98	63.05	62.54
2004	66.8	64.1	70.1	68.3	67	63.3	61	56.9	50.4	65.6	59.6	70	63.59
2005	65.28	61.51	66.16	68.03	66.27	61.15	60.76	53.29	51.91	67.89	55.46	64.44	61.85
2006	62.1	56	66.1	66.19	65.77	61.83	58.52	53.27	50.22	67.82	59.02	65.93	61.06
2007	62.61	57.52	66.42	67.98	66.99	65.07	62.13	54.2	50.74	70.27	62.84	67.7	62.87
2008	61.19	59.16	65.36	69.14	68.52	65.74	64.4	54.47	51.81	70.22	64.11	69.07	63.60
2009	60.94	55.32	67.09	69.52	69.41	66.74	64.67	55.47	53.52	71.2	64.15	68.92	63.91
2010	61.63	55.72	68.22	65.52	71.21	66.4	65.55	59.56	61.47	72.71	61.93	70.2	65.01
2011	60.16	45.97	70.26	64.1	73.28	67.12	66.98	61.7	60.29	72.64	69.7	73.13	65.44
2012	58.92	43.23	71.05	62.82	74.19	64.58	67	59.67	61.99	72.53	69.09	72.31	64.78
2013	58.78	44.51	70.63	60.19	70.62	67.12	65.37	59	59.28	71.14	71.46	72.57	64.22
2014	52.8	40.8	70.4	59	70.1	64	63.9	56.5	60.4	71.8	70.4	71.6	62.64
变化	-26	-42	7	-10	28	29	21	19	56	39	52	42	13

表 4-13 东部地区高等人力资本比重 （%）

年份	上海	北京	辽宁	天津	河北	山东	江苏	浙江	福建	广东	广西	海南	平均
1996	13.00	18.90	4.80	6.70	1.80	1.80	3.50	1.90	2.10	1.90	0.80	2.50	4.98
1997	11.60	18.00	7.60	10.30	2.80	2.10	2.60	3.20	3.80	5.10	1.20	3.20	5.96
1998	12.90	19.40	5.80	7.50	3.70	2.00	3.90	3.60	2.90	5.10	1.20	4.10	6.01
1999	15.10	23.00	7.00	11.10	3.90	2.20	5.00	3.00	3.20	5.00	0.90	5.10	7.04
2000	16.10	20.80	6.67	10.95	3.70	4.25	5.30	3.50	4.80	5.20	2.30	5.25	7.40
2001	17.10	18.60	6.34	10.80	3.50	6.30	5.60	4.00	6.40	5.40	3.70	5.40	7.76
2002	16.20	23.10	6.74	13.70	6.20	7.40	4.60	7.90	6.10	7.10	3.80	5.20	9.00
2003	20.34	26.17	10.93	13.44	8.63	7.21	6.17	8.12	6.20	7.51	5.60	8.21	10.71
2004	24.36	28.57	9.14	18.17	7.26	7.08	5.81	10.45	7.20	7.35	6.53	7.13	11.59
2005	21.90	30.87	9.84	14.84	5.51	5.04	7.70	6.47	6.80	7.55	5.10	7.03	10.72
2006	28.39	35.70	9.64	17.26	4.32	5.23	8.15	8.74	6.40	7.28	5.25	6.00	11.86
2007	27.71	34.28	9.74	17.38	4.39	5.17	6.67	7.98	7.30	8.07	4.28	5.22	11.52
2008	29.20	32.80	11.72	16.94	5.03	5.61	6.63	8.90	7.40	8.75	3.72	6.11	11.90
2009	31.32	35.95	12.24	17.98	5.75	5.90	7.25	10.42	12.10	7.73	4.48	6.10	13.10
2010	28.31	38.98	13.57	21.52	7.68	8.85	11.95	11.56	10.00	10.73	7.35	9.09	14.97
2011	32.17	50.28	13.53	26.77	11.09	13.92	13.68	15.94	15.70	12.49	7.99	11.47	18.75
2012	33.72	53.61	13.23	27.79	11.90	14.58	15.41	17.64	16.30	12.19	8.91	13.27	19.88
2013	35.03	51.41	15.53	31.75	11.08	16.03	16.95	19.20	17.10	14.22	8.33	14.28	20.91
2014	42.85	55.87	16.70	34.15	13.43	17.29	18.29	21.52	18.00	15.38	10.46	15.24	23.27
变化	230	196	248	410	646	861	423	1033	757	709	1208	510	368

表 4-14 西部地区中等人力资本比重 （%）

年份	云南	四川	宁夏	新疆	甘肃	贵州	重庆	陕西	青海	平均
1996	29.8	40.1	46.8	47.2	39	32.7	39.1	50.6	31.1	39.60
1997	30.7	40.7	44.7	46.4	41.9	30.3	39.1	52.2	28	39.33
1998	31	42.5	45.7	45	39.9	31.6	41.7	50.3	26.4	39.34
1999	30.4	41	46.7	50.1	42.4	33.8	42.2	54.4	35	41.78
2000	30.85	42.95	48.35	48.85	43.35	34.9	43.25	54.95	36.05	42.61
2001	31.3	44.9	50	47.6	44.3	36	44.3	55.5	37.1	43.44
2002	33.3	48.5	51.1	50.8	44.1	40.1	48.3	52.8	39.2	45.36
2003	29.45	50.16	47.45	50.86	45.23	38.8	51.92	58.07	41.55	45.94
2004	38.4	51.7	50	51	46.5	41.8	43.3	58.8	43.6	47.23
2005	32.58	40.6	47.23	52.43	41.55	34.19	44.73	58.23	35.67	43.02

续表 4-14

年份	云南	四川	宁夏	新疆	甘肃	贵州	重庆	陕西	青海	平均
2006	36. 41	41. 93	48. 57	52. 63	41. 68	37. 39	45. 48	57. 79	39. 44	44. 59
2007	36. 22	45. 98	50. 28	55. 3	43. 74	39. 36	51. 32	58. 69	38. 25	46. 57
2008	38. 66	47. 96	54. 96	55. 78	44. 37	43. 85	53. 34	58. 26	37. 21	48. 27
2009	41. 02	48. 14	56. 29	57. 54	45. 03	44. 34	50. 89	59. 96	36. 34	48. 84
2010	40. 07	52. 42	53. 92	57. 63	48. 03	42. 3	51. 07	64. 64	40. 39	50. 05
2011	43. 91	62. 03	58. 22	57. 01	55. 45	50. 7	54. 51	70. 1	50. 18	55. 79
2012	48. 14	60. 76	57. 09	54. 99	55. 16	53. 28	57. 44	68. 84	52. 7	56. 49
2013	48. 39	60. 82	55. 17	56. 2	55. 43	55. 48	56. 46	68. 85	50. 93	56. 41
2014	45. 6	60. 6	53. 3	58. 1	54. 2	53. 3	54. 5	65. 8	51. 1	55. 17
变化	35	34	12	19	28	39	28	23	39	28

表 4-15　西部地区高等人力资本比重　　（%）

年份	云南	四川	宁夏	新疆	甘肃	贵州	重庆	陕西	青海	平均
1996	2	2	4. 60	6. 7	2. 7	2. 4	2. 3	3. 6	2. 9	3. 24
1997	1. 6	2. 5	4. 40	7. 8	2. 1	2. 8	2. 3	3. 8	2. 7	3. 33
1998	1. 2	2. 6	4. 90	8. 2	2. 4	2. 2	1. 4	3. 2	4. 2	3. 37
1999	1. 4	2. 2	4. 40	10. 5	3. 2	2. 7	2. 7	4. 2	5. 3	4. 07
2000	2. 02	3. 85	5. 84	10. 75	3. 93	3. 7	3. 25	5. 1	4. 5	4. 77
2001	2. 64	5. 5	7. 27	11	4. 66	4. 7	3. 8	6	3. 7	5. 47
2002	2. 84	4. 7	7. 87	14	3. 86	4. 6	3. 9	5. 2	4. 2	5. 69
2003	2. 1	4. 68	7. 72	13. 68	5. 76	7. 19	3. 72	8. 1	7. 06	6. 67
2004	4. 64	4. 25	10. 27	13. 55	7. 38	5. 95	4. 37	10	6. 11	7. 39
2005	3. 88	4. 21	9. 86	12. 29	5. 76	4. 54	5. 52	7. 6	10. 05	7. 08
2006	3. 64	3. 71	8. 84	11. 18	3. 58	3. 37	5. 07	7. 5	7. 99	6. 10
2007	3. 53	4. 11	9. 31	10. 56	4. 04	4. 16	4. 07	8. 1	9. 2	6. 34
2008	3. 01	3. 31	9. 33	11. 26	5. 18	4. 5	3. 93	8. 9	9. 26	6. 52
2009	3. 22	5. 47	9. 32	11. 26	5. 06	3. 7	5. 41	8. 4	10. 24	6. 90
2010	6. 49	7. 01	12. 74	13. 86	8. 12	7. 07	10. 37	10. 5	11. 51	9. 74
2011	8. 76	8. 84	14. 94	15. 95	11. 5	8. 39	11. 36	16. 1	16. 69	12. 50
2012	8. 39	9. 59	14. 30	18. 01	12. 12	8. 19	12. 34	17. 1	16. 5	12. 95
2013	10	10. 69	14. 08	18. 1	13. 79	9. 35	12. 46	18. 7	17. 5	13. 85
2014	10. 22	10. 98	15. 37	17. 67	14. 36	10. 19	14. 17	21	16. 4	14. 48
变化	80	82	70	62	81	76	84	83	82	78

表 4-16 中部地区中等人力资本比重 (%)

年份	山西	内蒙古	吉林	黑龙江	安徽	江西	河南	湖北	湖南	平均
1996	60	52.4	62.5	64.1	40.8	41.6	54.2	49.1	46.9	52.40
1997	60.3	50.4	58.5	59.4	45.5	46.6	58.6	50.5	51	53.42
1998	60.7	54.4	57	60.7	43.8	46.9	58.7	53	51.3	54.06
1999	63.8	53	61.6	62.6	46.2	45.6	58.3	52.3	53	55.16
2000	65.75	53.8	62.65	62.75	48.3	48.85	61.3	56.3	55.6	57.26
2001	67.7	54.6	63.7	62.9	50.4	52.1	64.3	60.3	58.2	59.36
2002	70	57.2	62.9	64.3	51.4	50.8	67.7	46.7	56.6	58.62
2003	69.33	55.31	65.33	68.09	54.67	58.36	66.61	56.15	57.29	61.24
2004	72	58.8	65.9	71.2	55.4	58	68.3	59.3	59.4	63.14
2005	68.89	57.91	62	63.49	48.77	50.76	65.44	55.3	59.21	59.09
2006	70.57	58.09	63.2	63.05	51.63	49.25	67.29	55.1	57.53	59.52
2007	70.56	58.33	64.67	67.9	52.13	54.12	68.92	58.15	61.09	61.76
2008	71.73	60.44	66.56	69.34	54.49	57.22	70.84	59.04	62.6	63.58
2009	71.4	61.63	66.39	70.25	57.52	61.91	71.23	60.97	65.3	65.18
2010	71.84	61.21	65.9	68.14	57.63	64.14	70.31	64.42	67.63	65.69
2011	76.43	64.24	68.62	67.56	61.02	71.22	71.78	65.45	69.66	68.44
2012	73.53	64.04	64.53	69.32	63.26	70.34	73.2	66.19	69.72	68.24
2013	73.48	62.15	66.39	65.97	61.39	69.44	72.21	68.51	69.36	67.66
2014	71	60.1	66.7	67.9	62.8	68.2	71.6	65.9	67.7	66.88
变化	18	15	7	6	54	64	32	34	44	28

表 4-17 中部地区高等人力资本比重 (%)

年份	山西	内蒙古	吉林	黑龙江	安徽	江西	河南	湖北	湖南	平均
1996	4.50	4.10	4.30	5.10	1.70	1.20	2.00	3.00	2.30	3.13
1997	4.60	4.80	6.10	6.60	2.30	2.40	1.90	4.60	2.40	3.97
1998	3.40	5.30	6.10	5.30	2.30	2.20	2.60	3.80	2.40	3.71
1999	5.10	5.10	5.90	4.90	2.00	3.30	2.30	4.00	3.40	4.00
2000	5.90	6.03	6.40	5.65	3.25	4.78	3.85	4.90	4.15	4.99
2001	6.70	6.96	6.90	6.40	4.50	6.26	5.40	5.80	4.90	5.98
2002	6.80	7.46	8.00	6.50	3.00	3.96	5.60	4.90	5.40	5.74
2003	7.57	7.19	7.66	6.29	5.41	9.29	3.98	5.41	5.96	6.53
2004	6.98	8.69	7.92	5.69	5.78	6.15	5.85	5.88	6.65	6.62
2005	7.98	10.27	8.20	8.58	4.89	5.46	5.06	5.96	5.53	6.88

续表 4-17

年份	山西	内蒙古	吉林	黑龙江	安徽	江西	河南	湖北	湖南	平均
2006	8.09	7.43	6.46	7.32	3.69	5.87	4.35	7.57	5.51	6.25
2007	7.91	7.90	7.46	7.47	3.49	8.84	4.10	6.81	5.60	6.62
2008	7.17	7.82	7.63	6.47	4.06	6.92	4.48	7.05	5.61	6.36
2009	7.90	8.12	8.55	7.14	3.85	7.48	4.95	7.84	5.71	6.84
2010	10.81	12.41	10.64	10.26	7.53	7.17	6.81	9.20	7.89	9.19
2011	12.97	16.56	12.45	9.46	8.65	8.03	8.62	14.06	14.72	11.72
2012	15.38	17.05	13.49	9.36	9.68	8.94	8.94	13.76	14.25	12.32
2013	15.30	17.32	13.87	10.95	10.14	10.77	10.22	13.49	14.80	12.98
2014	16.79	18.52	14.85	11.63	11.60	10.94	11.97	15.97	15.63	14.21
变化	273	352	245	128	582	812	499	432	580	354

4.3.3　实证结果与分析

4.3.3.1　整体样本回归结果与分析

根据本节给出的计量模型，本部分首先从国家整体层面实证研究了结构交互对能源强度的影响；然后分别从中、东、西部三大地区进行研究，以考察各变量在各地区的不同表现。在具体回归时，本部分采用逐步加入控制变量的方法，以检验估计结果的稳健性，文中所涉及的所有模型均为双向固定效用模型。

从逐步回归结果表 4-18 来看，可得到以下几点结论：

一是从逐步回归的结果来看，研发投入强度 *RD* 变量的回归结果始终显著为正，这说明单纯加大研发投入力度，并不能降低能源强度，反而有可能会提升能源强度。该回归结果说明，研发投入对能源强度的降低作用可能受制于其他因素的影响，比如前文提及的人力资本结构水平；当然，也可能与制度安排、腐败等因素有关。

二是高等人力资本比重 *GD* 和中等人力资本比重 *ZD* 的回归系数同样始终显著为正，这说明人力资本结构的持续改善同样不能直接提升能源效率，这是因为人力资本结构的持续改善，往往是经济增长的后果，而非原因。然而，经济增长的过程伴随着对能源需求的增加，产业结构调整不利、技术进步速度下降等情况反而会引致能源强度的提升。

三是在各模型的回归结果中，产业结构的回归系数始终显著为负，这说明产业结构升级是降低能源强度的重要途径。从模型（6）的回归结果来看，产业结构每升级一个单位，能源强度大概会下降 0.54 个单位。

四是尽管 *RD*、*ZD* 和 *GD* 变量本身并不能降低能源强度，但 $GD \times RD$ 和 $ZD \times RD$ 的回归系数始终显著，只是 $ZD \times RD$ 系数也要远低于 $GD \times RD$ 的回归系数，这说明当人力资本结构与研发投入强度匹配良好时，确实能够通过促进技术进步，从而降低能源强度，而这种影响在高等人力资本与研发投强度之间体现得更为明显。

五是在考虑人力资本结构与产业结构的交互影响后，本部分发现，*GD*×*CYJG* 和 *ZD*×*CYJG* 的回归系数数值较小，但始终显著为正，这说明人力资本结构与产业结构的匹配度较差，现有人力资本结构的发展难以支撑产业结构的持续升级，进而导致非但没有降低能源强度，反而在一定程度上提高了能源强度，只是这种影响程度较弱。

六是当加入控制变量时，发现在国家整体层面上，*RJGDP* 的回归系数不显著，城镇化抑制了能源强度的降低，能源价格有助于降低能源强度，*FDI* 比重对能源强度的影响则并不显著。

表 4-18　样本总体回归结果

项目	模型（1）	模型（2）	模型（3）	模型（4）	模型（5）	模型（6）
RD	23.74③ (5.85)	28.51③ (5.73)	24.86③ (4.51)	24.06③ (4.41)	24.48③ (4.45)	20.80③ (3.86)
GD	3.08③ (4.19)	3.119③ (3.30)	2.614③ (2.62)	2.459② (2.48)	2.407② (2.42)	2.583③ (2.67)
ZD	1.76③ (4.37)	2.171③ (4.26)	2.176③ (4.27)	1.931③ (3.79)	1.814③ (3.43)	1.406③ (2.70)
GD×*RD*		−1.144③ (−4.04)	−1.022③ (−3.48)	−1.063③ (−3.65)	−1.073③ (−3.67)	−1.198③ (−4.19)
ZD×*RD*		−0.737③ (−3.07)	−0.668③ (−2.74)	−0.507② (−2.06)	−0.510② (−2.06)	−0.730③ (−2.99)
CYJG	−0.413③ (−6.54)	−0.573③ (−7.99)	−0.617③ (−8.01)	−0.624③ (−8.17)	−0.605③ (−7.54)	−0.541③ (−6.86)
GD×*CYJG*		0.0172③ (2.99)	0.0139② (2.26)	0.0203③ (3.19)	0.0200③ (3.13)	0.0246③ (3.91)
ZD×*CYJG*		0.0104③ (3.73)	0.00804② (2.54)	0.00838③ (2.67)	0.00789② (2.46)	0.0105③ (3.33)
RJGDP			0.0008 (1.54)	0.0004 (0.74)	0.0003 (0.47)	−0.0002 (−0.33)
CZHL				1.964③ (3.27)	2.065③ (3.37)	2.132③ (3.57)
FDI					−0.784 (−0.86)	−0.587 (−0.66)
NYJG						−0.393③ (−5.45)
N	565	565	565	565	563	563
Within-R^2	0.674	0.696	0.698	0.704	0.704	0.721
F	48.30	44.85	43.39	43.02	41.34	43.23

注：1. 本表结果由 stata14 给出，①、②、③分别表示 10%、5%、1%水平上显著，括号内为 t 值；

2. 模型（1）为不含任何交互项和控制变量的模型回归结果，模型（2）为加入交互项后的回归结果，模型（3）~模型（6）是逐步加入控制变量后的回归结果。

4.3.3.2 分地区回归结果与分析

由表4-19可知，在此涉及的主要变量呈现出典型的地区差异。其中，西部地区能源强度最高，东部地区能源强度最低。同时，由于东部地区具有良好的经济发展基础，导致在研发投入强度、人力资本结构水平、产业结构水平、人均实际国民生产总值、城镇化率、外资进入情况等方面均具有明显优势。

表4-19 分地区变量的统计性描述

项 目	东部			西部			中部		
变量及其描述	观测值	均值	标准差	观测值	均值	标准差	观测值	均值	标准差
能源强度/万吨·亿元$^{-1}$	228	117.2	48.20	171	241.1	102.0	171	176.2	84.56
研发投入强度/%	228	1.540	1.496	170	0.888	0.604	171	0.788	0.384
高等人力资本比重/%	228	11.96	10.07	171	7.393	4.494	171	7.265	3.674
中等人力资本比重/%	228	61.68	7.662	171	46.83	9.001	171	61.09	7.618
产业结构水平 *CYJG*	228	220.6	67.20	171	175.3	61.09	167	181.7	68.42
人均实际国民生产总值/万元·人$^{-1}$	228	2.554	1.737	171	1.091	0.763	171	1.379	0.954
城镇化率/%	228	0.567	0.177	171	0.362	0.0853	171	0.426	0.0966
外资进入情况/%	226	5.286	3.462	171	1.002	0.896	171	1.991	1.073
能源价格 *CYJG*/亿元	228	200.0	86.74	171	188.7	77.37	171	190.2	79.61

值得注意的是，中部地区在吸纳中等人力资本方面表现得非常突出，其比重基本与东部地区持平，西部地区的中等人力资本比重处于明显的劣势。然而，中部地区在吸纳高等人力资本和研发支出力度方面存在明显不足，导致高等人力资本比重和研发投入强度最低❶，技术进步率自然也要低于东部地区。

可见，各变量在东、中、西部地区之间还是存在较大的差异，因此，有必要对各地区情况进行进一步的探讨，一方面可以进一步检验前文结果的稳健性，另一方面也能够挖掘各地区存在的差异，具体回归结果见表4-20。

表4-20 分地区回归结果

项目	东部地区	西部地区	中部地区
RD	20.94③ (3.72)	-4.318 (-0.19)	-33.51① (-1.73)
GD	0.508 (0.77)	8.735③ (3.69)	-1.356 (-0.79)

❶ 东部地区包括12个省、自治区及直辖市，分别是辽宁、北京、天津、河北、山东、江苏、上海、浙江、福建、广东、广西、海南；中部地区包括山西、内蒙古、吉林、黑龙江、安徽、江西、河南、湖北、湖南等9省及自治区；西部地区指陕西、甘肃、青海、宁夏、新疆、四川、重庆、云南、贵州9个省、直辖市及自治区。

续表 4-20

项目	东部地区	西部地区	中部地区
ZD	1.097② (2.46)	0.191 (0.14)	0.290 (0.30)
GD × *RD*	−1.151③ (−4.66)	−6.672② (−2.54)	−5.243① (−1.95)
ZD × *RD*	−0.538② (−2.09)	2.176 (1.32)	2.605① (1.67)
CYJG	−0.232② (−2.17)	−1.151③ (−5.29)	−0.589③ (−3.02)
GD × *CYJG*	0.024③ (4.50)	0.07③ (2.85)	−0.028② (−2.23)
ZD × *CYJG*	−0.008① (−1.72)	0.015 (1.06)	−0.028② (−2.54)
RJGDP	−0.00176③ (−4.60)	0.0007 (0.31)	0.0073③ (3.89)
CZHL	1.245③ (3.03)	4.803② (2.29)	0.605 (0.43)
FDI	−1.896③ (−3.93)	11.26② (2.54)	6.821② (2.45)
NYJG	−0.364③ (−5.11)	−0.129 (−0.94)	−0.619③ (−2.86)
N	226	170	167
Within-R^2	0.91	0.78	0.86
F	59.29	15.80	26.73

注：本表结果由 stata14 给出，①、②、③分别表示 10%、5%、1% 水平上显著，括号内为 *t* 值。

通过对东、中、西部地区的分样本回归，本部分得到以下几点结论：

（1）从回归结果来看，研发投入强度 *RD* 对能源强度的影响在东、中、西部地区出现一定差异。其中，东部地区研发投入强度 *RD* 提升抑制了能源效率的提升，而中部地区研发投入强度 *RD* 提升有效降低了能源强度，西部地区研发投入强度 *RD* 对能源强度的影响则不显著。对此，本部分给出了一种合理的解释，一方面是因为东部地区能源强度要远低于中、西部地区，下降空间有限，而研发投入强度又远高于中、西部地区，进而有可能导致研发投入强度的回归系数为正；另一方面则可能是因为东部地区本身矿产资源较少，其能源投入多是从中、西部地区低价运送而来，在研发投入方面，更多是关注经济增长领域，而非节能环保，因此，导致东部地区研发投入强度 *RD* 与能源强度之间呈现出正相关的关系。

（2）尽管研发投入强度 *RD* 本身对能源强度的影响在东、中、西部地区表现出差异化的特征，但 *GD* × *RD* 在 3 个地区的回归结果中均显著为负，这说明通过高等人力资本比重 *GD* 与研发投入强度 *RD* 的交互影响，确实能够有效促进技术进步，进而降低能源强度；并且 $GD \times RD$ 对能源强度的影响呈现出西部 > 中部 > 东部的特征。然而，$ZD \times RD$ 的回归系数在 3 个地区的表现却不尽相同，在东部地区显著为负，在中部地区显著为正，在西部地区不显著，并且 $ZD \times RD$ 对能源强度的影响要远低于 $GD \times RD$，这从侧面说明了高等人力资本与研发投入强度的交互影响是技术进步的重要来源，并且研发投入也主要集中于高等人力资本。

（3）产业结构在三大地区的回归结果中始终显著为负，这与整体回归结果相一致，并且对能源强度的影响也呈现出西部 > 中部 > 东部的规律。然而，从人力资本结构与产业结构的交互影响来看，其回归结果并不统一。其中，$GD \times CYJG$ 在东部和西部地区均显著为正，在中部地区则显著为负，但对能源强度的影响也较弱，仅为 -0.028。$ZD \times CYJG$ 在西部地区不显著，在东部和中部地区均显著为负，但对能源强度的影响也较弱。这说明，无论是高等人力资本，还是中等人力资本，在推动产业结构升级方面均没有起到很好的作用，进而导致对能源强度的影响不大。值得注意的是，尽管 $GD \times CYJG$ 和 $ZD \times CYJG$ 对能源强度的影响较弱，但在中部地区均表现出显著为负的特征，对能源强度的影响要明显优于东部和西部地区。这可能是因为一方面东部地区本身能源强度已较低，良好的经济基础使得产业结构水平也要明显优于中、西部地区；另一方面在东部地区生活成本的快速增加的背景下，中部地区自身的快速发展吸纳了部分东部地区转移的中等人力资本，甚至高等人力资本，进而导致人力资本结构在推动产业结构升级方面的表现要明显优于东部和中部地区。

（4）当分地区回归时，控制变量在各地区的表现均有所差异。其中，*RJGDP* 在东部地区显著为负，在中部地区显著为正，在西部地区不显著，进而导致在整体回归中 *RJGDP* 对能源强度的影响并不显著。城镇化率在东部和西部地区显著为正，在中部地区不显著，并且西部地区城镇化率对能源强度的影响要远高于东部地区，这可能是由于西部地区由于基础薄弱，在推进城镇化的过程中，伴随着大量的基础设施建设，进而导致西部地区的城镇化提升了能源强度。*FDI* 在东部地区显著为负，在中、西部地区显著为正，这说明 FDI 对不同地区能源强度的影响有所差异，这与 FDI 的质量有关。东部地区由于自身发展基础较好，资本较为充足，在引进 FDI 之时，会更多地考虑其对能耗和环境的污染，从而控制了 FDI 的质量，使得东部地区能源强度随着 FDI 进入程度的加深而降低，而中、西部地区由于资本稀缺，缺乏动力去监管 FDI 的质量，甚至为保持经济增长的稳定，更有动力去吸引大量的低端 FDI 进入，进而导致出现能源强度的上升。实际上，叶素云、叶振宇也得出类似的结论，只是他们认为 FDI 产生的技术效应、规模效应与结构效应的叠加，降低了东部地区的能源强度，而这种效应在中、西部地区并不存在，特别是 FDI 的进入对西部地区能源强度具有显著的正向作用，因为外资企业可能愿意投入到地区比较优势明显的资源型行业，本部分的回归结果也与此类似。能源价格 *NYJG* 在中、东部地区的回归系数均显著为负，但在矿产资源丰富的西部地区并不显著，这说明西部地区的经济增长过程长期依赖资源产业，再加上粗放型的增长方式，使得价格机制未能起到应有的作用。上述控制变量在各地区的回归差异，恰好说明各地区在经济发展过程中存在着较大的差异性，这也从另一个侧面证明分地区回归验证的必要性。

至此，本节完成了研发投入强度、人力资本结构与能源强度的理论探讨和实证研究。与现有研究不同，本部分尝试从结构匹配的视角分析人力资本结构与产业结构的交互和人力资本结构与研发投入强度的交互对能源强度的影响，并将人均国内生产总值、城镇化率、外资进入程度、能源价格等可能影响能源强度的因素作为控制变量；同时，考虑到中国区域经济社会发展差异较大，本部分从整体和分地区分别进行回归检验，并重点研究了各区域结构交互对能源强度的影响差异，结果发现结构是否匹配确实是影响能源强度的一个重要因素，但其匹配效果在各地区的表现有所差异，现将结论总结如下：

（1）$GD \times RD$ 的回归系数无论是在总体回归，还是在中、西部地区的回归结果中均显著为负，且十分稳健，对中、西部能源强度的影响更是远大于东部地区，这说明高等人力资本比重与研发投入比重的交互，确实能够通过技术进步，降低能源强度。特别是中、西部地区更要注意此点，由于自身能源强度较高，更应该充分发挥高等人力资本和研发投入强度之间的交互影响，以促进技术进步，进而降低现有较高的能源强度水平。

（2）虽然 $ZD \times RD$ 的回归系数在总体回归中显著为负，但在分地区的回归结果中，呈现出在东部地区显著为负、在中部地区显著为正、在西部地区不显著的典型差异。这说明我国中等人力资本比重与研发投入强度的交互作用对我国能源强度的影响可能并不稳健，这可能是由于中国中等人力资本与研发投入的结合并不紧密，其研发投入也主要与高等人力资本相结合，进而导致 $ZD \times RD$ 的回归结果在各地区呈现出典型的差异。

（3）样本整体回归和分地区的回归结果，均证实产业结构升级是降低能源强度的重要手段，但 $GD \times CYJG$ 和 $ZD \times CYJG$ 在样本总体中的回归系数均显著为正，这说明从我国整体发展来看，人力资本结构与产业结构的匹配度较差，现有人力资本结构的发展难以支撑产业结构的持续升级，进而导致非但没有降低能源强度，反而在一定程度上提高了能源强度，只是这种影响程度较弱。然而，在分地区回归中，$ZD \times CYJG$ 的回归系数在东、中部地区却显著为负，西部地区由于较低的中等人力资本比重，并没有出现上述结果，这说明中等人力资本由于长期在生产一线，相对劳动成本又低于高等人力资本，可能更为迎合产业发展的需求，在促进产业结构升级方面反而具有较强的作用。

4.4　小结

本章在 WIOD、各省统计年鉴等多个数据库的基础上，从国际和国内两个层面，并利用不同指标的设计，从多个视角验证了分工演化对能源消费的影响。一方面，从实证结果来看，各模型的回归结果均表明参与国际分工确实提升了发展中国家的能源投入需求，对中国而言更是如此。可见，中国在分享全球贸易利益之际，也承接了大量来自发达国家转移而来的能源投入需求，进而加剧了我国能源约束问题。另外，高人力资本门槛制约了国际分工中的技术溢出效应，并且中、高等人力资本积累在调整产业结构、促进产业结构升级方面所起的作用可能并没有达到预期的效果，甚至可能陷入了“低技术均衡”，但研发投入与人力资本的结合确实有助于降低我国能源强度，特别是在中、西部地区表现得更为明显。

基于此，本章认为，要缓解我国能源约束问题，要从以下几个方面着手：

（1）在参与国际分工之际要通盘考虑，对到底要承接何种产业要进行充分的论证，尽可能削弱其对能源投入需求的影响。中央在考核地方政府外资绩效时，要充分考虑 FDI 能耗指标，各地区要以环境管制为抓手，严控 FDI 的引进质量，这样既能够提高外资引入质量，提升分工的技术外溢效应，从源头上降低 FDI 对能源消费的需求。

（2）要进一步推进我国加工贸易的转型升级，提高加工贸易技术含量，促进我国从事加工贸易的企业由加工组装等低端环节向研发设计、品牌营销等高端环节转变，进而降低加工贸易对能源消费的需求，缓解我国能源约束问题。

（3）要杜绝能源浪费现象的发生，对浪费能源者深究严惩，切实提高我国能源利用效率。

（4）对我国政府自身而言，要进一步办好教育，努力提升人力资本存量，在此，一方面，要加快中等职业教育的发展，切实培养一批高质量的技术工人和实用型人才，进而提升我国能源效率，降低能源投入需求；另一方面，要深入推进产学研合作，充分发挥中、高等人力资本在促进产业结构升级中的重要作用，加快促进我国工业经济的转型升级，不断推动我国经济增长方式的转变，进而缓解能源约束问题。

（5）要进一步鼓励大学生到中、西部地区就业，中西部地区也更应主动出台更多优惠政策，释放制度红利以吸引更多的大学生就业创业，以改善中、西部地区人力资本水平不高的不利情形，这也有利于进一步提升国际分工所带来的技术外溢效应，进而降低我国的能源消费。

（6）以供给侧改革为抓手，一方面，强化技术创新，特别是要有针对性地强化对节能环保型技术的研发与创新，优化产品结构，加快产业升级；另一方面，加快推进能源供给侧结构性改革，完善能源市场价格机制，以充分发挥价格机制在调控能源需求方面应有的作用，实现经济增长方式由粗放型向集约型的转变，以进一步降低能源强度，缓解我国能源约束问题。

5 劳动成本优势转换与产业外移[1]

5.1 劳动成本优势研究现状

长期以来，我国依托丰富的劳动力资源，利用低劳动成本优势，承接了全球价值链中大量的劳动密集型环节，不仅有效促进了我国劳动密集型行业本身的发展，如纺织服装业，也提高了技术密集型行业劳动密集型环节的熟练程度，进而推动我国成为名副其实的“制造大国”。然而，近年来，我国劳动报酬迅速提升，根据我国统计局公布的数据，1995 年我国职工平均工资水平仅为 5500 元，到 2015 年已上涨至 61240 元，上涨了 10 倍之多。工资水平的迅速上升，致使我国低劳动成本优势正在逐渐丧失，国际分工中的劳动密集型环节也逐步转移至越南、印度尼西亚、老挝等国家。更为重要的是，一些先进制造业也开始转移至墨西哥、印度等新兴经济体，甚至回流至发达国家，这将对我国经济长期稳定的发展形成一定的冲击。并且，一旦考虑到随着我国人口红利的逐渐消失、人口老龄化的逐步到来、劳动力供需关系进一步转变，劳动力成本将会进一步上升，那么这种冲击很有可能是长久的。因此，全面了解我国劳动成本优势的变化趋势及其在全球中所处的地位十分必要，这样才能制定出更有针对性的政策，以更好地应对将来可能存在的长期冲击，保障我国经济持续稳定发展。

近几年，我国劳动成本优势问题的凸显，使得国内学者逐渐开始关注这一问题，并取得了一系列的研究成果。郑海涛、任若恩利用购买力平价调整的方法，测算并比较分析了中德两国制造业细分行业的劳动生产率和单位劳动成本；陈超、姚利民利用汇率调整的方法，测算了 1978 ~ 2004 年我国制造业单位劳动成本的变化趋势，并与美国、日本、德国、韩国、印度等国家或地区进行了初步对比分析，并认为除印度外，我国与其他主要贸易伙伴国相比，还具有明显的竞争优势；都阳、曲玥根据 2000 ~ 2007 年中国规模以上制造业企业数据，利用工资和劳动生产率的相对变化，对我国各行业及地区的劳动成本优势进行了初步的探讨，并认为在此期间我国劳动成本优势并未减弱；贺聪等人利用购买力平价调整后的单位劳动力成本指标，比较分析了我国 2000 ~ 2006 年同主要贸易伙伴国和竞争对手的劳动成本优势，发现我国劳动成本依然具有明显的成本优势，但国内

[1] 本部分核心内容已发表，参见：王昆，李兆千. 全球视野下中国劳动力成本优势的弱化与应对［J］. 西部论坛，2018（2）：91 – 105.

部分地区成本上升的趋势不容忽视；王燕武的研究进一步解释了在 1999 ~ 2009 年间中国制造业仍具有较大竞争优势的根本原因在于我国制造业劳动生产率增速依然明显快于工资增速。然而，周宇的研究表明，2009 年以后，我国单位劳动成本已从下降趋势转变为上升趋势，从而使得我国利用低劳动成本优势推动出口高速增长的时代已接近尾声；张国庆、林珉珉的研究证实，金融危机是劳动生产率增速与劳动报酬增速转化的拐点，在此之前我国劳动生产率增长快于劳动力报酬增长，之后则发生反转；李建强，赵西亮通过国际比较分析，发现我国单位劳动力成本目前已经高于印尼、泰国和马来西亚等东南亚国家，其原因在于我国小时劳动力成本上升过快。可见，当今国内学者对我国劳动成本的变动已极为关注，并且在经历了多年高速增长后，我国劳动力成本优势亦产生一些变化，因此，现有研究急需进一步完善。

从理论上来讲，劳动成本优势的变化，与两大因素有关：一是劳动报酬，二是劳动生产率。因此，在衡量劳动成本优势时，必须了解劳动报酬和劳动生产率的变动。实际上，二者之间的相对关系就是劳动成本优势。然而，通过对文献的梳理，本章发现现有文献存在以下几个方面的问题：一是在比较劳动报酬时，多使用的是工资数据，而根据国际劳工组织规定，劳动报酬不仅包括工资和薪金，还包括以各形式发放的福利，以及雇主所承担的社会保障成本、税收成本、教育培训成本、职工招聘费用和住房成本等。因此，现有文献在使用工资数据来评估劳动报酬变化之时可能存在一定的偏差，存在着低估劳动报酬的可能，特别是发达国家，因为发达国家的非工资费用要高于发展中国家。二是随着经济社会的发展，会导致国家间劳动成本优势发生较大的改变，甚至出现一定的反转，进而导致产业重新转移，而以往研究的数据则略显陈旧，且在进行国际比较之时，多是集中于美国、德国、日本、韩国等几个发达国家或印度、泰国、马来西亚、墨西哥等几个新兴经济体，未能清晰反映我国劳动力成本优势在全球中所处的地位。因此，一方面，需要对研究数据进行必要的更新，另一方面，要纳入更多的研究对象，这样才能更好地看出我国劳动力成本优势的相对变化。三是在估算劳动力成本优势之际，现有文献多是从单位劳动成本的视角来进行统计分析，对劳动报酬、劳动生产率的变动缺乏系统性的比较分析，并且在进行估算时，部分研究采用汇率调整的方法来进行测算，部分研究则采用购买力平价的方法来进行测算，而测算方法的差异可能会导致评估结果的不准确。所以，本章尝试从以下三个方面进行改进：（1）利用 EIU 数据库提供的劳动报酬数据，评估各经济体劳动成本的变动情况。（2）利用美国经济咨商局提供的劳动生产率数据，尽可能包括世界上的主要经济体。（3）考虑到采用购买力平价的方法存在高估我国劳动生产率的可能，因此，本部分同时提供了我国经过汇率调整后的测算结果，以更为准确地看出目前我国劳动力成本优势在国际中的地位。

5.2　劳动报酬的国际比较

本小节利用 EIU 数据库提供的各地区的劳动报酬数据分析各地区劳动报酬的变化。该数据库报告了多个国家或地区，特别是发达国家的工资费用和非工资费用，因此，能够更加全面地反映劳动报酬的相对变化。其中，该数据库中有关中国的劳动报酬数据是根据中国统计年鉴和国际劳工组织提供的相关数据测算而来的[1]。在此，本节根据数据的可得性，选取了世界上比较重要的 31 个国家进行比较分析，具体劳动报酬数据见表 5-1～表 5-3。

表 5-1　新兴经济体劳动报酬的比较　　（美元/小时）

年份	巴西	中国	印度尼西亚	印度	墨西哥	俄罗斯	土耳其
1995	NA	0.283	NA	NA	1.048	0.59	1.1
1996	7.11	0.318	NA	NA	0.995	0.866	1.2
1997	7.07	0.343	0.4	NA	1.135	0.918	1.4
1998	6.74	0.396	0.1	NA	1.192	0.634	1.5
1999	4.21	0.443	0.2	0.68	1.283	0.357	1.5
2000	4.35	0.5	0.3	0.70	1.635	0.445	1.6
2001	3.63	0.6	0.3	0.71	1.887	0.625	1.2
2002	3.08	0.7	0.4	0.73	1.923	0.782	1.4
2003	3.23	0.7	0.5	0.81	1.877	0.997	1.8
2004	3.82	0.8	0.5	0.85	1.863	1.318	2.2
2005	5.01	1	0.5	0.91	1.957	1.681	2.6
2006	5.99	1.2	0.6	0.95	2.127	2.194	2.7
2007	7.1	1.4	0.6	1.17	2.27	2.938	3.5
2008	8.44	1.8	0.6	1.26	2.292	3.853	3.8
2009	8.13	2.1	0.6	1.23	1.938	3.292	3.1
2010	10.01	2.4	0.8	1.46	2.152	3.88	3.8
2011	11.67	2.9	0.8	1.59	2.249	4.479	3.9
2012	11.2	3.3	0.9	1.59	2.235	4.835	4.2
2013	11.1	3.7	1	1.6	2.394	5.26	4.5
2014	11	4.1	1	1.69	2.38	4.723	4.6
2015	8.2	4.4	1	NA	2.1	3.1	4.2
增长/%	15.3	1455	150	148.5	105	251	310

数据来源：除印度外，其他国家的劳动报酬数据均来自 EIU 数据库。印度劳动报酬数据来自美国经济咨商局所做的劳动力比较项目（2018 年），https：//www.conference-board.org/ilcprogram/index.cfm?

---

[1] 作者根据数据来源，对中国数据进行重新估算后发现，EIU 提供的有关中国的劳动力报酬数据与工资水平数据更为接近，这可能与中国非工资费用的数据难以获取有关，因此，在进行国际比较时，可能低估了中国劳动报酬。

表 5-2 其他主要国家或地区劳动报酬的比较 （美元/小时）

年份	澳大利亚	奥地利	比利时	保加利亚	加拿大	捷克	德国	丹麦	西班牙	爱沙尼亚	法国	英国
1995	NA	NA	NA	NA	NA	NA	NA	NA	NA	1.90	NA	NA
1996	19.17	28.12	32.71	NA	NA	3.38	33.22	NA	15.48	2.26	27.82	17.78
1997	18.93	24.91	28.92	NA	NA	3.25	29.16	23.70	13.95	2.33	24.86	19.31
1998	17.15	25.20	29.30	NA	NA	3.55	28.92	24.17	14.15	2.63	24.97	20.68
1999	18.14	24.85	28.74	NA	NA	3.50	27.57	24.94	13.91	2.75	24.28	21.29
2000	16.45	21.97	26.14	1.13	NA	3.40	25.41	22.21	12.40	2.62	21.37	20.67
2001	15.02	21.70	25.78	1.16	10.54	3.75	25.31	23.00	12.49	2.86	21.31	20.69
2002	17.42	23.38	27.76	1.24	10.61	4.61	27.63	25.45	13.85	3.42	23.13	22.09
2003	22.65	28.38	35.01	1.57	12.26	5.65	34.00	31.70	17.42	4.50	28.46	25.15
2004	26.75	31.18	39.95	1.83	13.59	6.57	37.72	35.68	19.82	5.28	32.14	28.50
2005	28.55	32.37	41.00	2.01	15.09	7.30	38.03	37.05	20.74	5.86	32.66	29.72
2006	29.17	33.63	42.49	2.20	16.53	8.16	39.37	38.23	21.80	6.89	33.85	31.23
2007	33.37	38.13	47.46	2.90	18.15	9.81	43.50	44.43	24.79	9.10	37.96	35.23
2008	35.91	42.86	53.88	4.00	18.92	12.23	47.53	49.70	27.75	11.10	41.76	34.20
2009	33.42	42.62	52.27	4.30	17.92	11.42	45.76	48.60	27.86	10.00	40.37	29.47
2010	39.68	39.98	50.72	4.30	20.33	11.42	43.84	47.93	26.66	9.60	39.12	29.11
2011	46.47	43.23	54.76	4.90	21.99	12.71	47.42	51.67	28.44	10.60	42.12	30.77
2012	47.68	41.53	51.90	4.80	22.30	11.95	45.79	48.47	26.83	10.40	39.81	31.23
2013	46.80	44.01	53.60	5.20	22.19	11.90	48.50	50.80	27.30	11.60	41.90	31.40
2014	44.40	45.18	53.40	5.50	21.06	11.50	49.90	51.70	26.80	12.20	42.60	33.40
2015	37.70	38.60	44.30	5.00	18.50	10.00	42.70	44.00	22.20	10.80	36.00	31.80
增长/%	96.7	37.3	35.4	342	75.6	196	28.5	85.7	43.4	568	29.4	78.9

年份	希腊	匈牙利	爱尔兰	意大利	日本	韩国	拉脱维亚	斯洛伐克	斯洛文尼亚	瑞典	中国台湾	美国
1995	19.76	8.66	NA	NA	NA	NA	NA	NA	NA	NA	NA	11.65
1996	23.14	9.77	16.87	21.00	23.67	9.54	NA	2.90	3.80	27.15	7.10	12.04
1997	22.72	8.62	16.69	19.76	21.99	9.22	NA	2.96	3.79	25.02	7.04	12.51
1998	22.36	8.39	16.66	19.20	20.59	6.62	NA	3.26	4.11	25.20	6.34	13.01
1999	22.68	9.17	16.89	18.73	23.59	8.59	NA	2.94	4.28	24.82	6.79	13.49
2000	19.41	8.95	15.76	16.64	25.02	9.62	NA	2.84	4.11	23.40	7.30	14.01
2001	18.09	9.30	17.01	16.83	22.43	9.00	NA	2.92	4.45	21.91	7.16	14.54
2002	18.25	9.20	18.88	18.61	21.48	10.25	NA	3.39	5.16	24.58	6.83	14.96
2003	15.02	8.00	23.64	23.42	23.41	11.33	NA	4.55	6.64	31.01	6.97	15.36
2004	19.76	8.66	27.18	27.11	25.27	12.63	NA	5.48	7.62	34.72	7.28	15.69

续表 5-2

年份	希腊	匈牙利	爱尔兰	意大利	日本	韩国	拉脱维亚	斯洛伐克	斯洛文尼亚	瑞典	中国台湾	美国
2005	23.14	9.77	28.64	27.71	25.25	14.83	3.56	5.98	8.00	35.39	7.93	16.12
2006	22.72	8.62	30.41	28.53	24.03	17.37	4.41	6.69	8.46	36.55	8.05	16.74
2007	22.36	8.39	35.40	31.82	23.72	19.43	6.33	8.79	9.78	42.61	8.18	17.41
2008	22.68	9.17	40.53	35.11	27.48	16.85	8.35	9.90	11.37	44.45	8.68	18.07
2009	19.41	8.95	41.21	34.32	30.03	15.06	7.75	9.69	11.14	40.92	7.77	18.61
2010	18.09	9.30	38.57	33.57	31.75	17.89	6.98	9.51	11.02	43.51	8.37	19.05
2011	18.25	9.20	39.74	36.15	35.71	19.25	7.67	10.40	11.79	49.21	9.34	19.44
2012	15.02	8.00	38.17	34.18	35.34	20.72	7.34	9.90	10.90	49.80	9.46	19.73
2013	19.76	8.66	39.80	36.00	29.00	21.90	7.90	10.60	11.24	52.80	9.44	20.14
2014	23.14	9.77	41.20	36.90	27.10	23.20	8.50	11.20	11.37	51.60	9.55	20.60
2015	22.72	8.62	34.50	31.60	23.40	22.10	7.60	9.60	9.60	42.80	9.40	21.04
增长/%	15	−0.5	104.5	50.5	−1.14	132	113	231	182	57.6	32.4	80.6

数据来源：同表 5-1。

表 5-3　新兴经济体的历年劳动生产率　　（美元/小时）

年份	巴西	中国（PPP）	中国（e）	印度尼西亚	墨西哥	俄罗斯	土耳其
1995	14.21	NA	NA	8.06	17.42	16.43	21.69
1996	14.88	NA	NA	8.25	17.56	15.93	22.37
1997	15.18	NA	NA	8.37	17.70	15.96	24.22
1998	15.35	NA	NA	7.53	18.30	15.36	24.25
1999	14.86	NA	NA	7.43	18.45	16.08	22.66
2000	14.86	NA	NA	7.59	18.96	17.42	24.52
2001	15.03	24.36	5.21	7.69	19.02	18.20	23.01
2002	14.99	31.48	6.95	8.04	18.72	18.87	24.55
2003	14.98	35.09	7.95	8.31	18.79	20.02	26.13
2004	15.15	36.47	8.4	8.43	19.00	21.32	28.48
2005	15.36	35.45	8.2	8.95	19.36	22.61	30.10
2006	15.58	38.83	9.41	9.24	19.65	24.21	31.55
2007	16.23	42.16	11.6	9.03	20.11	25.92	33.20
2008	16.82	45.84	14.49	9.45	19.96	27.12	32.95
2009	16.71	47.41	16.24	9.58	19.30	25.66	31.59
2010	17.68	50.60	17.47	9.93	18.82	26.76	32.35
2011	18.18	48.89	18.8	10.56	19.39	27.73	33.91

续表 5-3

年份	巴西	中国（PPP）	中国（e）	印度尼西亚	墨西哥	俄罗斯	土耳其
2012	18.34	48.15	19.83	11.06	19.51	28.53	34.69
2013	18.72	39.78	17.59	11.49	19.56	28.95	37.06
2014	18.46	43.29	20.11	11.96	20.14	29.03	38.36
2015	17.72	47.73	23.8	12.52	20.05	28.00	39.68
增长/%	24.7	95	356.8	55.3	15.1	70.4	82.9

注：1. 其中，中国（PPP）表示的是利用购买力平价调整后的计算结果，中国（e）代表利用汇率调整后的计算结果；

2. 数据来源：美国经济咨商局，世界经济总量数据库（Total Economy Database，2017），https：//www.conference-board.org/data/productivity.cfm，中国劳动生产率数据为作者自己测算；

3. 印度劳动生产率数据缺失。

表 5-1 给出了新兴经济体劳动报酬的变化，在 1995 ~2015 年，中国劳动报酬从 1995 年的 0.283 美元/小时上升到 2015 年的 4.4 美元/小时，增长了将近 14.6 倍，不仅增速远超其他新兴经济体，而且其劳动报酬绝对值也已远超印尼、印度、墨西哥三个国家。从劳动力报酬本身来看，2015 年，印尼、墨西哥两国的劳动报酬仅相当于中国劳动报酬的 23% 和 47%，印度的劳动报酬在 2014 年也仅为中国劳动报酬的 40% 左右，而巴西的劳动报酬在此期间并不稳定，呈现先降后升，之后又下降的复杂趋势，这可能与巴西汇率制度的演变有关。特别是在 2015 年，以美元计量的巴西劳动报酬出现大幅下降，与 2014 年相比，几乎下降了 25%，而同年巴西汇率大幅贬值，一年内大概贬值了 36%，巴西雷亚尔已沦为全球最差货币。

表 5-2 给出了除新兴经济体外的典型国家或地区劳动报酬的变化。从数值上来看，在 1995 ~2015 年，绝大多数发达国家或地区的劳动报酬要远高于新兴经济体，从增速上来看，其上升速度又远低于新兴经济体（巴西除外），匈牙利和日本的劳动报酬甚至出现略微下降的趋势。由此可见，与发达国家或地区相比，我国劳动报酬依然较低，仅相当于美国的 21%、日本的 23%、英国的 32%、德国的 43% 和法国的 36%。因此，如果仅从劳动力报酬本身来衡量劳动成本优势时，我国与发达国家或地区相比还具有一定的成本优势，但已无法与印度、印尼、墨西哥三国相比。

5.3 劳动生产率的国际比较

前面指出，劳动成本优势是劳动报酬和劳动生产率的相对关系，因此，本节进一步对劳动生产率进行国际比较研究。在此，借鉴了美国经济咨商局提供的各国或地区劳动生产率的测算结果；由于该局并未提供中国的劳动生产率数据，所以，本节需对中国劳动生产率情况进行单独测算。为便于国际比较，需统计我国总劳动时间和增加值两个因素，但我国并没有提供准确的劳动工作时间。因此，首先从《中国劳动统计年鉴》中找到城镇制造业就业人员的平均周工作时间，乘以49，大致得到制造业年平均工作时间；其次，利用EPS数据库整理出我国制造业就业人数后，将制造业就业人数与年平均工作时间相乘，得到制造业总工作时间；最后，用制造业增加值除以制造业总工作时间，得到我国制造业劳动生产率。然而，考虑到美国经济咨商局在计算劳动生产率时，使用的是经过购买力平价（PPP）调整后的GDP数值。因此，为统一研究口径，在估算我国制造业增加值时，同样采取购买力平价的方法来进行调整。然而，采用购买力平价来进行调整，会高估我国GDP总量，进而高估我国劳动生产率。为更清楚地看出这种高估程度，同时采用汇率调整的方法来计算我国制造业增加值，并利用工业生产者出厂价格指数来削弱价格波动的影响，以更好地看出这两方法的差异所在，两种方法计算结果见表5-3。

根据PPP调整后的计算结果来看，在1995～2015年，我国劳动生产率从2002年的24.36美元/小时上升到2015年的47.73美元/小时，上涨了将近1倍，上涨速度远超其他新兴经济体。从绝对值来看，截至2015年，中国劳动力生产率也远高于其他新兴经济体。其中，印度的劳动生产率仅为我国的1/4，墨西哥不到我国劳动生产率的一半，巴西不到我国劳动生产率的1/3。由此可见，我国劳动生产率的大幅提升，也是我国劳动力报酬提升一个重要因素。然而，值得注意的是，从2010年开始，我国劳动生产率开始出现下降趋势，这对我国经济的平稳增长是极其不利的。

反观发达国家，在1995～2005年，绝大多数发达国家或地区的劳动生产率增长了30%以上，只有比利时、德国、丹麦、希腊、西班牙和意大利等国的劳动生产率低于30%。较为特别的是，在此期间，意大利劳动生产率仅增长了6.3%，比希腊24.7%的增长率还要低。其中，2015年意大利的劳动生产率为52.5美元/小时，仅相当于2001年的52.3美元/小时的劳动生产率水平，究其原因就在于2005～2015年，意大利GDP平均每年萎缩0.5个百分点，其经济表现比希腊还要差，以至于意大利经济体量持平于2000年水平。

因此，从国际整体层面来看，尽管2015年我国劳动生产率有了大幅提升，达到了47.73美元/小时，但我国劳动生产率水平与大多数发达国家相比还存在一定的差距，仅相当于美国、德国、法国的70%左右，而这还是使用购买力平价调整后的结果，存在高估我国GDP、高估劳动生产率的可能。从表5-3中可明显看出，以汇率调整估计而得的劳动生产率要远低于以购买力平价调整的劳动生产率水平。截至2015年，我国以汇率调整计算而得的劳动生产率为23.8美元/小时，仅相当于以购买力平价调整后的一半水平，与发达国家或地区的劳动生产率水平自然差距更大。可见，在利用该套数据进行国际比较时，必须要注意这种高估的程度，并以经过汇率调整后的相关数据为参考，这样才能得到一个比较准确的答案。其他主要国家或地区的历年劳动生产率见表 5-4。

表 5-4 其他主要国家或地区的历年劳动生产率 （美元/小时）

年份	澳大利亚	奥地利	比利时	保加利亚	加拿大	捷克	德国	丹麦	西班牙	爱沙尼亚	法国	英国
1995	39.46	45.23	57.78	14.96	42.09	22.36	51.76	55.07	45.14	13.68	52.07	40.72
1996	40.50	45.31	59.52	13.26	41.99	23.27	52.77	56.38	45.65	14.76	52.44	41.38
1997	41.69	45.75	60.81	13.55	43.05	23.21	54.17	56.79	45.57	16.51	53.57	41.95
1998	43.19	47.47	60.51	14.65	43.82	23.30	54.80	56.73	45.32	17.52	54.98	42.96
1999	43.93	48.34	61.84	14.22	44.90	23.95	55.55	57.30	45.16	18.21	55.89	43.98
2000	44.73	49.49	62.34	15.56	46.26	25.15	56.95	58.63	45.38	19.96	57.97	45.52
2001	45.87	50.15	62.25	16.16	46.85	27.10	58.48	58.42	45.42	21.18	58.61	46.29
2002	47.13	51.10	63.70	17.08	47.57	27.40	59.20	58.90	45.50	22.45	60.52	47.49
2003	47.48	51.39	64.45	17.56	47.60	28.78	59.68	59.88	45.66	23.54	61.14	48.92
2004	48.31	52.37	66.34	17.97	47.92	30.08	60.27	61.79	45.77	25.02	61.56	49.70
2005	48.86	53.54	67.09	18.80	49.06	31.40	61.19	62.63	45.94	26.46	62.36	50.51
2006	49.14	54.94	67.71	19.49	49.62	33.45	62.37	63.46	46.21	27.92	64.14	51.44
2007	50.05	56.23	68.68	20.27	49.69	34.86	63.31	63.58	46.76	30.07	64.05	52.27
2008	50.58	56.28	68.26	20.52	49.66	34.94	63.43	62.63	46.95	28.94	63.58	51.67
2009	51.33	56.18	67.75	20.70	50.02	34.06	61.80	62.05	48.10	29.52	63.17	50.91
2010	51.85	57.00	69.24	21.84	50.57	34.80	63.33	64.48	49.22	31.03	64.13	51.60
2011	52.17	57.45	68.91	22.78	51.45	35.48	64.63	64.71	49.92	30.62	64.85	52.18
2012	53.50	58.06	68.70	23.36	51.39	35.63	65.04	65.94	50.92	31.98	65.01	51.88
2013	54.33	58.49	68.96	23.65	52.12	35.61	65.56	66.46	51.63	32.37	66.02	51.91
2014	55.42	58.67	69.91	23.89	53.24	36.09	65.82	67.45	51.78	33.15	66.55	52.06
2015	55.64	59.59	70.51	24.67	53.24	37.66	66.32	67.78	51.99	32.83	66.91	52.40
增长/%	41	31.7	22	65	26.5	68.4	28.1	23.1	15.2	139.9	28.5	28.7

年份	希腊	匈牙利	爱尔兰	意大利	日本	韩国	拉脱维亚	斯洛伐克	斯洛文尼亚	瑞典	美国	中国台湾
1995	28.4	21.2	39.4	49.4	34.1	14.9	12.2	19.5	24.4	43.8	48.6	24.4
1996	29.4	21.3	41.3	49.4	35.1	15.8	12.4	20.7	26.2	44.5	49.6	26.2
1997	30.8	21.7	44.5	50.3	35.8	16.8	12.9	22.1	28.2	46.2	50.5	28.1
1998	30.7	22.3	46.4	50.3	36.2	17.5	13.8	23.2	28.9	47.4	51.6	28.3
1999	31.7	22.2	48.6	50.6	36.9	19.1	14.4	23.8	30.0	48.3	53.1	29.9
2000	32.8	22.9	51.4	52.0	38.0	19.8	15.8	24.6	31.1	50.1	54.5	31.6

续表 5-4

年份	希腊	匈牙利	爱尔兰	意大利	日本	韩国	拉脱维亚	斯洛伐克	斯洛文尼亚	瑞典	美国	中国台湾
2001	34.1	24.3	53.1	52.3	38.6	20.4	16.4	25.5	32.1	50.6	55.8	32.4
2002	34.7	25.3	55.7	51.9	39.4	21.7	17.8	27.3	32.4	52.3	57.6	34.2
2003	36.3	26.6	57.3	51.5	39.9	22.7	19.3	29.4	33.3	54.3	59.7	35.1
2004	37.4	28.1	59.5	52.0	40.4	23.7	21.4	30.2	34.4	56.2	61.2	36.2
2005	36.3	29.4	59.7	52.3	41.0	24.7	23.1	31.3	36.8	57.7	62.4	37.7
2006	37.9	30.5	60.6	52.3	41.1	25.7	24.4	33.1	38.9	59.6	62.9	39.0
2007	38.9	30.6	60.7	52.3	41.7	27.2	26.3	35.6	40.6	59.8	63.7	40.9
2008	38.3	31.5	59.1	51.9	41.8	28.6	23.9	36.4	40.4	58.7	64.0	41.9
2009	37.3	30.5	62.2	50.8	41.1	29.0	24.6	35.4	37.8	57.3	65.7	42.1
2010	37.3	31.1	66.6	51.9	42.4	31.1	25.5	37.2	39.1	59.2	67.3	45.5
2011	36.1	31.8	70.8	52.2	42.5	33.2	26.5	37.8	40.4	59.6	67.0	46.5
2012	35.4	31.6	70.2	52.0	43.1	32.2	27.5	38.5	40.2	59.5	67.4	46.5
2013	35.1	32.0	68.8	52.5	44.2	34.0	27.6	39.8	39.8	60.1	67.8	47.1
2014	35.9	31.6	72.9	52.6	44.2	33.7	28.4	40.5	40.3	60.8	68.1	48.5
2015	35.4	32.0	73.8	52.5	44.8	34.3	29.3	41.4	40.7	62.2	68.6	49.1
增长/%	24.7	50.5	87.4	6.3	31.1	129.8	140.8	112.9	66.8	42.1	41.1	101.1

数据来源：同表 5-3。

5.4 劳动成本优势的国际比较

在前文给出各国或地区劳动报酬和劳动生产率变化的基础上，在此为更直观地看出各国或地区劳动力成本优势的变化，采用单位劳动力成本概念来衡量各国或地区劳动力成本优势。具体计算方法如下：

$$ULC = LCH/VH \tag{5-1}$$

式中，*ULC* 代表本文要测算的单位劳动力成本；*LCH* 代表劳动报酬；*VH* 代表劳动生产率。

由此可见，*ULC* 反映了一国劳动报酬与劳动生产率的相对变动情况。其中，劳动报酬越低、劳动生产率越高，单位劳动力成本就越低。单位劳动力成本越低，代表该国或该地区劳动力成本优势就越明显。至此，就可以利用前文给出的相关数据来测算各国或地区的单位劳动力成本，表 5-5 同样给出了我国用购买力平价和汇率这两种调整方法的计算结果，以更为客观地评价我国劳动力成本的相对变化情况。

表 5-5 新兴经济体单位劳动力成本 （美元/小时）

年份	巴西	中国（PPP）	中国（e）	印度尼西亚	墨西哥	俄罗斯	土耳其
1995	NA	NA	NA	NA	0.060	0.036	0.051
1996	0.48	NA	NA	NA	0.057	0.054	0.054
1997	0.47	NA	NA	0.048	0.064	0.058	0.058
1998	0.44	NA	NA	0.013	0.065	0.041	0.062
1999	0.28	NA	NA	0.027	0.070	0.022	0.066
2000	0.29	NA	NA	0.040	0.086	0.026	0.065
2001	0.24	0.025	0.12	0.039	0.099	0.034	0.052
2002	0.21	0.022	0.10	0.050	0.103	0.041	0.057
2003	0.22	0.020	0.09	0.060	0.100	0.050	0.069
2004	0.25	0.022	0.10	0.059	0.098	0.062	0.077
2005	0.33	0.028	0.12	0.056	0.101	0.074	0.086
2006	0.38	0.031	0.13	0.065	0.108	0.091	0.086
2007	0.44	0.033	0.12	0.066	0.113	0.113	0.105
2008	0.50	0.039	0.12	0.063	0.115	0.142	0.115
2009	0.49	0.044	0.13	0.063	0.100	0.128	0.098
2010	0.57	0.047	0.14	0.081	0.114	0.145	0.117
2011	0.64	0.059	0.15	0.076	0.116	0.162	0.115
2012	0.61	0.069	0.17	0.081	0.115	0.169	0.121
2013	0.59	0.093	0.21	0.087	0.122	0.182	0.121
2014	0.60	0.095	0.20	0.084	0.118	0.163	0.120
2015	0.46	0.092	0.18	0.080	0.105	0.111	0.106
增长/%	-3	—	—	67.1	74.1	208	109
增长（2001～2015）/%	91.7	274	50	105.1	6.1	226.5	103.9

注：表中存在两行增长率，第一行的增长是从各国有数据统计那年开始算起的。

根据 PPP 调整后的计算结果来看，我国单位劳动力成本从 2001 年 0.025 美元/小时上升至 2015 年的 0.092 美元/小时，增长了 2.74 倍。从上涨幅度来看，我国单位劳动力成本的上涨幅度极大，特别是在 2011 年左右，单位劳动力成本迅速上升。当然，这一方面与我国 2000 年较低的单位劳动成本有关；另一方面则与前文所说的劳动生产率下降有关。从绝对值来看，自 2013 年起，中国单位劳动力成本已超过印度尼西亚，二者单位劳动力成本发生反转，且与墨西哥、土耳其两国的单位劳动力成本亦相差无几。从购买力平价调整的结果来看，这也在一定程度上解释了为何近年来诸多产业外移到墨西哥、印度尼西亚等国家。当然，如果是从汇率调整的结果来看，2015 年我国单位劳动力成本已高达 0.18 美元/小时，几乎是购买力平价调整的 2 倍，是印度尼西亚的 2.25 倍、墨西哥的 1.71 倍、俄罗斯的 1.62 倍和土耳其的 1.7 倍。从这点来看，在新兴经济体中，我国已不占据任何的劳动力成本优势。特别是，如果将研究期限也集中在 2001 ~ 2015 年，本节发现墨西哥单位劳动力成本在此期间仅上升了 6.1%，远低于其他国家或地区，而在此期间，墨西哥兑人民币汇率下降了 50%。可见，汇率的调整，加速了我国劳动力成本优势的丧失速度，进而导致未来越来越多的产业可能会转移到更具有成本竞争优势的墨西哥、印度尼西亚等国家。因此，我国政府必须充分认识和了解这种持久性的经济冲击，以进行适当的政策调整以应对。

同时，从表 5-6 可知，在所有国家和中国台湾地区中，尽管保加利亚在此期间的单位劳动力成本上升了 1.79 倍，但保加利亚的单位劳动力成本依然是除中国台湾地区外最低的水平，仅为 24.67 美元/小时，与中国（未含中国台湾，后同）单位劳动力成本基本持平。这得益于保加利亚较低的劳动力成本，2015 年保加利亚劳动力报酬仅为 5 美元/小时，即使与中国 4.4 美元/小时的劳动力成本相比也相差并不大。由此可见，保加利亚明显的单位劳动力成本优势，也是近年来吸引大量外商投资的重要原因。国内诸多企业也纷纷开始在保加利亚投资建厂，据商务部统计，2013 年中国对保加利亚直接投资流量约为 2069 万美元，2013 年年末中国对保加利亚直接投资存量已将近 1.5 亿美元。

表 5-6 其他主要国家或地区的单位劳动力成本 （美元/小时）

年份	澳大利亚	奥地利	比利时	保加利亚	加拿大	捷克	德国	丹麦	西班牙	爱沙尼亚	法国	英国
1995	NA	NA	NA	NA	NA	NA	NA	NA	NA	0.139	NA	NA
1996	0.473	0.621	0.550	NA	NA	0.145	0.630	NA	0.339	0.153	0.531	0.430
1997	0.454	0.544	0.476	NA	NA	0.140	0.538	0.417	0.306	0.141	0.464	0.460
1998	0.397	0.531	0.484	NA	NA	0.152	0.528	0.426	0.312	0.150	0.454	0.481
1999	0.413	0.514	0.465	NA	NA	0.146	0.496	0.435	0.308	0.151	0.434	0.484
2000	0.368	0.444	0.419	0.073	NA	0.135	0.446	0.379	0.273	0.131	0.369	0.454
2001	0.327	0.433	0.414	0.072	0.225	0.138	0.433	0.394	0.275	0.135	0.364	0.447
2002	0.370	0.458	0.436	0.073	0.223	0.168	0.467	0.432	0.304	0.152	0.382	0.465
2003	0.477	0.552	0.543	0.089	0.258	0.196	0.570	0.529	0.382	0.191	0.465	0.514
2004	0.554	0.595	0.602	0.102	0.284	0.218	0.626	0.577	0.433	0.211	0.522	0.573
2005	0.584	0.605	0.611	0.107	0.308	0.232	0.622	0.592	0.451	0.221	0.524	0.588
2006	0.594	0.612	0.628	0.113	0.333	0.244	0.631	0.602	0.472	0.247	0.528	0.607
2007	0.667	0.678	0.691	0.143	0.365	0.281	0.687	0.699	0.530	0.303	0.593	0.674

续表 5-6

年份	澳大利亚	奥地利	比利时	保加利亚	加拿大	捷克	德国	丹麦	西班牙	爱沙尼亚	法国	英国
2008	0.710	0.762	0.789	0.195	0.381	0.350	0.749	0.794	0.591	0.384	0.657	0.662
2009	0.651	0.759	0.772	0.208	0.358	0.335	0.740	0.783	0.579	0.339	0.639	0.579
2010	0.765	0.701	0.733	0.197	0.402	0.328	0.692	0.743	0.542	0.309	0.610	0.564
2011	0.891	0.752	0.795	0.215	0.427	0.358	0.734	0.798	0.570	0.346	0.649	0.590
2012	0.891	0.715	0.755	0.205	0.434	0.335	0.704	0.735	0.527	0.325	0.612	0.602
2013	0.861	0.752	0.777	0.220	0.426	0.334	0.740	0.764	0.529	0.358	0.635	0.605
2014	0.801	0.770	0.764	0.230	0.396	0.319	0.758	0.766	0.518	0.368	0.640	0.642
2015	0.678	0.648	0.628	0.203	0.347	0.266	0.644	0.649	0.427	0.329	0.538	0.607
增长/%	43.1	4.4	14.3	179	54.5	82.8	2.3	55.6	25.9	137	1.4	41.2

年份	希腊	匈牙利	爱尔兰	意大利	日本	韩国	拉脱维亚	斯洛伐克	斯洛文尼亚	瑞典	中国台湾	美国
1995	0.70	0.41	NA	NA	NA	NA	NA	NA	0.14	NA	NA	0.24
1996	0.79	0.46	0.41	0.43	0.67	0.60	NA	0.14	0.15	0.61	0.27	0.24
1997	0.74	0.40	0.38	0.39	0.61	0.55	NA	0.13	0.13	0.54	0.25	0.25
1998	0.73	0.38	0.36	0.38	0.57	0.38	NA	0.14	0.14	0.53	0.22	0.25
1999	0.72	0.41	0.35	0.37	0.64	0.45	NA	0.12	0.14	0.51	0.23	0.25
2000	0.59	0.39	0.31	0.32	0.66	0.49	NA	0.12	0.13	0.47	0.23	0.26
2001	0.53	0.38	0.32	0.32	0.58	0.44	NA	0.11	0.14	0.43	0.22	0.26
2002	0.53	0.36	0.34	0.36	0.55	0.47	NA	0.12	0.16	0.47	0.20	0.26
2003	0.41	0.30	0.41	0.45	0.59	0.50	NA	0.15	0.20	0.57	0.20	0.26
2004	0.53	0.31	0.46	0.52	0.63	0.53	NA	0.18	0.22	0.62	0.20	0.26
2005	0.64	0.33	0.48	0.53	0.62	0.60	0.15	0.19	0.22	0.61	0.21	0.26
2006	0.60	0.28	0.50	0.55	0.58	0.68	0.18	0.20	0.22	0.61	0.21	0.27
2007	0.57	0.27	0.58	0.61	0.57	0.71	0.24	0.25	0.24	0.71	0.20	0.27
2008	0.59	0.29	0.69	0.68	0.66	0.59	0.35	0.27	0.28	0.76	0.21	0.28
2009	0.52	0.29	0.66	0.68	0.73	0.52	0.32	0.27	0.29	0.71	0.18	0.28
2010	0.48	0.30	0.58	0.65	0.75	0.58	0.27	0.26	0.28	0.73	0.18	0.28
2011	0.51	0.29	0.56	0.69	0.84	0.58	0.29	0.28	0.29	0.83	0.20	0.29
2012	0.42	0.25	0.54	0.66	0.82	0.64	0.27	0.26	0.27	0.84	0.20	0.29
2013	0.56	0.27	0.58	0.69	0.66	0.64	0.29	0.27	0.28	0.88	0.20	0.30
2014	0.64	0.31	0.57	0.70	0.61	0.69	0.30	0.28	0.28	0.85	0.20	0.30
2015	0.64	0.27	0.47	0.60	0.52	0.64	0.26	0.23	0.24	0.69	0.19	0.31
增长/%	-7.76	-34.1	14.5	41.6	-22.6	6.71	68.3	65.5	69.3	12.8	-29.4	27.95

注：增长率均是从各国或地区有数据那年开始算起的。

此外，考虑到单位劳动力成本仅是影响制造业成本的一个因素，而能源成本、产业政策、税收政策等因素同样会引起制造业成本优势的变化，总成本的变动自然取决于各类成本的相对变动。近年来，制造业频频回流美国就是中美制造业总成本优势变化的一个典型结果。若仅从单位劳动力成本来看，2001 年美国单位劳动力成本为 0. 26 美元/小时，同期以购买力平价调整的中国仅为 0. 02 美元/小时，相当于中国的 13 倍，中国劳动力成本优势凸显。到了 2015 年，美国单位劳动力成本为 0. 31 美元/小时，同期中国为 0. 092 美元/小时，仍相当于中国的 3. 4 倍，即使从汇率调整结果来看，2015 年美国单位劳动力成本仍是中国的 1. 72 倍。这说明，若仅从单位劳动力成本来看，中美劳动成本优势虽在逐步缩小，但与美国相比，我国在单位劳动力成本方面仍具有一定的优势，难以有效解释产业回流现象。为此，本节借鉴了波士顿咨询公司所做的一项研究来进行说明，部分研究结果如图 5-1 所示。图 5-1 给出了 2004 年和 2014 年中、美两国制造业成本指数的构成及其变动情况，从该图可知，中、美两国制造业成本指数差异已经不大。2014 年，中国制造业成本指数为 96，与美国仅相差 4 个点，而在 2004 年，二者还相差 13. 5 个点，拉近二者成本差距的除劳动力成本外，还有能源投入成本，特别是天然气成本，2014 年中国天然气成本高出美国 2. 9 个点，而 2004 年几乎无差异。很显然，中、美天然气成本的巨大差异，来源于近年来美国对页岩气的开发利用，使得美国天然气成本相对降低。实际上，因此而受益的还有墨西哥等国。据 EIA 估计，2012 年墨西哥共进口了 7790 亿立方英尺天然气，其中 6200 亿立方英尺是从美国进口而来，进而引致自 2004 年以来墨西哥天然气价格下降了 37%，使得墨西哥比大多数其他出口经济体具有显著的能源成本优势。可见，美国低能源成本确实削弱了中国劳动力成本优势。如果进一步考

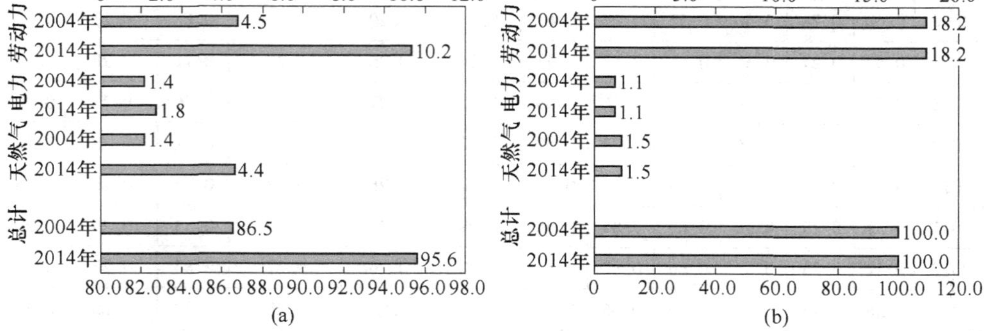

图 5-1　中、美制造业成本指数对比（美国 = 100）

（a）中国；（b）美国

（数据来源：波士顿咨询公司（2014），网址：https：//www. bcgperspectives. com/content/interactive/lean_ manufacturing_ globalization_ bcg_ global_ manufacturing_ cost_ competitiveness_ index/）

虑特朗普减税等政策效应，中、美制造业成本可能趋于一致，甚至发生反转，制造业回流美国自然也是企业出于经济成本考虑的结果。

至此，本章发现我国劳动成本优势确实已在全球发生了一定的转化，特别是在2010年左右。从变化趋势来看，一方面与印度尼西亚、墨西哥等发展中国家相比，我国已基本丧失了劳动力成本优势，甚至发生一定的反转，进而导致部分制造业产业转移到这些同样具有低劳动力成本优势的发展中国家；另一方面，与美国等发达国家或地区相比，尽管我国还具有一定的劳动力成本优势，但在考虑到能源成本、产业政策、税收政策等多方面因素之后，这种劳动力成本优势被削弱，进而导致部分产业回流至发达国家，如Sleek Audio、卡特比勒、ATM机器生产商NCR、玩具生产商Wham-O、发光二极体生产商Seesmart LED等企业正在逐步回迁至美国，松下、日本大金、夏普、TDK等企业也正在逐步回迁日本。可见，这种由劳动力成本优势转换及其他成本相对变化所带来的冲击将是持久的，这对中国提出了新的挑战。因此，如何尽可能熨平这种冲击所带来的不利影响，将是我国政府未来关注的重点所在，也是保持我国经济长期稳定增长的关键所在。

5.5 我国劳动成本优势转换的原因及展望

为能够更好地熨平这种经济冲击，必须了解我国劳动成本优势转换的具体原因。从前文分析可知，劳动力成本优势取决于劳动报酬和劳动生产率的相对关系。因此，劳动力成本优势的丧失，究其原因就在于劳动报酬的上升速度远超劳动生产率的上升速度，特别是在2004年之后。

那么，如何理解我国劳动报酬的快速上升呢？社科院2017年发布的《国人工资报告》指出，我国工资水平在2004~2015年间上涨了2.95倍，国人工资水平整体呈增长态势，我国劳动报酬是从2004年左右开始快速上升的，从2004年的0.8美元/小时，上升至2015年的4.4美元/小时，上涨了4.5倍。可见，劳动报酬和工资的上涨幅度存在一定差距，这说明，在此期间我国非工资费用可能也出现了快速上升，并且可能比工资水平上升得更快，图5-2证实了这一点。由图5-2可知，我国社会保险支出从2002年的0.14美元/小时上升到2009年的0.61美元/小时，大概上升了3.4倍，但同期工资水平仅上升1.5倍[1]。这说明我国非工资费用的快速上升也是引致我国劳动报酬提升的一个重要原因。当然，非工资费用的快速上升是我国工资水平上升的一个结果，这也是我国制度逐渐完善的一个重要表现。因此，本章仅集中分析工资水平快速上升的原因。

---

[1] 数据来源于美国劳工统计局2013年所做的国际劳工比较，https://www.bls.gov/fls/china.htm.

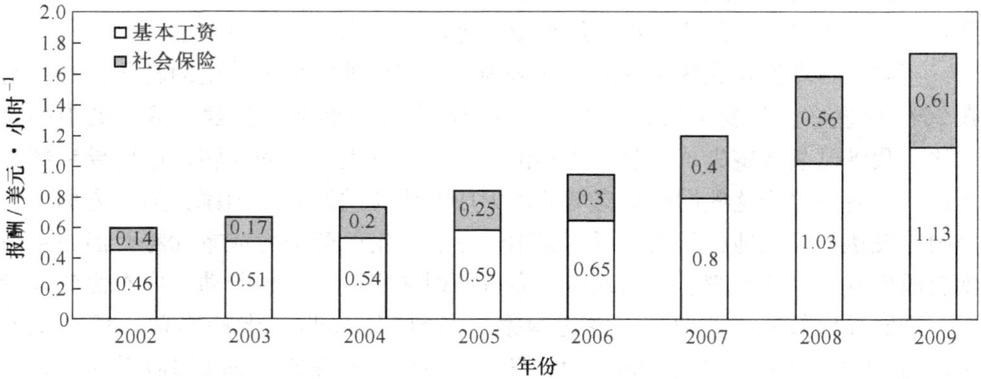

图 5-2　2002～2009 年中国制造业就业人员平均每小时报酬

我国工资水平的快速上升，一方面是由于我国劳动生产率的不断提升，另一方面是因为我国劳动力供给不再是无限供给，特别是 15～64 岁劳动年龄人口的增长速度明显递减。根据表 5-7，自 2012 年开始，我国 15～59 岁劳动年龄人口数量出现绝对下降。其中，2012 年、2013 年、2014 年、2015 年分别比前一年减少 345 万人、227 万人、518 万人和 435 万人。然而，从劳动力需求来看，蔡昉所做的一项研究表明，在 2002～2010 年，我国劳动力需求的年平均增长率高达 2.6%，劳动力供给的年平均增长率为 1.1%。由此可见，需求增速远超供给增速，即使考虑到经济下滑的影响，我国未来经济保持较高速度的增长依然是大概率事件，因此，劳动力供需增速的差异难以消除，这将进一步加剧我国劳动力市场的短缺状况。

表 5-7　我国历年劳动年龄人口数量及占比（2006～2015 年）　　（万人）

年份	总人口	15～59 岁人口	15～59 岁人口占比/%
2006	131448	90586	68.90
2007	132129	91129	69.00
2008	132802	91647	69.00
2009	133450	92097	69.00
2010	134091	93389	70.70
2011	134735	94072	69.80
2012	135404	93727	69.20
2013	136072	93500	68.70
2014	136782	92982	68.00
2015	137462	92547	67.30

数据来源：历年国民经济和社会发展统计公报，2015 年 15～59 岁人口数据是根据 2015 年全国 1% 人口抽样样本估算而来。

更为重要的是，中国劳动力市场的短缺，不仅体现在高技能劳动力方面，还体现在低端劳动力方面。在低端劳动力方面，2004年沿海地区出现的“民工荒”现象是揭开我国低端劳动力短缺大幕的一个重要事件，自此之后，招工难问题延续至今仍未解决。因此，为抢夺这些稀缺劳动力，诸多企业不得不依靠提高薪资、提高福利待遇等手段留住企业现有劳动力，并吸引更多的劳动力来到本企业。在此背景下，自然会引致低端劳动力报酬的不断提升，特别是这种因短缺引起劳动报酬的上升速度要远超劳动生产率的上升速度。因此，不少学者认为劳动力短缺，特别是低端劳动力的短缺是引起我国单位劳动力成本上升的重要因素，而这种低端劳动力的短缺是由于农村有效剩余劳动力数量持续下降导致的。

图5-3对招工难问题给予了一个良好的解释。根据中国农民工问题研究总报告起草组于2006年公布的《中国农民工问题研究总报告》，2004年16~30岁是农民工的主体，大概占据了整个农民工的61%，其整体平均年龄也仅为28.6岁。因此，本节利用相关数据测算我国15~29岁的人口比重变化，其变化趋势如图5-3所示❶。由图5-3可知，1990年，我国15~29岁人口比重为15.9%，随后一直下降至2000年的12.9%。10年间，该年龄阶段的人口比重竟然下降了19%，而在此期间，我国GDP从1990年的1.89万亿元上升到2010年的41.3万亿元，上升了将近21倍。此后十几年，该年龄段的人口比重基本维持在此水平。因此，招工难问题也一直未能解决。更为严峻的是，在2013年左右，该年龄段的人口比重又开始出现新的下降趋势，截至2016年，该比重仅为11.5%。该年龄段人口比重的不断下降，使得我国农民工的平均年龄也从2004年的28.6岁逐步上升至2016年的39岁，也就是说如今的农民工主体很可能还是2004年的那批农民工，只是年龄变大了。

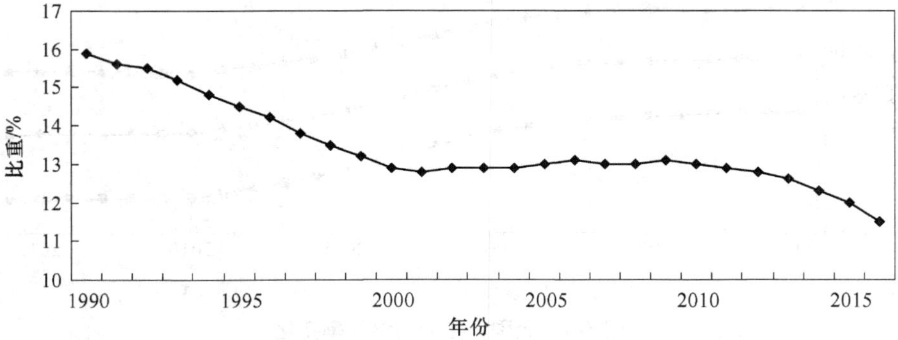

图5-3　我国历年15~29岁人口比重变化趋势

❶ 数据由人口金字塔网整理而得，网址：https：//www.populationpyramid.net.

上述分析也有助于理解我国为何在2013年12月实施单独二孩政策之后，又紧接着在2015年实施全面二孩政策，其重要目的之一也是为了缓解我国劳动力的短缺问题。然而，劳动力的供给不可能一蹴而就，二孩政策所带来劳动力供给效应至少也得15年后才能得以体现，在这期间我们依然会面对比较严峻的劳动力短缺问题，并且即使在我国全面放开二孩之后，我国生育率并不高，远低于世代更替水平。因此，二孩政策的劳动力供给效果还有待进一步观察。

在高技能劳动力方面，据人社部网站公布，2015年我国高技能人才大概有4501万人，尽管比2010年底提高了57%，但占就业人员的比例依然不到6%，与日本40%、德国50%的高技能人才比例相比，还存在较大的差距。进一步，据人社部估算，2015年我国高级技工缺口规模将近1000万人，那么按照现有的劳动力供给水平，这种高级技工的短缺在未来一段时间内也将长期存在[1]，而高级技工缺失是制约我国制造业转型升级的主要原因之一，也是制约中国制造2025战略目标实现的关键所在，因此，必须从战略层面高度重视这些问题。

为解决技能型人才的缺失，国务院印发了《关于加快发展现代职业教育的决定》，以期通过职业教育体系的发展，加快培育中、高级技能人才，进而缓解我国技术人才的短缺。虽然上述政策有利于缓解我国劳动力短缺的情况，并抑制我国劳动力成本上升的速度，但这并不是短期内能见效的。更为重要的是，随着我国经济的发展，人均收入水平的不断上升，我国劳动参与率也开始不断下降。由图5-4可知，我国总体劳动参与率已从1990年的79.37%下降至2016年的70.77%，其中，男性劳动参与率从1990年的84.97%下降到2016年的77.88%，下降了7.1个百分点，女性劳动参与率从1990年的73.49%下降到2016年的

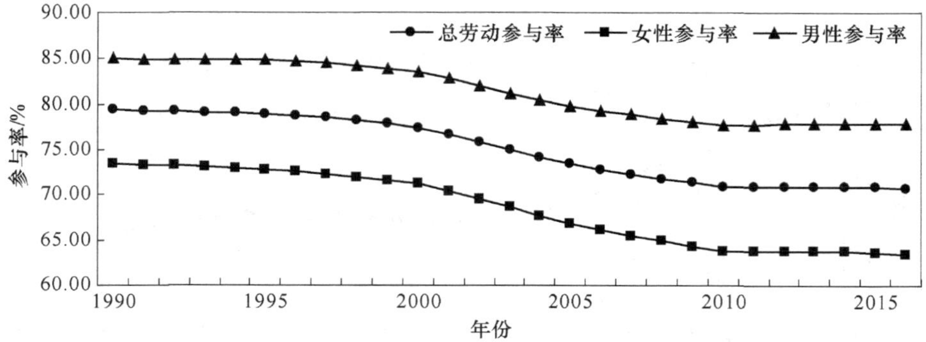

图5-4　我国历年劳动参与率变化

---

[1] 据人社部统计，2015年底，全国共有技工院校2545所，其中，技师学院434所，在校生322万人，就业率达到97.4%，骨干院校就业率达到100%。可见，即使技工院校在校学生就业率达到100%，也难以从根本上解决技能人才缺口大的问题。

63.35%，下降了10.15个百分点，下降幅度明显高于男性。劳动参与率的不断下降，将在一定程度上抵消我国二孩政策产生的劳动力供给效应。实际上，如果考虑到全面二孩政策的实施以及老龄化时代的即将到来，女性劳动力参与率很有可能会进一步持续下降。因此，如何减缓我国女性劳动参与率的不断下降，提升我国女性创业就业的积极性，增加女性劳动力供给，也是未来我国政府在解决劳动力短缺方面所必须关注的一个重点所在。2016年，北京师范大学劳动力市场中心组织撰写的《2016中国劳动力市场发展报告》也曾指出“全面二孩”政策或对女性就业产生负面影响，因此，建议通过出台反就业歧视法、完善就业服务体系、加大财政金融政策扶持力度等一系列手段，来提升女性参加工作的积极性，进而缓解我国女性劳动参与率的下降速度。此外，本节认为要应对劳动参与率的下降，特别是女性劳动参与率下降的问题，我国更应在幼教和养老方面给予足够的重视，以释放其后顾之忧，这样才能有效减缓女性劳动参与率的不断下降❶。

5.6 小结

本章从劳动报酬、劳动生产率与劳动成本优势三个方面进行了国际比较研究，系统分析并探讨了我国劳动成本优势转换的原因。根据分析可知，低生育率、人口老龄化等因素，使得我国劳动力供给不足问题难以在短期内得到有效缓解，高级技工的供给不足凸显了我国劳动力结构性短缺问题，是制约我国制造业转型升级的主要原因之一，也是导致我国劳动生产率增速放缓的主要因素之一。而经济的持续增长伴随着劳动报酬的逐步提升，因此，可以预见，我国单位劳动力成本在未来一段时间内还将继续上涨，这意味着我国制造业再也不能简单地以低劳动成本制胜，由低成本竞争转向高技术竞争和差异化竞争已成为我国每一个企业必须考虑的问题，这对我国企业的发展提出更高的要求，尤其是在面临全球经济放缓的不利环境之际。基于此，本章认为政府急需从以下几个方面着手，以提升企业核心竞争力：一是尽快出台三孩政策，甚至全面放开生育，可采取直接补贴、加大妇幼保健投入等方式，降低生育成本，提高生育率水平，以缓解我国未来老龄化问题；二是要进一步降低税负水平，可通过提高个人所得税起征点、降低增值税税率等方式来降低企业的用工成本，以维持现有的劳动成本优势；三是加快“双一流”建设和现代职业教育的发展，培养出更多的拔尖创新人才和中、高级技工，不断改善我国劳动力结构性短缺问题，推动我国产业结构的调整

---

❶ 美国也出现类似的现象，一项最新的调查表明，美国超过70%的非劳动参与者表示，他们不参与劳动力大军的原因是照顾家庭、身体残疾，或提前退休。其中，女性（36%）不参加劳动的主要原因是照顾家庭，男性（14%）不参加劳动的主要原因是身体残疾，数据来自汉密尔顿项目（2017），http://www.hamiltonproject.org/assets/files/decline_womens_labor_force_participation_BlackSchanzenbach.pdf.

升级，提升全要素生产率，以获取单位劳动力成本优势；四是以“一带一路”建设契机推动人民币国际化，特别是要推进石油、天然气等人民币结算模式，规避汇率波动风险，获取大宗商品定价权，降低企业汇兑成本和外币衍生产品交易的成本，从而降低能源购买成本，提升企业竞争力水平。

6 分工演化与我国利润创造能力变迁

6.1 利润创造能力研究现状

第5章从国际视野对我国制造业成本优势转化进行了系统的比较分析，本章重点关注于对我国工业利润创造能力的比较分析。众所周知，20世纪90年代以来，中国借经济全球化之风，凭借低成本竞争优势，积极参与国际分工，促使我国工业产值从1995年的25023.9亿元上升到2016年的247877.7亿元，增长了近9倍，取得了举世瞩目的经济成就。然而，规模大并非意味着效益好，尤其是近年来，随着我国人口红利消失、产能过剩、升级乏力等问题的凸显，致使工业企业利润率持续下滑。中国历年工业增加值变动如图6-1所示。

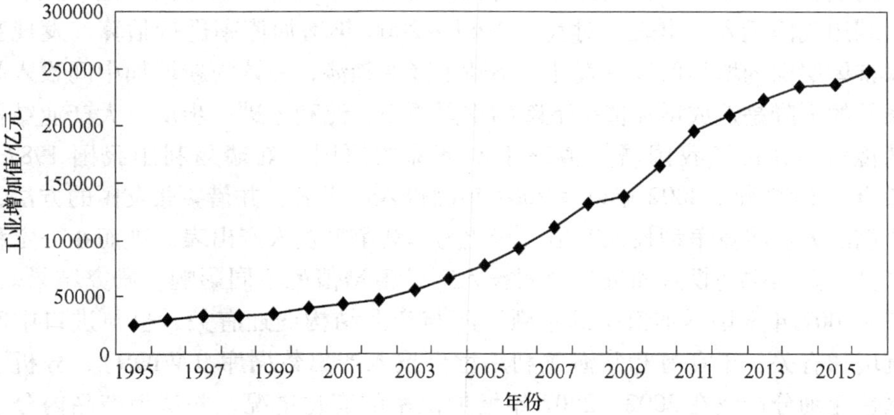

图6-1 中国历年工业增加值变动

因此，要清楚地认识到，虽然中国工业发展已取得了长足进步，但并非“世界制造强国”。现存的国际分工格局依然是由发达国家主导的，因为他们掌控着产品生产的核心技术环节，而我国在国际分工中主要承接的是劳动密集型、资源密集型环节，在分工中并未占据有利地位，只能通过参与分工，赚取微薄的利润，利润创造能力有限。即使国内一些高科技行业的出口表现在统计上极其亮眼，但实际上并未从根本上改变我国的比较优势。因为这些高科技行业的出口主体是外企，创造的利润难以留存在国内，只是由产品内分工导致的一种统计假象而已，国内并未真正实现产业的有效升级，利润创造的困境可能依然存在。根据2015～2016年中国企业-劳动力匹配调查（CEES）报告，2015年中国企业的利润率均值仅为3.3%，资产收益率均值为4.6%，19.8%的企业利润率甚至为负；而在2011年，中国制造企业的平均利润还有6.2%，在此期间，企业利润率下降了46.8%。当然，这种下降与前文提到的我国劳动力成本的持续上升密切相关。然而，随着经济的发展，劳动成本的上升是不可逆的。因此，这就更需要系统了解中国制造业利润创造能力到底是怎样的，只有了解了这个前提，才有可能谈如何升级、如何提升我国利润创造能力等一系列问题。

那么，如何准确评估我国利润创造能力的问题，便成为破解我国产业升级乏力、利润下滑难题的首要问题。在本节中，本部分采用的是增加值率这一指标来评估我国利润创造能力问题，并对其进行了国际比较研究。从国务院近年印发的《工业转型升级规划（2011—2015年）》和《中国制造2025》来看，我国政府越来越重视增加值率这一指标。由此可见，使用增加值率这一指标来进行评估，也有助于看出我国实际经济发展是否达到了预期规划要求，这样才能进一步剖析可能存在的问题，以更好地实现经济持续健康的发展。

从现有研究来看，在测算并分析我国增加值率变迁原因方面，沈利生、王恒首次利用我国投入产出表，对我国1981～2000年增加值率进行估算，发现我国国家整体层面的增加值率一直处于不断下降的趋势，并认为新增加中间投入品贡献系数的下降是造成增加值率下降的重要原因；沈利生进一步从三大产业结构变动的视角，分析了我国增加值率不断下降的原因；刘瑞翔利用我国1987年、1992年、1997年、2002年以及2007年的投入产出表，并借鉴张友国的方法，以按比例的方法将竞争型投入产出表转化为非竞争型投入产出表，进而在一定程度上区分了国内中间投入和进口中间投入对价值增值的不同影响，研究结果表明，1987～2007年我国增加值率的不断下降与产业结构变迁有关，也与进口中间品比例增加有关；于春海和常海龙利用世界投入产出数据库（WIOD），分析了我国制造业细分产业在2002～2007年增加值率的变化情况，并认为产品内分工是导致我国制造业增加值率偏低且不断下降的主要原因；杨坤鹏和戴翔利用WIOD数据库，统计分析了我国1995～2011年19个服务业部门的增加值率，并对其进行了跨国比较，结果发现，我国服务业增加值率只有在内陆运输、水路运输、金融等少数几个产业具有“微弱”优势，其他产业均“严重”落后于七国集团（G7）国家的平均水平。

由此可见，诸多学者对我国增加值率问题已极为关注，其研究也取得显著成果。然而，通过对文献的梳理发现，现有文献在研究增加值率方面存在以下三个方面的问题：一是在计算增加值率时，虽然现有文献在国家和产业层面的研究均有所建树，但出于不同的研究目的，不同文献在对增加值率指标的界定方面有所差异，特别是少见有从国内投入的视角来研究其增加值率问题，而从国内投入的视角来研究其价值增值能力，也许更能准确反映一国经济增长的质量。二是在分析产业结构变动对增加值率的影响之际，一般是从三大产业结构的视角来进行分析，而实际上工业体系内部诸多细分产业也存在着结构上的调整，会引起工业体系内各细分产业对工业增加值率影响的动态变化。三是内外部经济环境的变化，使得政府更加关注增长质量问题，而现有文献在测算和比较增加值率之际，一般仅截止到2011年。从时间窗口来看，数据略显陈旧，需要进一步更新，以辅助我国政府更好地研判经济发展质量问题。因此，基于上述考虑，本章尝试利用WIOD最新公布的投入产出数据，重点研究国内投入的增加值率问题，并对其进行跨国和工业体系内部的比较分析，以期为现有文献做一重要补充。

6.2 利润创造能力的国际比较

6.2.1 指标设计、数据来源及行业选择

6.2.1.1 指标设计

由于WIOD数据库提供的是非竞争型投入产出表，因此，本节在设计指标时，将中间进口投入和国内投入区分开来，仅考虑了国内投入对价值增值的影响，具体指标设计如下：

$$R = \frac{V}{D} = \frac{\sum V_i}{\sum D_i} \tag{6-1}$$

式中，V_i 表示第 i 产业的增加值；D_i 表示第 i 产业的国内中间投入；R 表示的是国家层面单位国内中间投入对增加值的贡献度。

在计算增加值时，本部分仅加总工业行业的增加值，在计算工业行业国内投入时，则加总了每一工业行业的所有行业投入。

6.2.1.2 数据来源及行业选择

本节所用到的各国投入产出数据均来自于WIOD数据库，该数据库提供了世界上主要国家连续多年的非竞争型投入产出表。因此，使用该数据库一方面能够方便本部分直接从国内投入的视角来分析其价值增值的能力；另一方面，统一的编制方法能避免因各国独立编制投入产出数据所产生分类标准不一致或统计口径不统一等诸多问题。为尽可能地延长研究期限，在此选取了WIOD在不同年份公布的两套投入产出数据，一是使用了2013年公布的各国1995～2011年间的投入产出数据；二是使用了2016年公布的各国在2012～2014年间的投入产出数据。因此，最终研究期间为1995～2014年。

本书研究对象为工业，根据WIOD数据库的行业划分标准，大致包括如下行

业：采矿挖掘业，食品、饮料及烟草制造业，纺织及纺织品制造业，皮革及鞋类制造业，木材及制品、造纸印刷业，石油加工、炼焦及核燃料加工业，化学及化学制品制造业，橡胶塑料制造业，非金属矿物制品业，基本金属及金属制品制造业，通用专用设备制造业，电气和光学设备制造业，交通运输设备制造业，其他未列明制造业，回收加工业和电力、燃气及水供应业，共16个行业[1]。

6.2.2　实证结果与分析

6.2.2.1　国家层面的测算结果及比较

首先，来看中国和印度两国工业增加值率的变化。作为当今世界上发展最快且最大的两个发展中国家，1995年印度和中国两国的工业增加率水平在所有样本国家中是最低的，分别为0.39和0.45，中国工业增加值率水平仅略高于印度。然而，到2014年，情况发生反转，我国工业增加值率下降至0.29，下降幅度高达35%，远超其他国家或地区的下降水平（土耳其、卢森堡、拉脱维亚三国除外），而印度在此期间的工业增加值率基本保持着较为稳定的状态。所以，在2014年，印度工业增加值率已反超中国。表6-1给出了各国1995～2014年工业增加值率的变化趋势。

表6-1　各国或地区工业增加值率　　（%）

年份	巴西	中国大陆	印度尼西亚	印度	墨西哥	俄罗斯	土耳其	罗马尼亚	卢森堡	瑞士	荷兰	挪威	克罗地亚
1995	0.58	0.45	0.86	0.39	0.81	0.73	0.94	0.58	2.21	—	0.84	—	—
1996	0.55	0.45	0.82	0.40	0.86	0.72	1.05	0.54	2.06	—	0.82	—	—
1997	0.56	0.45	0.81	0.38	0.91	0.76	0.98	0.58	1.99	—	0.80	—	—
1998	0.55	0.45	1.04	0.39	0.92	0.80	0.89	0.65	1.98	—	0.79	—	—
1999	0.57	0.45	0.86	0.41	0.95	0.83	0.69	0.58	1.84	—	0.79	—	—
2000	0.55	0.47	1.00	0.42	0.94	0.82	0.61	0.68	1.70	0.79	0.81	1.81	0.92
2001	0.53	0.46	1.01	0.41	0.94	0.67	0.56	0.75	1.61	0.83	0.81	1.72	0.95
2002	0.53	0.46	0.93	0.41	0.95	0.69	0.51	0.74	1.51	0.79	0.81	1.60	0.97
2003	0.50	0.43	0.93	0.39	0.94	0.63	0.52	0.72	1.73	0.77	0.84	1.68	0.98
2004	0.52	0.43	1.02	0.41	0.98	0.73	0.53	0.73	1.48	0.77	0.86	1.83	0.96
2005	0.50	0.39	1.12	0.42	0.92	0.77	0.53	0.80	1.46	0.77	0.87	2.03	0.87
2006	0.52	0.36	1.06	0.42	0.97	0.76	0.55	0.81	1.38	0.79	0.87	1.97	0.84
2007	0.50	0.33	1.05	0.42	1.00	0.71	0.55	0.82	1.55	0.78	0.85	1.66	0.83

[1] WIOD于2016年公布的各国投入产出表，在产业分类上略有差异，但影响不大。

续表 6-1

年份	巴西	中国大陆	印度尼西亚	印度	墨西哥	俄罗斯	土耳其	罗马尼亚	卢森堡	瑞士	荷兰	挪威	克罗地亚
2008	0.49	0.33	1.07	0.41	0.98	0.71	0.51	0.82	1.18	0.76	0.91	1.85	0.84
2009	0.53	0.32	0.98	0.40	0.90	0.66	0.49	0.78	1.16	0.72	0.86	1.50	0.86
2010	0.54	0.33	1.01	0.40	0.97	0.65	0.49	0.78	1.16	0.75	0.89	1.65	0.86
2011	0.56	0.33	1.07	0.41	1.04	0.68	0.51	0.78	1.18	0.78	0.88	1.79	0.85
2012	0.49	0.31	0.91	0.40	0.97	0.71	0.55	0.77	1.43	0.75	1.17	1.80	0.87
2013	0.47	0.29	0.92	0.40	0.91	0.68	0.56	0.80	1.39	0.75	0.96	1.72	0.90
2014	0.47	0.29	0.90	0.38	0.92	0.66	0.56	0.83	1.43	0.75	0.95	1.62	0.93
变化	−19.17	−35.18	4.68	−0.23	12.93	−10.28	−40.80	42.89	−35.32	−4.85	12.87	−10.46	0.93

年份	澳大利亚	奥地利	比利时	保加利亚	加拿大	捷克	德国	丹麦	西班牙	爱沙尼亚	芬兰	法国	英国	葡萄牙
1995	0.75	0.95	0.90	0.58	0.98	0.54	0.81	0.96	0.58	0.67	0.71	0.59	0.85	0.57
1996	0.72	0.99	0.92	0.52	0.96	0.59	0.82	0.96	0.58	0.80	0.67	0.62	0.87	0.60
1997	0.76	1.01	0.94	0.59	0.97	0.56	0.82	1.07	0.59	0.75	0.67	0.62	0.87	0.61
1998	0.73	1.03	0.88	0.76	0.97	0.53	0.81	1.07	0.59	0.69	0.71	0.63	0.86	0.63
1999	0.73	1.06	0.84	0.98	1.00	0.58	0.79	1.08	0.59	0.74	0.70	0.58	0.85	0.66
2000	0.72	1.07	0.77	0.85	0.98	0.58	0.76	1.11	0.59	0.68	0.68	0.56	0.87	0.63
2001	0.69	1.01	0.74	0.81	0.94	0.55	0.75	1.04	0.57	0.60	0.72	0.53	0.87	0.62
2002	0.71	0.97	0.79	0.83	0.91	0.54	0.77	1.06	0.56	0.71	0.75	0.55	0.85	0.65
2003	0.72	0.94	0.79	0.77	0.93	0.55	0.77	1.06	0.57	0.74	0.74	0.55	0.85	0.65
2004	0.71	0.93	0.79	0.69	0.97	0.60	0.78	1.06	0.55	0.63	0.74	0.54	0.86	0.65
2005	0.77	0.92	0.82	0.51	0.99	0.61	0.77	1.06	0.54	0.67	0.73	0.53	0.86	0.62
2006	0.78	0.88	0.76	0.49	0.99	0.59	0.77	1.06	0.54	0.77	0.72	0.51	0.89	0.65
2007	0.80	0.88	0.76	0.61	0.99	0.60	0.75	1.01	0.53	0.81	0.72	0.51	0.90	0.61
2008	0.81	0.78	0.78	0.64	1.00	0.62	0.72	0.95	0.53	0.79	0.64	0.49	0.97	0.65
2009	0.83	0.70	0.76	0.49	0.93	0.69	0.71	0.92	0.49	0.75	0.58	0.41	0.92	0.56
2010	0.89	0.68	0.78	0.49	0.78	0.64	0.74	0.96	0.50	0.74	0.61	0.40	0.96	0.56
2011	0.94	0.70	0.77	0.49	0.80	0.65	0.74	0.91	0.51	0.75	0.58	0.41	0.99	0.57
2012	0.83	0.85	0.80	0.69	1.08	1.08	0.80	1.03	0.50	0.92	0.61	0.62	0.83	0.57
2013	0.87	0.83	0.85	0.71	1.08	1.08	0.80	1.15	0.49	0.93	0.65	0.63	0.80	0.59
2014	0.84	0.86	0.86	0.71	1.11	1.11	0.83	1.09	0.49	0.92	0.66	0.64	0.79	0.60
变化	11.87	−9.31	−4.92	21.61	13.32	104.03	2.17	14.40	−15.50	36.85	−6.62	8.62	−7.26	5.37

续表 6-1

年份	希腊	匈牙利	爱尔兰	意大利	日本	韩国	拉脱维亚	斯洛伐克	斯洛文尼亚	瑞典	美国	塞浦路斯	立陶宛	马耳他	中国台湾
1995	0.67	0.56	1.09	0.59	0.64	0.49	1.13	0.60	0.82	0.83	0.64	1.20	0.76	1.12	0.58
1996	0.67	0.56	1.04	0.61	0.65	0.48	1.10	0.63	0.83	0.81	0.64	1.24	0.78	1.26	0.63
1997	0.67	0.62	1.06	0.60	0.64	0.50	1.05	0.58	0.88	0.81	0.63	1.22	0.98	1.26	0.64
1998	0.73	0.65	1.33	0.59	0.65	0.48	0.85	0.56	0.90	0.83	0.66	1.23	1.01	1.22	0.68
1999	0.74	0.61	1.48	0.57	0.67	0.48	0.86	0.65	0.96	0.83	0.66	1.16	1.11	1.16	0.64
2000	0.79	0.68	1.35	0.55	0.65	0.49	0.82	0.57	0.84	0.80	0.64	1.21	1.17	1.28	0.60
2001	0.71	0.67	1.42	0.55	0.63	0.48	0.83	0.60	0.85	0.75	0.64	1.13	1.22	1.00	0.62
2002	0.77	0.71	1.52	0.54	0.64	0.48	0.80	0.53	0.87	0.78	0.69	1.05	1.17	1.09	0.63
2003	0.76	0.68	1.32	0.53	0.64	0.48	0.69	0.57	0.92	0.82	0.70	1.12	1.23	0.97	0.59
2004	0.78	0.76	1.30	0.53	0.62	0.47	0.74	0.74	0.93	0.82	0.74	1.21	1.18	0.81	0.53
2005	0.80	0.75	1.14	0.52	0.61	0.43	0.67	0.76	0.92	0.81	0.69	1.11	1.25	0.90	0.53
2006	0.91	0.79	1.06	0.52	0.57	0.42	0.59	0.84	0.95	0.79	0.72	1.04	1.21	0.95	0.51
2007	0.95	0.80	1.05	0.52	0.55	0.41	0.69	0.76	0.93	0.78	0.69	1.02	1.07	1.12	0.48
2008	0.95	0.76	1.08	0.50	0.48	0.37	0.74	0.72	0.90	0.74	0.67	0.90	1.16	1.26	0.42
2009	1.10	0.72	1.04	0.55	0.53	0.36	0.68	0.65	0.85	0.73	0.79	0.77	1.11	1.07	0.50
2010	1.09	0.75	1.05	0.54	0.54	0.37	0.69	0.65	0.86	0.73	0.80	0.77	1.11	1.09	0.47
2011	1.10	0.80	1.10	0.55	0.55	0.38	0.69	0.65	0.86	0.71	0.82	0.78	1.11	1.09	0.49
2012	0.71	1.01	2.69	0.46	0.54	0.42	0.69	0.64	0.94	0.90	0.81	0.99	1.37	0.78	0.50
2013	0.73	1.06	2.08	0.47	0.57	0.44	0.68	0.64	0.99	0.91	0.81	1.03	1.33	0.81	0.55
2014	0.69	1.06	2.45	0.48	0.59	0.44	0.68	0.67	1.03	0.91	0.79	0.99	1.30	0.78	0.57
变化	2.4	89.3	125.7	-18.9	-8.7	-10.8	-39.7	12.1	26.5	9.0	-1.0	23.7	-17.8	71.0	-30.9

从文献梳理来看，通常认为产业结构变迁、进口中间品投入比例以及产品内分工等多个因素是导致我国工业增加值率持续下降的重要原因。然而，由于我国产业升级不利，承接而来的国际分工也多是集中在加工、组装环节，因此，企业价值增值能力更易受到劳动报酬变动的影响，劳动报酬的提升也会通过需求增加和通货膨胀等途径提高国内投入要素的价格水平，进而导致国内投入总量的增加，工业增加值率自然会随之下降，图 6-2 对此给出了一个直观的解释❶。由

❶ 劳动报酬数据来自于 EIU 数据库，该数据库中的中国的劳动报酬数据是根据中国统计年鉴和国际劳工组织提供的相关数据测算而来的。笔者根据其数据来源对中国数据进行重新估算后发现，EIU 提供的中国劳动报酬数据与工资水平数据更为接近，这可能与中国非工资报酬数据难以获取有关。因此，使用此数据，可能会低估我国劳动报酬水平，但并不影响本部分的研究结论。

图 6-2 可以清楚看出，我国劳动报酬的快速上升基本是始于 2004 年左右，这与我国工业增加值率开始大幅下降的时期基本吻合。从这点来看，我国劳动力报酬的快速上升，也是导致我国工业增加值率不断下降的重要原因之一，而这一点可能是以往研究并没有过多解释和关注的地方。

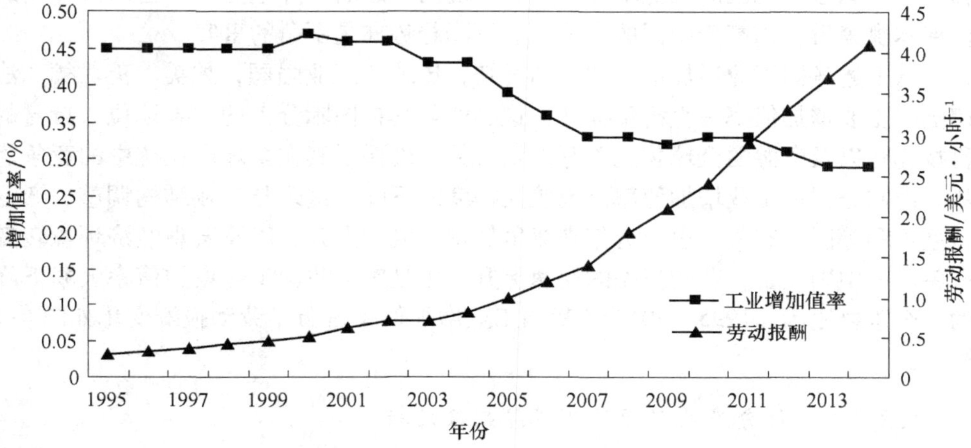

图 6-2 1995 ~ 2014 年我国工业增加值率与历年劳动报酬（美元/小时）变化

其次，来看文中涉及的其他国家或地区的工业增加值率的变化。从表 6-1 可知，与中国、印度两国同为新兴经济体的印度尼西亚和墨西哥两国的工业增加值率并未表现出类似的下降趋势，反而呈现出一定的上升趋势，特别是墨西哥的工业增加值率提高了将近 13 个百分点，其工业增加值率在 2014 年已达到 0.92，超越了多数发达国家的平均水平。从这点来看，墨西哥工业企业价值增值能力取得了长足进步。因此，经济利润的驱使以及经济发展质量的不断提升，使得墨西哥吸引了发达国家诸多跨国企业前去投资设厂。此外，由于我国工业增加率的持续下降，国内诸多著名企业，如华为、中兴、吉利汽车等也纷纷前去墨西哥投资办厂，墨西哥也因此成为吸引外资的重要国家之一。从这点来看，墨西哥和印度尼西亚这两国在承接国际分工的过程中，国内产业更有可能实现较好的升级，进而导致工业增加值率呈现一定的上升趋势。新兴经济体中的巴西和俄罗斯两国的工业增加值率虽然也出现一定程度的下降，但与中国相比，下降幅度相对较小。

最后，来看其他国家和地区增加值率的历年变化。从工业增加值率的变化来看，各国不尽相同，有上升也有下降。然而，仔细观察后会发现，在国际分工中占统治地位的传统欧美工业强国，如美国、英国、德国和法国的工业增加值率均保持着一定的上升趋势。从工业增加值率绝对值来看，与美国、英国、德国等传统工业强国相比，我国还具有较大的差距。以 2014 年为例，中国工业增加值率为0.29，美、英、德三国的工业增加值率分别为0.79、0.71、0.83，我国仅相当于美、英、德三国工业增加值率的1/3左右。较低的工业增加值率以及持续下降的趋势，一方面反映了因国际分工链条中位置差异导致的价值增值能力差异，另一方面凸显了其价值链分工体系中的低端锁定效应。此外，亚洲地区的日本、韩国和中国台湾地区的工业增加值率也呈现出一定的下降趋势，尽管从工业增加值率本身来看，仍高于中国的水平，但下降趋势亦是不争的事实。

从上述各国工业增加值率的变动可知，传统的工业强国，如美、英、德、法四国，工业增加值率一直稳步提升，这必然与其在国际分工的主导地位、自身的科技优势以及资源的全球化配置等因素有关，确保了其在全球产业链中的竞争优势。而部分国家工业增加值率出现较大幅度的下降，这既与产业结构调整、产业转型不利等因素有关，也与近年来竞争加剧、成本上升，以及宏观经济环境转变有关。就中国而言，劳动报酬的快速上升，更是影响我国工业增加值率大幅下降的一个重要原因。1995～2014年我国工业增加值率占历年劳动报酬变化如图6-2所示。

6.2.2.2　细分产业层面的测算结果及比较

为更好地从工业结构体系内部分析我国工业细分产业利润创造能力的变化，本节专门测算了我国工业细分行业的增加值率，测算结果见表6-2。在测算时，由于WIOD数据库在2013年和2016年公布的两套投入产出表，在产业分类上略有区别，因此，对部分产业进行了合并处理计算，最终形成表6-2中的15个行业，依次为采矿挖掘业，食品、饮料及烟草制造业，纺织品、成衣和皮革制品业，木材及制品业，造纸印刷业，石油加工、炼焦及核燃料加工业，化学及化学制品业，橡胶塑料制造业，非金属矿物制品业，基本金属及金属制品制造业，通用专用设备制造业，电气和光学设备制造业，交通运输设备制造业，其他未列明制造业及回收加工业和电力、燃气及水供应业，共15个行业[1]。

表6-2　中国工业细分行业增加值率变化　　（%）

年份	1	2	3	4	5	6	7	8	9	10	11	12	13	14	15
1995	1.09	0.38	0.38	0.46	0.47	0.39	0.44	0.38	0.51	0.33	0.51	0.40	0.40	0.51	0.89
1996	1.12	0.39	0.41	0.46	0.48	0.37	0.43	0.37	0.50	0.31	0.53	0.39	0.39	0.56	0.84
1997	1.17	0.40	0.46	0.48	0.51	0.35	0.43	0.37	0.49	0.30	0.58	0.38	0.39	0.65	0.81
1998	1.20	0.41	0.43	0.46	0.52	0.30	0.43	0.37	0.49	0.30	0.53	0.37	0.38	0.65	0.83
1999	1.26	0.42	0.42	0.45	0.54	0.29	0.43	0.37	0.50	0.31	0.50	0.37	0.38	0.67	0.88

[1] 2012～2014年的化学及化学制品制造业包括了基本药物和药物制剂；电气和光学设备制造业包括了计算机制造。

续表 6-2

年份	1	2	3	4	5	6	7	8	9	10	11	12	13	14	15
2000	1.34	0.44	0.40	0.44	0.56	0.34	0.44	0.38	0.51	0.33	0.48	0.38	0.39	0.69	0.93
2001	1.41	0.45	0.38	0.42	0.56	0.28	0.43	0.38	0.51	0.34	0.45	0.37	0.39	0.69	0.97
2002	1.49	0.47	0.37	0.42	0.58	0.26	0.43	0.39	0.53	0.35	0.43	0.38	0.39	0.71	1.03
2003	1.36	0.44	0.35	0.39	0.52	0.29	0.40	0.36	0.50	0.34	0.42	0.36	0.36	0.70	0.81
2004	1.27	0.41	0.33	0.37	0.47	0.31	0.38	0.34	0.48	0.33	0.42	0.35	0.35	0.70	0.67
2005	1.15	0.38	0.31	0.35	0.42	0.32	0.35	0.31	0.45	0.32	0.39	0.32	0.32	0.69	0.56
2006	1.06	0.36	0.29	0.33	0.38	0.36	0.33	0.28	0.43	0.30	0.36	0.28	0.29	0.67	0.49
2007	0.97	0.34	0.27	0.32	0.35	0.34	0.30	0.26	0.41	0.29	0.34	0.26	0.27	0.66	0.43
2008	0.96	0.34	0.27	0.31	0.35	0.39	0.30	0.26	0.40	0.29	0.33	0.24	0.26	0.65	0.43
2009	0.94	0.34	0.27	0.31	0.35	0.32	0.29	0.25	0.40	0.28	0.32	0.23	0.26	0.65	0.42
2010	0.96	0.34	0.27	0.31	0.35	0.35	0.30	0.25	0.40	0.29	0.33	0.24	0.26	0.65	0.43
2011	0.98	0.34	0.27	0.31	0.35	0.40	0.30	0.25	0.41	0.29	0.34	0.23	0.27	0.65	0.43
2012	0.96	0.33	0.29	0.34	0.35	0.18	0.26	0.26	0.39	0.25	0.33	0.24	0.25	0.80	0.30
2013	0.95	0.31	0.26	0.31	0.33	0.19	0.24	0.25	0.36	0.22	0.31	0.23	0.25	0.70	0.30
2014	0.94	0.30	0.26	0.31	0.33	0.18	0.24	0.25	0.36	0.22	0.30	0.22	0.25	0.70	0.30
变化	-14.5	-20.8	-32.6	-30.9	-30.2	-53.2	-45.8	-33.9	-29.5	-35.6	-40.6	-44.8	-38.0	36.7	-66.3

从表 6-2 可知，与 1995 年各行业增加值率相比，只有其他未列明制造业及回收加工业的增加值率是上升的，其他 14 个工业行业的增加值率均出现较大程度的下降趋势。其中，超过中国工业增加值率整体下降幅度的行业有石油加工、炼焦及核燃料加工业，化学及化学制品业，基本金属及金属制品业，通用专用设备制造业，电气和光学设备制造业，交通运输设备制造业，其他未列明制造业及回收加工业和电力、燃气及水供应业[1]。在所有工业当中，采矿挖掘业增加值率的下降程度要明显低于其他行业，而这可能与矿产资源的垄断地位有关。

进一步测算了工业内部各细分产业增加值占工业增加值的比重，测算结果见表 6-3。由表 6-3 可知，在 1995 ~ 2004 年，我国工业细分行业增加值比重出现较大变化，这反映了我国工业内部产业结构的不断调整。从增加值比重变化来看，增加值比重上升的行业是采矿挖掘业，木材及制品业，石油加工、炼焦及核燃料加工业，电气和光学设备制造业，交通运输设备制造业，其他未列明制造业及回收加工业和电力、燃气及水供应业这七个行业，另外 8 个行业在工业体系中的比重处于下降趋势。从增加值比重绝对值来看，2014 年，采矿挖掘业在我国工业

---

[1] 根据表 6-1 的测算结果，在 1995 ~ 2014 年间，中国工业增加值率下降 35.18%。

体系中的比重最高，占据14.69%，并且远超其他行业在工业体系中的比重，这也充分说明了矿产资源是一国经济可持续发展的重要物质基础。其次，占比较高的行业依次是电气和光学设备制造业（11.13%），食品、饮料及烟草制造业（10.71%），基本金属及金属制品制造业（10.40%），交通运输设备制造业（8.03%）和通用专用设备制造业（6.81%）这五个行业。至此，一旦我们将超过工业整体下降幅度的行业与增加值占比较高的行业相结合起来，就会发现电气和光学设备制造业、基本金属及金属制品制造业、交通运输设备制造业和通用专用设备制造业这四大行业是导致我国工业增加值率大幅下降的重要原因。因此，在提升我国工业增加值率的时候，要特别注重提升这四个行业的价值增值能力。

表6-3　中国工业细分行业增加值比重变化　　(%)

年份	1	2	3	4	5	6	7	8	9	10	11	12	13	14	15
1995	9.88	10.91	11.28	1.91	3.55	2.59	8.03	3.53	9.19	12.06	8.11	7.88	4.42	1.34	5.33
1996	9.45	11.80	11.57	2.09	3.86	2.24	8.33	3.85	9.26	11.27	7.92	7.72	4.36	1.42	4.86
1997	9.52	11.92	11.25	2.21	3.86	2.18	7.97	3.92	9.05	10.70	7.98	8.22	4.32	1.44	5.46
1998	9.07	11.69	11.05	2.16	3.97	1.92	7.71	4.06	8.68	10.58	7.83	9.13	4.57	1.44	6.14
1999	9.27	11.32	10.59	2.14	3.92	1.98	7.99	3.94	8.25	10.29	7.69	9.62	4.64	1.55	6.80
2000	10.46	10.70	10.17	2.11	3.76	2.28	8.10	3.85	7.70	10.10	7.51	10.54	4.54	1.63	6.57
2001	9.63	10.64	10.03	2.18	3.82	2.32	7.98	3.91	7.35	10.19	7.60	10.65	4.95	1.76	7.00
2002	9.17	10.53	9.58	2.08	3.74	2.37	8.08	3.85	6.80	9.95	7.62	11.23	5.66	1.85	7.48
2003	9.32	10.27	9.21	1.96	3.50	2.17	8.43	3.64	6.35	10.95	7.75	11.22	6.18	1.69	7.36
2004	11.70	9.29	8.05	1.79	3.51	2.66	8.11	3.23	5.94	11.57	7.49	11.12	5.38	1.23	8.95
2005	11.70	9.29	8.05	1.79	3.51	2.66	8.11	3.23	5.94	11.57	7.49	11.12	5.38	1.23	8.95
2006	11.44	9.54	8.39	1.97	3.02	2.19	8.07	3.35	5.63	12.68	7.79	12.44	5.05	1.63	6.79
2007	10.93	9.57	8.11	2.01	2.89	2.31	8.40	3.30	5.57	13.15	7.92	11.79	5.54	1.61	6.90
2008	10.93	9.57	8.11	2.01	2.89	2.31	8.40	3.30	5.57	13.15	7.92	11.79	5.54	1.61	6.90
2009	10.93	9.57	8.11	2.01	2.89	2.31	8.40	3.30	5.57	13.15	7.92	11.79	5.54	1.61	6.90
2010	10.93	9.57	8.11	2.01	2.89	2.31	8.40	3.30	5.57	13.15	7.92	11.79	5.54	1.61	6.90
2011	10.93	9.57	8.11	2.01	2.89	2.31	8.40	3.30	5.57	13.15	7.92	11.79	5.54	1.61	6.90
2012	13.19	11.01	7.00	2.38	2.18	2.90	7.94	2.60	5.80	11.51	6.96	11.48	7.65	1.90	5.49
2013	13.88	10.87	6.71	2.42	2.14	2.92	7.95	2.63	5.94	10.55	6.90	11.30	8.14	1.87	5.77
2014	14.69	10.71	6.61	2.39	2.11	2.88	7.84	2.59	5.86	10.40	6.81	11.13	8.03	1.84	6.11
变化	48.7	-1.8	-41.4	24.8	-40.6	11.2	-2.4	-26.4	-36.3	-13.7	-16.1	41.3	81.7	37.6	14.6

此外，由于部分学者认为产品内分工也是影响我国增加值率不断下降的重要原因。因此，本部分还测算了中国工业细分行业参与国际分工的程度，在计算

时，利用的同样是 Hummels、Yi 等人给出的 VS 份额指标（*VSS*），计算方法如前文所示，在此不再赘述，具体计算结果见表 6-4。

表 6-4 中国工业细分行业 *VSS* 变化 （%）

年份	1	2	3	4	5	6	7	8	9	10	11	12	13	14	15
1995	3.6	3.0	9.2	8.4	6.5	14.1	7.2	8.6	3.2	6.2	5.9	12.4	6.3	7.1	3.3
1996	3.1	2.3	7.9	6.0	5.6	13.8	6.8	7.8	2.9	5.6	5.1	11.3	5.5	5.5	3.0
1997	3.5	2.1	7.9	5.0	5.6	13.6	7.2	8.1	3.3	5.6	6.5	10.7	6.2	5.1	3.4
1998	2.7	1.9	7.3	4.4	5.4	8.9	6.7	7.4	2.9	5.1	4.9	10.1	4.6	4.6	2.5
1999	2.9	1.8	8.0	5.1	6.1	11.1	7.4	7.9	3.4	5.4	5.2	12.1	5.0	5.1	2.7
2000	3.2	2.3	8.7	5.5	6.6	23.9	8.7	8.5	3.9	6.4	6.1	14.7	5.4	5.6	3.1
2001	3.1	2.2	8.1	4.7	5.9	17.2	7.9	7.7	3.7	6.5	6.0	14.4	5.4	5.1	3.1
2002	3.2	2.2	8.1	5.1	6.2	16.7	8.6	8.2	4.3	7.2	6.8	16.7	5.7	5.4	3.4
2003	4.1	2.9	7.8	5.6	6.7	21.9	9.6	9.1	4.7	8.6	7.9	20.0	7.4	5.7	4.3
2004	5.5	3.7	8.5	6.4	7.4	24.7	11.1	10.6	5.4	10.6	11.7	24.0	10.0	6.2	4.9
2005	5.5	3.5	7.2	6.4	6.9	27.3	11.0	10.3	5.2	10.9	10.7	23.8	9.1	5.8	4.9
2006	5.6	3.4	5.9	6.1	7.0	32.5	11.1	9.6	5.1	9.9	9.7	21.0	8.8	5.2	5.7
2007	5.5	3.4	5.0	6.2	7.2	29.2	10.2	9.0	4.8	10.7	9.3	19.4	7.8	5.1	5.2
2008	5.0	3.9	4.3	5.0	6.3	35.0	10.1	7.7	4.4	10.9	6.4	15.8	6.2	4.4	5.4
2009	4.1	3.2	3.4	4.2	5.7	25.3	7.8	6.6	3.7	9.3	5.7	12.9	5.7	3.9	4.4
2010	4.9	3.8	3.8	5.0	6.3	30.8	9.1	7.5	4.4	11.0	6.2	14.4	6.3	4.4	5.3
2011	5.7	3.8	3.6	5.5	6.6	36.1	9.9	7.5	4.8	12.2	7.7	13.1	6.8	4.5	5.9
2012	5.4	2.9	3.0	3.6	5.3	18.0	6.3	5.9	5.6	8.4	5.9	11.5	4.5	3.4	7.0
2013	5.0	2.6	2.8	3.6	5.0	16.6	5.9	5.5	5.2	8.6	5.7	11.3	4.1	3.5	6.5
2014	4.4	2.3	2.5	3.9	5.0	14.6	5.3	5.1	4.7	7.4	5.0	10.1	3.8	3.5	5.7
均值	4.31	2.87	6.15	5.28	6.16	21.56	8.40	7.93	4.28	8.33	6.92	14.99	6.23	4.96	4.49
均值排名	13	15	9	10	8	1	3	5	14	4	6	2	7	11	12

从表 6-4 可知，在 1995～2014 年，石油加工、炼焦及核燃料加工业的 *VSS* 值在所有工业行业中始终是最高的，2011 年，该行业的 *VSS* 值高达 36.1%，这也反映了我国资源约束问题日益凸显，特别是近年来对石油需求大幅提升，石油对外依存度屡创新高[1]。同时，从 *VSS* 均值来看，电气和光学设备制造业、基本金属及金属制品制造业、交通运输设备制造业和通用专用设备制造业这四个行业的 *VSS* 值分列第二、四、六、七位，参与国际分工的程度也基本位于工业体系的

[1] 从计算结果来看，2012 年起，各行业的 *VSS* 均出现一定的下降幅度，特别是石油加工、炼焦及核燃料加工业出现大幅下降，但这并不影响本部分的主要结论。

前列。从这点来看，仅靠参与国际分工获取的技术溢出效应难以提升我国工业体系的产业升级，其“低端锁定”的路径依赖效应反而可能会引致我国增加值率的不断下降，所以部分学者认为产品内分工是影响我国增加值率不断下降的重要原因。那么，如何突破这种“低端锁定”的路径依赖效应，也成为提升我国工业增加值率的关键所在。

6.3　利润创造能力的国内比较[❶]

6.3.1　利润创造能力指标体系设计

本节利用中国工业企业数据库，从微观企业数据出发，利用多个利润创造能力指标，对比研究了我国区域间、不同企业性质间（如国企、外企、私企等）的利润创造能力差异，进而挖掘我国工业利润创造能力中存在的深层次问题，以期对现有文献做一有益补充。在指标设计上，本节参考梁运文、芮明杰（2013）的研究，指标体系设计如下。

（1）价值增值能力。价值增值能力是一国产业竞争力的本质体现，反映的是一国在全球价值链“实体模块”中的创新与生产力水平，是产业利润的基础与源泉。从定义来看，价值增值指的是产品价值与外购的原材料、能源等中间投入之间的差额，能集中反映产业在价值链上的获利情况。不同性质的企业在原材料购买、成本控制、技术水平等因素上的差异，必然会影响价值增值能力的高低。在指标设计上，我们根据中国工业企业统计数据库的特征，选用数据库中的工业增加值、工资总额、增值税与工业总产值指标，计算公式如下：

$$VAR_i = \frac{\sum VVA_{ij} - W_{ij} - ZZS_{ij}}{\sum TI_{ij}} \times 100 \qquad (6\text{-}2)$$

由于该数据是微观调查数据，我们为了研究行业整体的特征，将其进行加总研究。其中，i 代表第 i 个行业；j 代表第 i 行业的 j 企业；VVA 代表工业增加值；W 代表应付工资；ZZS 代表应交增值税；TI 代表工业总产值；VAR 代表产业的价值增值率。

（2）产品盈利能力。一个企业盈利能力的大小，归根结底取决于它的产品销售利润率的高低，利润率越高，企业盈利能力就越强，这也是实现产业利润的手段和保证。一般来说，一个产品的生产工艺越复杂、内涵技术水平越高、专利性越强，它的产品盈利能力就越高；反之，则越低。在本部分中，我们选择营业利润率来衡量行业的产品盈利能力，计算公式如下：

---

❶　本部分主要内容已发表，参见：王昆，田彬彬．中国制造业利润创造能力的多维比较研究——来自微观加总的证据［J］．经济问题探索，2014（12）：62－71.

$$PM_i = \frac{\sum TP_{ij}}{\sum MS_{ij}} \times 100 \tag{6-3}$$

式中，i 代表第 i 个行业；j 代表第 i 行业的 j 企业；PM 代表第 i 产业的营业利润率；TP 代表利润总额；MS 代表产品销售收入。

（3）资产盈利能力。资产盈利能力能够从总体上反映企业的投资效果，对投资者和公司管理者来说都是重要的财务信息，处于利润创造能力的第三层次[8]。在本部分中，我们选用总资产贡献率来作为评价资产获利能力的指标，该指标能够较全面反映该产业资产的获利能力，是评价和考核资产盈利能力的重要指标，计算公式如下：

$$ACR_i = \frac{\sum LSZE_{ij} + \sum LXZC_{ij}}{\sum TA_{ij}} \times 100 \tag{6-4}$$

式中，i 代表第 i 个行业；j 代表第 i 行业的 j 企业；ACR 代表第 i 产业的总资产贡献率；$LSZE$ 代表利税总额；$LXZC$ 代表利息支出；TA 代表资产总计。

6.3.2 数据来源、行业选择及相关处理

6.3.2.1 数据来源

相关统计数据的获取性是导致区位间、行业间利润创造能力研究匮乏的重要原因。本部分为能获得相关的数据支撑，选用中国工业企业数据库来进行微观加总研究，研究样本范围为 1998 ~ 2007 年全部国有工业企业及规模以上非国有工业企业。由于该数据库是最全面的企业统计数据库，其样本占据了中国工业企业的绝大部分比例。所以说，在该基础进行行业加总的研究结论是可信的❶。

6.3.2.2 行业分类及区位选择

为便于与梁运文（2013）等人的研究进行对照分析，产业划分方法参考他们的做法，并根据数据库资源作一定的调整，以进行更为细致的研究，具体研究对象包括：煤炭采选和洗选业（6）、石油和天然气开采业（7）、金属矿采选业（8 + 9）、非金属矿采选业（10）、食品饮料及烟草制造业（13 + 14 + 15 + 16）、纺织业（17）、纺织服装鞋帽皮革及其制品制造业（18 + 19）、木材加工及家具制造业（20 + 21）、造纸印刷及文体制造业（22 + 23 + 24）、石油加工炼焦及核燃料加工业（25）、化学原料及化学纤维制造业（26 + 28）、非金属矿物制造业（31）、金属冶炼及压延加工业（33 + 34）、金属制品业（34）、通用专业设备制

❶ 虽然微观加总会产生一些统计上的问题，但经过一些相关技术处理后，应不会对研究结果产生重大影响。如今后有相应数据库可以支撑本研究，则可进一步验证本部分的结论。

造业（35 + 36）、交通运输设备制造业（37）、电气机械及器材制造业（39）、电子及通信设备制造业（40）、仪器仪表及文化办公机械制造业（41）、工艺品及其他制造业（42）、电力热力的生产和供应业（44）、燃气生产和供应业（45）和水的生产和供应业（46），共23个产业级研究对象❶。在下文可用1～23的数字来分别表示这23个行业。

在研究区位选取上，由于西藏自治区的统计数据缺失较为严重，我们将其删去，最终研究区位包括北京、天津、河北、山西、内蒙古、辽宁、吉林、黑龙江、上海、江苏、浙江、安徽、福建、江西、山东、河南、湖北、湖南、广东、广西、海南、重庆、四川、贵州、云南、陕西、甘肃、青海、宁夏、新疆，共30个省（自治区）或直辖市。

由于本书尝试挖掘由不同企业性质构成的行业利润创造能力的内在规律，因此，根据数据库资源，将其划分为国企、集体、混合、港澳台、外企、私企六种类型，并对这六种类型企业构成的行业利润创造能力进行深入的比较分析。

6.3.2.3 行业数据处理

由于本部分是在微观基础上进行的行业加总研究，为更好地看出行业统计特征，本部分暂不考虑跨期的动态变动，仅将数据进行简单的分行业加总处理。这样做的好处在于能够进一步增大行业的微观样本量，剔除周期波动的影响，进而获得一个更为准确的行业统计结果。

至此，已完成了对利润创造能力指标体系的构建与数据的相关处理，期望通过对该指标体系的构建与分析，能够挖掘出具有差异化生产经营特征的异质企业之间的一些有关利润创造能力的规律。

6.3.3 样本总体利润创造能力的统计特征分析

6.3.3.1 垂直专业化总体平均水平的统计分布特征

表6-5中价值增值率（*VAR*）、销售利润率（*PM*）和总资产贡献率（*ACR*）是根据现有数据库资源进行行业分类加总得到的。为与梁运文等人的研究相对照，表6-5还包括行业垂直专业水平 *VSS* 的平均值，该值的计算是参考王中华在国内投入产出表的基础上，运用黑田法计算出来的结果，并对各行业的 *VSS* 值进行了简单加总平均处理❷。在本部分中，按每个指标均值大小排序：位于1～7位

❶ 括号内数字为相应的产业代码。

❷ *VSS* 是用来衡量行业参与产品内分工程度的，为尽可能地与中国工业企业统计数据库相吻合，选用了王中华（2013）的计算结果，因为该研究包含了本部分所涉及的每个行业的各期 *VSS*，便于求行业 *VSS* 的平均值。

的为“高水平”，8~16位的为“中水平”，17~23位的为“低水平”，具体计算结果见表6-5。

表6-5 1998~2007年分行业 *VSS* 值及利润创造能力指标平均值分布情况

行业	*VSS*	*VAR*	*PM*	*ACR*	*VSS* 排位	*VAR* 排位	*PM* 排位	*ACR* 排位
1	7.98	24.68	9.42	18.10	21（低）	3（高）	2（高）	2（高）
2	5.97	33.03	13.05	14.19	22（低）	1（高）	1（高）	4（高）
3	12.98	24.71	8.50	19.57	13（中）	2（高）	3（高）	1（高）
4	8.52	21.87	7.30	15.34	20（低）	5（高）	4（高）	3（高）
5	5.69	21.2	3.90	10.78	23（低）	6（高）	16（中）	8（中）
6	15.42	16.12	3.06	8.55	12（中）	21（低）	20（低）	19（低）
7	15.87	15.17	3.58	10.84	10（中）	22（低）	18（低）	7（高）
8	12.35	18.69	4.14	10.34	14（中）	11（中）	13（中）	10（中）
9	12.22	17.11	4.49	9.77	15（中）	15（中）	9（中）	15（中）
10	17.83	19.72	3.78	11.13	6（高）	8（高）	17（低）	6（高）
11	17.13	18.29	4.37	10.08	7（高）	13（中）	12（中）	13（中）
12	10.47	18.82	4.66	10.28	16（中）	10（中）	8（中）	12（中）
13	16.10	19.48	2.90	10.68	9（中）	9（中）	22（低）	9（中）
14	15.77	16.96	4.08	9.82	11（中）	17（低）	15（中）	14（中）
15	18.14	18.52	4.96	10.29	5（高）	12（中）	7（高）	11（中）
16	19.79	17.35	4.33	8.86	4（高）	14（中）	11（中）	18（低）
17	22.81	16.65	4.37	9.53	3（高）	18（低）	10（中）	16（中）
18	25.80	16.46	4.97	7.78	2（高）	19（低）	6（高）	20（低）
19	28.57	17.01	5.77	8.99	1（高）	16（中）	5（中）	17（低）
20	16.38	16.41	4.12	11.29	8（中）	20（低）	14（中）	5（高）
21	10.21	20.89	3.55	6.59	17（低）	7（高）	19（低）	21（低）
22	10.20	13.69	2.98	3.75	18（低）	23（低）	21（低）	22（低）
23	9.02	24.21	1.94	3.02	19（低）	4（高）	23（低）	23（低）

由表6-5可知，只有仪器仪表及文化办公机械制造业、电子及通信设备制造业、电气机械及器材制造业、交通运输设备制造业、通用专业设备制造业、石油加工炼焦及核燃料加工业和化学原料及化学纤维制造业这七个资本、技术密集型行业处于高垂直专业化水平。而煤炭采选和洗选业、石油和天然气开采业、非金属矿采选业、水的生产和供应业、电力热力的生产和供应业、燃气生产和供应业等具有典型垄断特征的行业，出于国家资源安全问题，一般的垂直专业化水平都

较低❶。国内竞争激烈的食品饮料及烟草制造业则由于行业特性，难以进行产品分割，因此分工水平也处于低位，其他行业的分工水平均处于中等位置。

6.3.3.2　利润创造能力指标的比较分析

由表6-5统计结果可知，只有煤炭采选和洗选业、石油和天然气开采业、金属矿采选业和非金属矿采选业，这四个具有明显矿产资源垄断性质行业的利润创造能力指标（*VAR*、*PM* 和 *ACR* 指标）明显高于其他行业，即 *VAR*、*PM* 和 *ACR* 三个指标均位于所有细分行业的前五位，而 *VSS* 排名则处于中低位。如果按照梁运文等人的研究思路，从数据上来看，这4个行业实现了所谓的“价值增值到产品盈利再到资产获利”的情形，利润创造能力取得了良好循环，但实际上却并非如此，这只是由行业垄断地位所带来的高额垄断利润导致的，其自身的技术水平、经营管理能力等方面并不见得比从事其他行业的企业要好，甚至更差，更是容易滋生腐败的行业。

纺织业的利润创造能力是所有竞争性行业中最差的，其 *VAR*、*PM* 和 *ACR* 指标均处于低水平，而纺织服装鞋帽皮革及其制品制造业受其中上游行业，即纺织业的影响，其 *PM* 和 *ACR* 指标仅略好于纺织业。这说明纺织业低技术、低标准的发展，限制了其下游行业，即纺织服装鞋帽皮革及其制品制造业利润创造能力的整体提升，也从另一方面解释了为何我国拥有众多纺织制造商，但至今为止都没有一个国际驰名的纺织品牌。

在 *VSS* 程度较高的几个行业中，只有通用专业设备制造业的三大指标均处于中高地位，实现了所谓的“价值增值到产品盈利再到资产获利”的情形。虽然交通运输设备制造业和仪器仪表及文化办公机械制造业的 *VAR* 和 *PM* 的指标处于中等水平，但 *ACR* 指标较低；而电气机械及器材制造业和电子及通信设备制造业的 *VAR* 指标则处于较低水平，这也与我国现实相吻合❷。

其他行业，如木材加工及家具制造业、造纸印刷及文体制造业与非金属矿物制造业这三大产业的 *VSS*、*VAR*、*PM* 和 *ACR* 指标均处于中等水平，工艺品及其他制造业呈现低中高的水平，这可能与该行业的特性有关。具有垄断性质的电力热力的生产和供应业以及水的生产和供应业均呈现高、低、低的情形，这说明从事这两大行业的企业由于其垄断地位，保证了其高价值增值的能力，但在产品盈利和资产盈利能力方面则显得较弱；而另一具有垄断特征的燃气生产和供应业的表现则更差，三大指标均处于低位。化学原料及化学纤维制造业和金属制品业的三大利润创造能力均处于中低水平，而木材加工及家具制造业、造纸印刷及文体制造

❶ 石油加工炼焦及核燃料加工业除外，因该行业需引进大量的国外先进技术、专利设备等。

❷ 在国际分工中，主要承担的是简单加工环节，价值增值能力有限。

业与非金属矿物制造业这三大产业的 *VSS*、*VAR*、*PM* 和 *ACR* 指标均处于中等水平。

从具体研究结果来看，与梁运文等人测算的行业结果还是具有较大差异的，这与二者研究对象、数据库选取与计算方法处理方面有关。重要的是，通过本部分的测算，得到与梁运文等人研究较为一致的结论，即除部分垄断行业外，中国大部分工业行业的利润创造能力均存在一定的困境，如何提升工业的利润创造能力就显得尤为关键。

6.3.4 分区域、分行业利润创造能力的异同分析

6.3.4.1 细分行业利润创造能力分析

在梁运文等人研究的基础上，本部分还对中国分区域、分行业的利润创造能力进行系统研究，表 6-6 给出细分行业区域利润创造能力差异的总体统计分布情况[1]。

表 6-6 中国细分行业区域利润创造能力差异统计分布

行业		Mean	Std	Min	Max	行业		Mean	Std	Min	Max
1	*VAR*	20.19	7.48	3.42	38.52	7	*VAR*	17.95	4.88	10.68	30.50
	PM	6.48	6.06	-11.89	19.74		*PM*	3.62	1.98	-1.80	8.35
	ACR	12.02	6.44	-0.04	27.26		*ACR*	8.43	4.09	2.64	20.14
2	*VAR*	28.36	14.73	7.84	65.04	8	*VAR*	17.93	4.45	9.37	25.06
	PM	9.15	7.34	-5.23	23.60		*PM*	3.47	2.76	-5.08	8.98
	ACR	10.15	5.14	2.54	21.69		*ACR*	8.00	4.13	2.74	23.93
3	*VAR*	24.95	4.87	16.66	34.80	9	*VAR*	19.00	3.48	12.49	25.78
	PM	12.01	11.88	2.66	68.17		*PM*	3.98	2.06	-0.40	8.58
	ACR	15.08	4.61	6.96	22.99		*ACR*	7.52	4.02	2.76	23.64
4	*VAR*	22.11	7.39	1.59	34.54	10	*VAR*	19.00	4.48	8.58	29.21
	PM	8.21	6.73	-9.94	30.34		*PM*	3.71	3.12	-7.38	9.59
	ACR	12.04	6.27	0.97	25.92		*ACR*	8.75	2.91	0.63	14.66
5	*VAR*	20.60	4.13	13.17	27.78	11	*VAR*	18.66	3.22	12.97	25.94
	PM	3.18	1.21	0.96	6.24		*PM*	4.13	1.65	0.87	8.65
	ACR	8.19	2.18	5.19	14.40		*ACR*	7.50	1.86	4.57	12.34
6	*VAR*	17.41	4.99	5.00	32.09	12	*VAR*	18.06	3.15	11.25	24.53
	PM	1.74	3.26	-8.25	9.43		*PM*	3.77	2.23	-1.57	7.96
	ACR	5.56	3.39	0.09	17.79		*ACR*	7.46	2.89	2.62	16.21

[1] 在统计分析时，删除一些缺失值以及一些不符合财务数据的行业值，如总产出小于销售收入，利润大于收入等。

续表 6-6

行业		Mean	Std	Min	Max	行业		Mean	Std	Min	Max
13	*VAR*	17.95	4.28	10.29	27.52	19	*VAR*	19.60	6.04	4.14	38.21
	PM	2.19	1.59	-2.77	5.57		*PM*	5.52	6.02	-10.07	20.78
	ACR	7.38	3.00	1.32	15.86		*ACR*	6.69	3.60	-0.98	16.67
14	*VAR*	18.40	4.47	10.09	25.61	20	*VAR*	18.85	5.10	11.23	35.41
	PM	3.28	1.52	-0.76	5.89		*PM*	4.21	2.82	-2.63	11.24
	ACR	6.93	2.80	1.70	15.04		*ACR*	8.72	4.54	2.11	20.86
15	*VAR*	17.18	4.25	8.99	25.17	21	*VAR*	20.83	4.93	7.16	29.98
	PM	3.21	3.34	-10.72	7.20		*PM*	3.66	2.70	-0.95	10.21
	ACR	6.55	3.73	0.11	19.60		*ACR*	5.39	1.65	1.48	9.33
16	*VAR*	17.08	4.27	4.85	26.43	22	*VAR*	10.78	15.90	-51.41	38.23
	PM	3.52	2.38	-2.44	7.20		*PM*	-1.15	17.74	-88.20	11.92
	ACR	6.27	2.42	1.93	11.36		*ACR*	2.80	2.83	-5.95	8.36
17	*VAR*	19.15	4.29	12.70	32.74	23	*VAR*	22.51	5.66	9.80	34.85
	PM	3.92	1.79	-0.38	7.37		*PM*	-0.63	5.30	-9.49	13.40
	ACR	6.88	2.28	2.48	11.81		*ACR*	2.00	1.12	0.32	5.00
18	*VAR*	19.37	4.67	11.01	27.20	总体	*VAR*	19.23	6.84	-51.41	65.04
	PM	4.90	3.69	-8.57	11.21		*PM*	4.05	6.14	-88.20	68.17
	ACR	5.60	2.22	-0.62	8.82		*ACR*	7.57	4.47	-5.95	27.26

由表6-6可知，中国细分行业利润创造能力的区域差异主要有以下几点特征：

（1）从三大指标本身来看，无论哪个行业，其 *PM* 均值均小于 *VAR* 和 *ACR* 的均值水平，这说明在三大利润指标体系中，我国工业的产品盈利能力最差。行业内产品相似度高、创新不足、技术落后以及供过于求等因素，是导致我国工业产品盈利能力差的重要原因。

（2）在三大利润创造指标体系中，均存在着负值。首先，来看 *VAR* 指标，发现除云南、湖北、福建、吉林四省的燃气生产及供应业和内蒙古的工艺品及其他制造业、石油炼焦及核燃料加工业、非金属制造业的 *VAR* 指标为负，其他省份的各行业的 *VAR* 均为正❶，也就是说在这段时间内，中国国内绝大多数行业在实现产业价值增值方面的问题不大，只是行业区域价值增值能力的大小有所差异。

其次，来看 *ACR* 指标，发现除海南的仪器仪表及文化办公用机械制造业、宁夏的电子通信、内蒙古的仪器仪表及文化办公用机械制造业为负外，其他区域的 *ACR*

---

❶ 这与各省资源分布与配套设施建设等因素有关，比如燃气生产及供应业的燃气资源储量、分布以及输送管道建设滞后等问题将严重影响其 *VAR* 指标，2008 年，云南省仍约有 1/3 的燃气需求要由四川供应。

均为正，与 *VAR* 指标存在类似的情形。

最后来看 *PM* 指标，发现除金属矿采选业、食品饮料及烟草制造业、化学原料及化学纤维制造业这三个行业外，其他行业的 *PM* 值都有为负的情形，目前国内供大于求的市场状况可能是造成价值增值难以转化为销售利润的重要原因，这也再次验证了前文的结论，即中国工业的产品盈利能力问题十分严峻。

(3)从行业的区域波动来看，只有煤炭采选和洗选业、石油和天然气开采业、金属矿采选业、非金属矿采选业、燃气生产和供应业这 5 个行业的利润创造能力指标的方差较大。一般来讲，方差越大，说明各区域之间利润创造能力的差别就越大。但是，这 5 个行业都是属于低分工水平的资源开采与生产行业，这类行业的利润创造能力与各区域资源分布状况密切相关[1]。如煤炭采选和洗选业最大的 *VAR* 指标是在矿产资源丰富的内蒙古取得的，而最小的 *VAR* 指标是在矿产资源匮乏的广东省取得的。因此，区域资源禀赋差异是造成这几个行业利润创造能力大幅波动的主要原因。

除此之外，虽然具有高垂直专业化水平的电子及通信设备制造业和仪器仪表及文化办公机械制造业的利润创造能力指标的方差波动并没有超过总体的方差变动，但相对其他行业来说，方差波动还是较大，且 *ACR* 的方差波动小于 *PM*，*PM* 的方差波动又小于 *VAR*。这一方面说明中国各区域分工水平的差异，对该行业 *VAR* 和 *PM* 的影响较大，尤其是 *VAR* 指标，但对 *ACR* 指标的影响则较弱；另一方面，也在一定程度上说明中国各区域在参与国际分工过程，由于主要从事的是加工贸易环节，获得国外的技术溢出效应有限，产业并没有实现良好的升级，进而导致该行业的资产盈利能力水平提升有限。

6.3.4.2 不同企业性质间的行业利润创造能力分析

A 行业整体波动比较

本部分除对分区域、分行业进行利润创造能力体系的分析外，更为重要的贡献在于对由不同企业性质组成的行业进行了相关的对比研究，表 6-7 即是对区分不同企业性质后的行业利润创造能力的整体性统计描述。

表 6-7 区分企业性质后的行业利润创造能力整体波动比较

项目	样本数	均值	标准差	最小值	最大值
VAR	3495	12.17	12.17	-69.59	95.41
PM	3495	8.11	8.11	-93.41	76.96
ACR	3495	6.48	6.48	-13.88	81.86

[1] 取行业总体的 3 个指标方差之和为标准，超出标准的，认为是波动较大的。

由表6-7可知，在区分企业性质后，*VAR*、*PM*与*ACR*指标体系存在两大特点：一是从标准差大小来看，*VAR*指标的波动高于*PM*，*PM*指标的波动又高于*ACR*；二是从均值角度来看，*VAR*指标均值高于*PM*，而*PM*的均值又高于*ACR*，这是与之前分析有所差异的地方。

B　区分企业性质后的细分行业比较

在分析细分行业时，由于一些行业在加总过程缺失部分关键变量，对这种涉及缺失关键变量的行业进行了简单删除操作，以保证分析准确性。在分析的过程中，还发现一些行业的*VAR*、*PM*和*ACR*出现较为异常的取值，进而造成指标体系的大幅波动，这是由于行业加总产生的一些问题，同时，考虑到中国各行业的实际情形，国内行业的三大利润创造能力不是很强，一般应介于-100～+100之间。因此，在经过上述处理过程后，得到表6-8的统计分析结果，表6-8是对表6-7的进一步概括，以更好地看出各企业类型在利润创造能力体系中的表现。

表6-8　区分企业性质后的细分行业比较

行业		样本	均值	标准差	最小值	最大值
1	*VAR*	118	11.415	17.567	-25.844(贵州，私企)	92.705(安徽，私企)
	PM	118	6.805	8.55	-26.696(海南，国企)	47.009(陕西，外企)
	ACR	118	14.51	10.767	-3.076(浙江，国企)	47.723(福建，集体)
2	*VAR*	38	21.162	18.596	-8.368(山东，国企)	72.945(黑龙江，私企)
	PM	38	11.453	11.736	-12.191(云南，国企)	51.5435(吉林，外企)
	ACR	38	11.868	8.428	1.021(山东，国企)	45.57(吉林，集体)
3	*VAR*	135	20.404	12.804	-1.216(贵州，外企)	84.598(山东，私企)
	PM	135	10.631	7.929	-3.497(辽宁，国企)	43.024(福建，外企)
	ACR	135	16.575	9.6	1.528(辽宁，国企)	51.126(云南，外企)
4	*VAR*	145	12.902	12.017	-47.084(宁夏，国企)	39.402(四川，港澳台)
	PM	145	4.473	8.249	-46.094(山西，外企)	25.54(贵州，混合)
	ACR	145	11.677	8.842	-6.13(山西，外企)	46.374(河南，私企)
5	*VAR*	180	16.188	9.675	-5.705(海南，私企)	88.708(浙江，私企)
	PM	180	2.898	3.267	-20.791(青海，集体)	15.966(青海，港澳台)
	ACR	180	8.254	3.562	-2.372(青海，集体)	30.431(河南，私企)
6	*VAR*	174	9.401	11.251	-69.592(河北，国企)	39.791(青海，集体)
	PM	174	0.355	7.74	-69.146(青海，国企)	12.931(重庆，港澳台)
	ACR	174	5.408	4.306	-2.65(青海，国企)	35.022(湖南，私企)
7	*VAR*	168	12.759	8.94	-23.017(天津，集体)	52.91(新疆，私企)
	PM	168	2.294	4.975	-34.428(宁夏，国企)	15.167(吉林，港澳台)
	ACR	168	7.748	-6.031	-4.799(山西，港澳台)	45.538(宁夏，集体)

续表 6-8

行业		样本	均值	标准差	最小值	最大值
8	*VAR*	167	12.075	11.783	-64.972(宁夏,外企)	66.371(重庆,私企)
	PM	167	1.568	11.763	-93.411(宁夏,外企)	33.726(天津,集体)
	ACR	167	8.129	6.49	-4.353(山西,国企)	49.079(宁夏,集体)
9	*VAR*	174	13.77	8.315	-8.817(湖南,私企)	63.604(黑龙江,私企)
	PM	174	3.812	4.857	-18.1(宁夏,集体)	24.002(宁夏,外企)
	ACR	174	8.087	6.049	-3.664(青海,集体)	48.953(内蒙古,港澳台)
10	*VAR*	139	15.679	12.955	-12.835(贵州,港澳台)	90.364(吉林,私企)
	PM	139	3.966	8.708	-10.793(甘肃,国企)	76.058(天津,集体)
	ACR	139	8.356	5.429	-3.174(河北,外企)	32.124(山西,港澳台)
11	*VAR*	177	12.406	6.547	-7.296(内蒙古,私企)	39.196(青海,外企)
	PM	177	3.784	3.914	-13.681(甘肃,港澳台)	23.429(青海,外企)
	ACR	177	7.658	4.267	-13.88(甘肃,港澳台)	26.959(河南,私企)
12	*VAR*	178	12.901	11.271	-7.088(福建,私企)	93.341(山西,私企)
	PM	178	3.4	3.69	-9.503(青海,外企)	20.214(新疆,港澳台)
	ACR	178	7.049	4.112	-3.874(青海,外企)	34.288(河南,私企)
13	*VAR*	179	12.485	7.284	-2.092(山西,私企)	54.324(湖北,私企)
	PM	179	1.714	3.009	-16.803(海南,外企)	11.653(新疆,港澳台)
	ACR	179	6.548	3.93	-5.398(海南,外企)	29.086(河南,私企)
14	*VAR*	169	14.386	14.706	-53.617(宁夏,国企)	72.856(黑龙江,私企)
	PM	169	2.141	6.895	-59.535(宁夏,国企)	26.406(贵州,混合)
	ACR	169	6.68	4.134	-1.98(宁夏,国企)	23.484(河南,私企)
15	*VAR*	173	11.809	9.293	-15.784(贵州,港澳台)	86.664(青海,私企)
	PM	173	3.869	6.187	-38.222(贵州,港澳台)	22.173(新疆,外企)
	ACR	173	7.617	5.273	-2.226(青海,集体)	42.078(湖南,私企)
16	*VAR*	171	14.853	13.975	-17.255(青海,集体)	83.56(广东,私企)
	PM	171	4.312	6.491	-9.981(黑龙江,港澳台)	68.458(新疆,外企)
	ACR	171	7.62	4.978	-0.004(海南,国企)	34.632(湖南,私企)
17	*VAR*	171	11.447	8.137	-8.24(贵州,私企)	50.311(重庆,港澳台)
	PM	171	3.018	5.084	-42.043(青海,国企)	16.908(海南,外企)
	ACR	171	6.834	4.006	-3.837(青海,国企)	26.68(河南,私企)
18	*VAR*	153	12.29	12.164	-50.87(河南,外企)	86.758(重庆,私企)
	PM	153	4.284	6.525	-34.946(贵州,港澳台)	26.52(贵州,私企)
	ACR	153	6.477	4.411	-3.986(贵州,港澳台)	27.89(广西,集体)

续表 6-8

行业		样本	均值	标准差	最小值	最大值
19	*VAR*	151	12.2546	12.255	-36.232(宁夏,国企)	59.925(福建,私企)
	PM	151	4.667	8.123	-40.859(内蒙古,国企)	34.36(新疆,私企)
	ACR	151	7.852	5.613	-1.457(云南,国企)	29.863(安徽,港澳台)
20	*VAR*	154	10.852	11.722	-18.243(新疆,集体)	80.861(四川,私企)
	PM	154	3.387	9.261	-38.892(新疆,集体)	76.958(贵州,混合)
	ACR	154	9.629	9.571	-1.927(湖北,外企)	81.859(天津,国企)
21	*VAR*	153	13.124	11.605	-15.309(云南,私企)	42.324(青海,混合)
	PM	153	5.499	8.138	-13.919(海南,集体)	51.921(内蒙古,混合)
	ACR	153	5.724	2.951	-1.018(陕西,港澳台)	15.145(河北,集体)
22	*VAR*	116	7.976	19.836	-62.244(北京,港澳台)	74.227(甘肃,国企)
	PM	116	2.532	16.939	-88.195(云南,国企)	74.033(贵州,混合)
	ACR	116	5.158	6.881	-5.953(云南,国企)	52.522(湖北,集体)
23	*VAR*	112	18.035	15.086	-12.015(湖南,港澳台)	95.407(河南,私企)
	PM	112	6.218	14.356	-27.364(吉林,混合)	68.342(江西,外企)
	ACR	112	4.232	4.341	-4.135(吉林,混合)	29.446(湖北,集体)

由表 6-9 可知，在 23 个行业的 *VAR* 指标最大值上，私企占据了 17 个，这说明私企在控制成本、实现产品价值增值能力方面能够比其他类型的企业做得更好，尤其是黑龙江、重庆两地表现较为突出，在这 17 个最大值中，各占据 3 个，展现了良好的老工业基地的实力。但私企同样具有天然的弱小性，在技术研发、融资渠道、政策支持等方面无法与国企等其他类型的企业相比，因此，在行业最小的 *VAR* 取值上，私企也占据了 8 个，但这些最小值绝大部分位于我国的偏远地区，区位因素对私企 *VAR* 指标的影响可能较大❶。

表 6-9 区分企业类型后的各行业的最大值和最小值个数

企业类型	最大值			最小值		
	Var	Pm	Acr	Var	Pm	Acr
私企	17	2	10	8	0	0
外企	1	9	1	3	4	5
港澳台	2	5	3	4	4	4
国企	1	0	1	5	10	10
集体	1	2	8	3	4	3
混合	1	5	0	0	1	1

❶ 这 8 个最低值位于贵州、海南、内蒙古、山西、云南、湖南、福建 7 个地方。其中，贵州占据 2 个。

在23个行业的*PM*指标最大值上，外企表现最为抢眼，占据了9个，体现了良好的产品盈利能力，这与外企的高技术水平以及专利权等因素息息相关，国外产品在国内的热销也恰好说明这一点。反观国企在*PM*指标上表现最差，不仅23个行业的*PM*最大值没有一个是由国企获得的，而且在*PM*最小值方面国企占据10个，远超其他类型企业的个数，这说明国企由于在资源获取、政策支持等方面具有天然的优势，导致在新技术、新产品上的研发动力不足，在产品种类和质量上难以与其他类型企业进行竞争，而国内各省市低水平的重复建设，产能过剩的问题进一步影响了产品盈利能力，最终导致国企的产品盈利能力表现最差。

在23个行业的*ACR*指标最大值上，私企和集体企业表现较好，共占据18个，体现了较好的资产盈利能力；而在*ACR*指标最小值上，仍然是国企表现最差，占据10个。在计算的过程中，还发现在辽宁、江苏、山东、广州、新疆的中石油、中石化掌控的石油天然气开采行业出现利息为负的现象。

根据本节的研究结果，发现以下几点事实：

第一，中国工业普遍存在利润创造能力的困境，垂直专业化分工也并没有很好地帮助我国实现“由价值增值到产品盈利再到资产获利”的产业发展目标，部分行业利润创造能力大幅波动的主要原因在于区域资源禀赋的差异。

第二，在三大利润创造指标体系中，中国工业的产品盈利能力最差。创新不足、低水平重复建设、产能过剩、市场需求不旺等因素，是导致我国工业难以实现由价值增值能力向产品盈利能力转化的重要原因。

第三，当考虑到企业异质性之后，发现国企在产品盈利能力和资产盈利能力方面的表现最差，位处偏远地区的私企在价值增值能力方面的表现最差，但非偏远地区的私企在价值增值能力和资产盈利能力方面表现的最好，尤其是在老工业基地的私企具有相当的发展潜力。可见，区位因素可能是影响私企价值增值能力的一个重要因素。而外企则由于掌握高超的生产技术、专利权等核心要素，保证了产品市场需求的旺盛，因此，在产品盈利能力方面的表现最好。

6.4 小结

至此，本章在WIOD和中国工业企业数据库的基础上，通过设定多个衡量利润创造能力的指标，从国家层面、产业层面和微观企业层面，系统研究了我国工业利润创造能力变迁。研究发现，中国工业普遍存在利润创造能力的困境，垂直专业化分工非但没有很好地帮助我国实现“由价值增值到产品盈利再到资产获利”的产业发展目标，其“低端锁定”的路径依赖效应反而可能引致了我国利润创造能力的不断下降。

据此，本章认为中国工业要想走出利润创造的困境，就必须注意以下几个方面：一是要充分协调使用好各区域的资源禀赋优势，把资源优势转化为各地的产业优势。二是加大研发力度，特别是行业上游的技术水平。因为，上游技术的开发与应用将能有效提升中、下游产业的利润创造能力。三是无论是“国退民进”，还是“国民共进”政策，都有助于行业价值增值能力的提升，但支持的是应具有一定技术水平、产品需求前景较好的“民进”，尤其是要关注位于老工业基地的私企，因为他们可能具有相当的发展潜力；反对的是低水平重复建设的“民进”。如何开发新产品，提升国内市场需求，是当今提升行业产品盈利能力的关键所在，而这需要我们国家的企业不断向外企学习。四是要努力提升劳动生产率，通过补贴、减税等方式，完善二孩政策配套措施；提高生育率，提升未来劳动力供给能力，从而抑制未来劳动力报酬的上升速度。五是继续用改革的办法推进“三降一去一补”政策，加快优质产能释放，实现新旧动能转换，切实推进产业结构调整，以全面提升我国工业盈利能力。

7 分工演化与技术进步❶

当今社会，随着科技水平的发展，产品设计日益复杂，产品市场细分程度不断加深，产品种类不断增加。因此，难以准确量化一国产品质量问题。幸运的是，从理论上来讲，一国产品质量与技术进步有关，所以，本章直接探讨分工演化与技术进步的关系，从这点在一定程度上反映出分工演化对我国产品质量的影响。

7.1 研究现状

近年来，逆全球化思潮泛起，贸易保护主义越演越烈，世界经济不确定性进一步加大，在此背景下，我国经济增速持续放缓，难以再现全球化进程中的持续高速增长。事实上，比经济增速放缓更严峻的问题是我国全要素生产率（TFP）在不断下降。据蔡昉等人估算，我国全要素生产率已由1995～2009年的3.9%，下降至2011～2015年间的3.1%，并预测在“十三五”时期全要素生产率将下降至2.7%。因此，提高全要素生产率，已成为中国经济的核心所在，并被不断纳入政府工作报告中。

从经济学理论来讲，一方面技术进步有助于生产效率的提升，另一方面，资本积累也有助于提高生产效率，因此，任何导致二者变化的因素都将对我国全要素生产率产生一定的影响。在我国TFP持续下降时，由发达国家主导的垂直专业化分工模式迅速兴起，我国抓住这一历史机遇，并利用低成本优势，吸引了大量的FDI，出口贸易爆炸性增长，成为拉动中国经济长期增长的重要引擎之一。在参与国际分工之际，跨国公司纷至沓来，带来了相对先进的生产设备、产品制造技术和管理经验，特别是东部沿海地区凭借优越的地理位置和政策优势，在积极参与分工的同时，迅速完成了资本积累。由此可见，垂直专业化分工既影响技术进步，又影响资本积累，应有助于我国全要素生产率的提升。然而，中国经济发展的事实表明，尽管外贸规模在不断扩大，参与分工的程度在不断加深，但“两头在外”的贸易模式并没有得到根本改变，利润低、技术含量不高等现象依然存在，贸易摩擦时有发生，国际分工的地位并未得到根本上的改善，究其原因可能

---

❶ 本部分主要内容已发表，参见：王昆，黎晓．垂直专业化分工抑制了我国的全要素生产率吗？——来自省级面板数据的证据［J］．科技促进发展，2017，13（z2）：636－644.

就在于我国在参与垂直专业化分工的过程中，所获技术进步效应不强，甚至可能抑制了我国技术进步的发生，其资本积累效应也可能因“挤出效应”的存在或资源错配等原因被削弱，甚至呈现负面的影响，进而导致全要素生产率非但没有提升，反而出现下降的局面。因此，在经济新常态下，在全要素生产率下行趋势下，重新探讨垂直专业化分工与我国全要素生产率的关系是十分有必要的，对二者关系的深入研究，有助于释放创新活力、加快技术进步、推动我国贸易发展转型，确保“中国梦”目标的早日实现。

从现有研究来看，大多数学者认为垂直专业化分工能够帮助发达国家实现要素的全球配置，优化原先拘泥于国内的要素配置效率，进而提升发达国家的生产效率，但对发展中国家技术水平或生产效率的影响则存在较大的争议。Pack、Saggi 认为发展中国家在参与垂直专业化分工之时，会通过技术模仿等途径，促进本国技术水平的提升，进而提升承包国的生产率水平，但不少学者认为该技术外溢具有一定的人力资本门槛。徐毅、张二震利用我国投入产出表计算出我国参与垂直专业化分工的程度，并实证分析了垂直专业化分工对技术创新的影响，研究发现垂直专业化分工有助于人力资本配置向有利于本土技术创新的方向发展，进而提升我国技术水平。部分学者进一步的研究发现，垂直专业化分工的技术进步促进效应与行业特性有着较为密切的联系。

另外一些学者则认为，发达国家的技术封锁和发展中国家的技术依赖很可能导致出现路径的“低端锁定”，进而导致垂直专业化对发展中国家技术进步的影响并不显著，甚至是阻碍发展中国家技术创新能力的形成，产业升级亦难以顺利实现。我国长期的低附加值出口事实似乎就印证了这一点，不少学者的经验研究也支持了这一理论。Dunning 认为作为发展中国家参与垂直专业化分工的主要方式，外商直接投资会减少国内的技术创新能力，进而对生产效率不起作用；张秋菊、朱钟棣利用 Granger 因果检验也发现，从长期来看，中国跨国外包的技术溢出效应并不显著；孟祺利用 OLS 回归方法，也得出类似的结论；Srcholec 利用 OLS、两阶段最小二乘等方法进行跨国层面的回归分析，发现发展中国家垂直专业化分工对技术进步的影响为负；程盈莹和王洪渊进一步指出，外包承接来源地会引致技术进步结果出现较大的差异；我国学者李静和楠玉利用条件分位数等估计方法，同样发现二者之间存在负相关的关系，并认为是发达国家的技术锁定挤出了发展中国家研发部门人力资本水平，进而导致研发动力不足，出现垂直专业化的技术进步迟滞现象；蒋冰冰认为只有在考虑个体固定效应和交互作用的情况下，产品内国际分工对生产率的直接效应才为负，对生产率提高主要是通过资本累积效应来实现的，而与劳动投入的交互作用则为负。

本章在已有文献的基础上进一步研究了垂直专业化分工对全要素生产率的影响，所作的贡献主要体现在以下两个方面：一是现有文献在实证分析我国垂直专业化分工与全要素生产率或技术进步之时，多是采用国家层面的投入产出表，从行业视角进行的回归分析，多选用 OLS、两阶段最小二乘、Granger 因果检验等回归方法，这就会导致两个方面的问题：（1）由于投入产出表的不连续性，容易导致数据量不足。（2）现有研究并没有过多的关注内生性问题，容易导致回归偏误且不一致，而本部分则是从省级层面出发，利用加工贸易相关数据来测算垂直专业化程度，并采用 GMM 估计方法及 IV 估计方法来处理可能存在的内生性问题，以尽可能避免上述两个方面的问题。白嘉、张会新虽然也从省级层面进行了分析，但其被解释变量为地区专利申请受理数占全国的比重，而专利申请与技术进步明显存在着一定的差异。二是现有文献在分析二者关系之时，多是直接考证垂直专业化分工对全要素生产率或技术进步的影响，考虑交互作用对其影响的文献则较少，而技术外溢的人力资本门槛、资本积累的“挤出效应”和资源配置效应的改变，恰好是影响全要素生产率的重要途径，而这需要交互项的介入来进行实证检验。蒋冰冰和梁超虽然考虑了交互作用对我国生产率的影响，但其研究视角也是从行业层面来进行的分析，并且在度量技术进步之时，使用的是产值变量，这可能会高估技术进步的变化，因为并没有考虑要素投入的变化。因此，本部分尝试从省级面板数据出发，并考虑其交互影响和可能存在的内生性问题，来对垂直专业化分工与全要素生产率的关系进行重新估计，以补充现有研究的不足。

7.2　影响机理构建

根据对现有文献的梳理，本部分发现参与垂直专业化分工对全要素生产率来说是一把双刃剑。一方面，在参与国际分工的过程中，本地企业能够通过技术溢出、技术模仿等途径提升自身的技术水平，当然诸多文献证明其溢出水平还取决于当地的人力资本水平；另一方面，在参与垂直专业化分工的过程中，“技术封锁”、“低端锁定”等效应同样会抑制技术水平的提升。此外，参与国际分工，能够通过加速资本积累，优化资源配置效率，进而提升承包国的生产效率；但资本积累过快或资本积累质量较低，又会引起“挤出效应”、资源错配等情况的发生，进而抑制全要素生产率的提升。据此，本章归纳出垂直专业化分工对全要素生产率的影响机理，如图 7-1 所示。

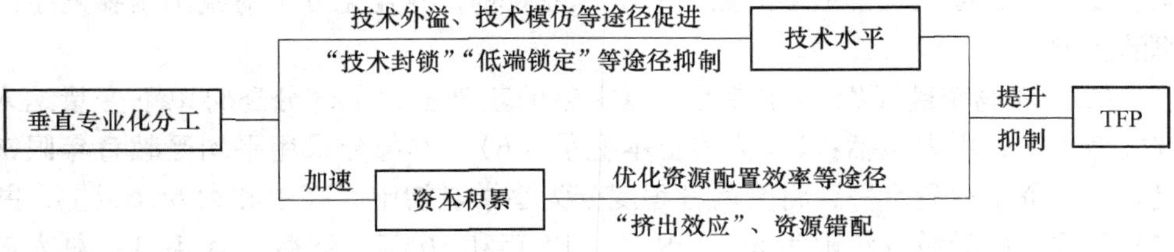

图 7-1　垂直专业化分工对全要素生产率的影响机理

7.3 模型设定、指标计算方法及数据说明

7.3.1 基准模型设定

通过对现有文献的分析及其对影响机理的归纳，本部分设定如下基准计量模型：

$$\ln TFP_{it} = \alpha + \beta_1 \ln VSS_{it} + \beta_2 \ln VSS_{it} \times \ln h_{it} + \beta_3 \ln VSS_{it} \times \ln k_{it} + \beta_4 Z_{it} + \theta_i + \lambda_t + \xi_{it} \quad (7\text{-}1)$$

式中，下标 i 代表第 i 个地区；t 代表年份；TFP 代表技术进步率；VSS 代表垂直专业化分工程度；$\ln VSS \times \ln h$、$\ln VSS \times \ln k$ 分别代表垂直专业化分工与人力资本、垂直专业化分工与资本存量的交互作用；θ_i 和 λ_t 分别代表不随时间变化和截面变化的固定效应；ξ_{it}代表随机误差项。

7.3.2 指标界定与数据说明

各变量含义如下：

（1）全要素生产率（TFP）。本部分利用索罗余值法估算各地区全要素生产率，为避免索罗模型中存在的明显缺陷，采用的是 Klenow 和 Rodríguez- Clare 提出的修正模型，即：

$$Y_i = K_i^a (A_i H_i)^{1-a} \quad (7\text{-}2)$$

式中，Y 代表国内生产总值；K 代表物质资本存量；A 代表全要素生产率；H 代表增强型人力资本，以人力资本存量 h 乘以劳动力数量 L 得到；a 为资本产出弹性。式（7-2）经过简单数学转换后，可变形为：

$$y_i = A_i (K_i / Y_i)^{a/(1-a)} h_i \quad (7\text{-}3)$$

即

$$\ln A_i = \ln y_i - \frac{a}{1-a} \ln (K_i / Y_i) - \ln h_i \quad (7\text{-}4)$$

式中，y 为人均产出；h 代表人力资本存量，对于资本产出弹性系数的设定，本部分根据现有的研究设定为 0.4。

（2）垂直专业化程度（VSS）。本部分在计算垂直专业化程度时，同样采用的是加工贸易法，即利用加工贸易出口占总出口的比重来衡量各地区的垂直专业化程度，以尽可能获得更多的数据来实证检验垂直专业化分工对我国全要素生产率的影响。

（3）其他变量（Z）。在参考已有文献的基础上，本部分还将以下变量纳入到模型当中，主要包括：1）人力资本变量（h）。本部分采用平均受教育年限来代表人力资本存量水平，将受教育程度分为小学、初中、高中和大专及以上，并定义各层次的受教育年限为 6 年、9 年、12 年和 16 年，然后与其各自占总人口的比例相乘并加总求和得出。2）研发费用（RD）。在此采用的是以各省 R&D 经

费支出占 GDP 的比重来衡量。其中，1996～1997 年数据为各省研究与开发机构及情报文献机构经费支出总额占 GDP 的比重。3）人均资本存量（*k*）。在计算各地区资本存量时，在此采用单豪杰的估计算法，对 1996～2014 年间各地区资本存量问题进行了估算，并取人均值。具体计算时，采用各地区资本存量除以各地区劳动人数得到。4）外贸开放度（*OPEN*）。用各地区当年出口额占该地区 GDP 的比重来表示。5）创新水平（*PATENT*）。用各地区专利申请受理数来衡量。6）人均城市道路面积（*CSPJ*），用来控制基础设施变化对技术进步的影响。

本部分所需数据主要来自于历年《中国人口统计年鉴》、相关年份的人口普查、《中国房地产统计年鉴》、EPS 数据库和各地区相关年份的统计年鉴。在上述指标界定的基础上，笔者测算了各变量的值，其统计性描述结果见表 7-1。

表 7-1 主要变量的统计性描述

变量	样本数	均值	标准差	最小值	最大值
ln*TFP*	570	2.59	0.37	1.91	4.58
ln*VSS*	498	2.97	0.97	-1.3	4.4
ln*h*	570	2.08	0.14	1.55	2.49
ln*k*	570	0.25	1.03	-2.09	2.56
ln*RD*	569	-0.2	0.78	-2.48	2.09
ln*PATENT*	570	8.73	1.63	4.52	13.13
ln*OPEN*	570	-2.36	0.97	-4.21	-0.1
ln*CSPJ*	569	2.29	0.41	0.64	3.25

注：1. 由于部分地区加工贸易相关数据缺失，导致加工贸易和 *VSS* 的数据仅为 498 个；
2. 重庆市 1996 年研发数据和人均城市道路面积缺失。

7.4 主要变量的统计性描述及统计结果分析

7.4.1 各地区 TFP 的统计性描述

为进一步了解我国全要素生产率持续下滑的区域特征，本部分利用修正后的索罗余值法测算了我国各地区全要素生产率的变化，计算结果见表 7-2～表 7-4。由 *TFP* 的计算结果可知，我国 1996～2014 年 *TFP* 年均增长率前五的地区为天津、上海、海南、北京和新疆，其中四个是我国东部省份及地区，新疆地区的入选，可能与新疆发展基础本身较为薄弱，全要素增长率上涨的空间较大有关；另外，则可能与我国西部大开发战略有关，我国于 1999 年提出西部大开发战略，而新疆的全要素生产率增速在 2000 年首次超过 1。此外，在东部地区中，海南之所以能具有较高的全要素生产率增速，可能也存在类似的原因，即一方面与发展基础薄弱，上涨空间较大有关；另一方面，可能受益于特区政策。由此可见，政策倾向确实有助于该地区全要素生产率的提升。

表 7-2　东部地区全要素生产率增速

年份	上海	北京	辽宁	天津	河北	山东	江苏	浙江	福建	广东	广西	海南
1996	0.783	0.776	0.5	1.001	0.511	0.495	0.468	0.308	0.549	0.457	0.604	1.032
1997	0.985	0.897	0.798	0.983	0.69	0.66	0.744	0.762	0.827	0.785	0.703	1.019
1998	1.014	0.956	0.865	0.956	0.783	0.748	0.829	0.874	0.882	0.859	0.79	1.104
1999	1.021	0.953	0.877	0.977	0.799	0.734	0.847	0.882	0.873	0.86	0.808	1.052
2000	1.035	1.011	0.93	1.059	0.94	0.903	0.953	0.988	0.964	0.976	0.876	1.058
2001	1.068	1.012	0.912	1.016	0.938	0.906	0.959	1.009	0.99	0.987	0.926	1.048
2002	1.014	1.032	0.938	1.026	0.968	0.944	1.001	1.053	0.998	0.998	0.956	1.073
2003	1.092	1.015	0.908	1.058	0.978	0.973	1.014	1.062	0.985	1.009	0.949	1.062
2004	1.032	1.004	0.888	1.054	1.007	0.996	1.041	1.028	0.976	1.009	0.984	1.041
2005	1.078	0.993	0.999	1.078	0.953	0.975	1.078	1.009	0.955	0.986	0.928	1.003
2006	1.055	1.037	1.001	0.997	0.953	0.993	1.047	1.048	1.032	1.024	0.958	1.049
2007	1.077	1.078	1.004	0.981	0.962	0.963	1.051	1.025	1.003	1.022	0.939	1.022
2008	1.006	1.002	1.047	1.055	0.931	0.992	1.047	1.014	1.037	0.989	0.905	0.982
2009	1.023	1.037	0.991	0.95	0.919	0.956	1.022	1.001	1.002	0.97	0.861	0.962
2010	1.057	1.044	1.052	1	0.994	0.998	1.057	1.076	1.024	1	0.902	1.014
2011	1.029	1.01	1.021	1.074	0.98	0.991	1.031	1.03	1.002	0.983	0.904	0.983
2012	0.994	0.978	0.974	1.055	0.923	0.974	0.985	0.982	0.953	0.94	0.885	0.911
2013	0.903	0.975	0.955	1.013	0.913	0.974	0.991	0.989	0.974	0.953	0.949	0.9
2014	1.038	1.024	0.95	1.03	0.908	0.975	1.004	0.982	0.974	0.963	0.953	0.923
平均	1.016	0.991	0.927	1.019	0.897	0.903	0.956	0.954	0.947	0.935	0.883	1.013

表 7-3　西部地区全要素生产率增速

年份	云南	四川	宁夏	新疆	甘肃	贵州	重庆	陕西	青海
1996	0.609	0.951	0.643	0.563	0.657	0.433	0.536	0.571	0.599
1997	0.653	0.629	0.716	0.857	0.671	0.63	0.666	0.671	0.696
1998	0.743	0.738	0.782	0.917	0.816	0.722	0.727	0.763	0.771
1999	0.803	0.826	0.784	0.925	0.758	0.798	0.786	0.845	0.823
2000	0.915	0.869	0.893	1.076	0.901	0.868	0.892	0.905	0.885
2001	0.93	0.888	0.907	0.959	0.838	0.853	0.881	0.913	0.878
2002	0.946	0.929	0.921	0.988	0.908	0.899	0.931	0.955	0.898
2003	0.941	0.939	0.925	1.058	0.946	0.941	0.916	0.931	0.93
2004	0.978	0.975	0.952	1.04	0.999	0.965	0.924	0.997	0.985
2005	0.907	0.971	0.919	1.039	0.953	1.012	0.926	1.007	0.989

续表 7-3

年份	云南	四川	宁夏	新疆	甘肃	贵州	重庆	陕西	青海
2006	0.959	0.969	0.985	1.05	1.005	0.992	0.928	0.975	1.022
2007	1.014	0.965	1.007	1.016	0.976	1.005	0.976	0.953	1.008
2008	1.026	0.969	1.021	1.029	0.938	0.998	1.218	0.984	1.024
2009	0.911	0.947	0.932	0.95	0.91	0.958	0.862	0.917	0.878
2010	0.903	1.002	1.052	1.11	1.004	0.977	1.012	0.974	0.997
2011	0.944	0.996	1.044	1.024	0.986	1.004	1.027	0.977	0.991
2012	0.922	0.959	0.978	0.94	0.944	0.977	0.969	0.947	0.935
2013	0.914	0.941	0.954	0.905	0.926	0.94	0.954	0.927	0.916
2014	0.894	0.954	0.92	0.932	0.926	0.947	0.98	0.949	0.913
平均	0.890	0.917	0.912	0.967	0.898	0.890	0.901	0.903	0.902

表 7-4 中部地区全要素生产率增速

年份	山西	内蒙古	吉林	黑龙江	安徽	江西	河南	湖北	湖南
1996	0.59	0.643	0.608	0.566	0.555	0.499	0.543	0.558	0.504
1997	0.649	0.821	0.751	0.748	0.691	0.643	0.644	0.666	0.672
1998	0.728	0.86	0.802	0.763	0.797	0.759	0.769	0.776	0.756
1999	0.72	0.798	0.789	0.839	0.806	0.774	0.773	0.763	0.811
2000	0.874	0.956	0.927	0.945	0.894	0.908	0.945	0.912	0.885
2001	0.913	0.959	0.924	0.909	0.916	0.924	0.931	0.929	0.902
2002	1.011	0.931	0.947	0.934	0.918	0.929	0.938	0.945	0.92
2003	0.984	0.907	0.951	0.972	0.979	0.912	0.964	0.965	0.936
2004	0.99	0.914	0.938	0.991	0.965	0.966	1.009	0.963	0.985
2005	0.907	0.968	0.979	0.983	0.893	0.941	0.963	0.971	0.96
2006	0.947	1.067	0.992	0.958	0.962	0.98	0.933	1.034	0.969
2007	0.951	1.063	0.85	0.927	1.01	0.952	0.923	0.978	0.963
2008	0.97	1.088	0.977	0.947	0.983	0.96	0.914	0.998	0.956
2009	0.874	0.974	0.984	0.841	0.951	0.94	0.871	0.962	0.941
2010	1.003	0.996	1.01	0.992	1.052	1.034	0.934	1.007	0.981
2011	0.988	1.004	1.036	0.986	0.998	1.022	0.923	0.993	0.973
2012	0.923	0.932	0.996	0.904	0.945	0.949	0.907	0.934	0.938
2013	0.886	0.91	0.962	0.881	0.936	0.963	0.904	0.941	0.928
2014	0.897	0.977	0.939	0.931	0.945	0.894	0.927	0.963	0.944
平均	0.884	0.935	0.914	0.896	0.905	0.892	0.880	0.908	0.891

进一步地，通过对东、中、西部地区全要素生产率的对比，发现我国东部地区的全要素生产率增速要明显高于中、西部地区。但是，从 2012 年开始，我国东、中、西部地区全要素生产率增速几乎出现整体性下滑，直至 2014 年，除上海、北京、天津、江苏四个地区外，其他地区的全要素生产率增速依然处于下滑的趋势，其变化趋势表现出一定的共性，而在 2012 年之前，三大地区的全要素生产率增速的变化还存在一定的分化，特别是东部多数省份及地区的全要素生产率增速并没有出现明显的连续下降趋势。由此可见，2012 年之后，我国全要素生产率增速下降问题日益严峻。因此，更凸显了本部分的研究价值。

同时，本章还使用受教育年限法测算了各地区人力资本存量，测算结果见表 7-5 ~ 表 7-7。此时，如果将全要素生产率与各地区人力资本数据相比较，就会发现具有较高全要素生产率增速的东部地区，也具有较高的人力资本存量。当然，这也与经济理论相符合，即人力资本存量的提升，有助于提升该地区全要素增长率。从表 7-5 ~ 表 7-7 可知，与中、西部地区相比，东部地区具有明显的人力资本优势。因此，东部地区在全要素生产率增速方面也要明显好于中、西部地区。

表 7-5　东部地区人力资本存量数据

年份	上海	北京	辽宁	天津	河北	山东	江苏	浙江	福建	广东	广西	海南
1996	9.007	9.575	7.848	8.016	6.836	6.421	7.016	6.707	6.286	6.79	6.697	6.644
1997	8.885	9.501	8.102	8.376	7.174	6.503	6.91	6.815	6.734	7.504	6.613	7.212
1998	8.974	9.749	8.032	8.124	7.467	6.62	7.038	7.026	6.689	7.55	6.794	7.205
1999	9.267	9.982	8.184	8.711	7.464	6.825	7.302	7.144	6.774	7.612	6.845	7.251
2000	8.961	9.586	7.967	8.558	7.26	7.119	7.438	6.999	7.08	7.406	6.97	6.995
2001	9.257	9.948	8.37	8.939	7.721	7.56	7.829	7.443	7.471	8.051	7.553	7.653
2002	9.595	10.259	8.44	9.15	8.033	8.079	7.589	7.676	7.457	8.094	7.622	7.943
2003	10.126	10.346	8.92	9.247	8.379	7.852	7.69	7.76	7.587	8.008	7.768	8.19
2004	10.113	10.559	8.839	9.645	8.38	7.944	7.808	7.951	7.492	8.13	8.016	8.406
2005	10.026	10.686	8.746	9.513	8.169	7.722	8.134	7.614	7.543	8.365	7.659	8.109
2006	10.438	10.95	8.922	9.729	8.13	8.094	8.253	8.06	7.726	8.438	8.034	8.169
2007	10.455	11.085	8.987	9.808	8.167	8.226	8.433	8.106	7.747	8.68	8.032	8.325
2008	10.545	10.97	9.078	9.878	8.358	8.275	8.443	8.238	7.804	8.773	7.983	8.345
2009	10.647	11.173	9.237	10.052	8.425	8.313	8.546	8.404	8.346	8.872	8.096	8.437
2010	10.122	11.009	9.053	9.732	8.168	8.172	8.598	8.151	8.201	8.602	7.67	8.124
2011	10.483	11.555	9.467	10.4	8.666	8.673	9.163	8.82	8.83	9.333	8.611	8.88
2012	10.654	11.836	9.898	10.512	8.71	8.779	9.261	9.211	8.564	9.348	8.424	9.147
2013	10.562	12.028	10.105	10.539	8.902	8.925	9.422	9.368	8.647	9.227	8.593	9.188
2014	10.816	11.854	9.909	10.504	8.868	8.982	9.35	9.057	8.793	9.283	8.749	9.098
平均	9.944	10.666	8.848	9.444	8.067	7.847	8.117	7.924	7.672	8.319	7.723	8.070

表 7-6 中部地区人力资本存量数据

年份	山西	内蒙古	吉林	黑龙江	安徽	江西	河南	湖北	湖南
1996	7. 564	7. 117	7. 755	7. 764	6. 296	6. 537	6. 853	6. 943	6. 937
1997	7. 682	7. 182	8. 027	7. 856	6. 557	7. 047	7. 101	7. 221	7. 224
1998	7. 571	7. 434	8. 025	7. 85	6. 537	7. 012	7. 254	7. 298	7. 287
1999	7. 823	7. 354	8. 229	7. 825	6. 543	7. 116	7. 103	9. 481	7. 447
2000	7. 344	7. 26	7. 825	7. 804	6. 473	6. 914	7. 169	7. 29	7. 312
2001	7. 997	7. 73	8. 21	8. 217	6. 968	7. 533	7. 699	7. 348	7. 777
2002	8. 246	7. 878	8. 614	8. 299	6. 988	7. 479	8. 076	7. 741	7. 91
2003	8. 398	7. 768	8. 703	8. 409	7. 663	8. 293	7. 967	7. 342	8. 051
2004	8. 383	8. 17	8. 799	8. 492	7. 487	7. 983	8. 219	7. 92	8. 157
2005	8. 417	8. 223	8. 468	8. 46	7. 039	7. 531	7. 986	7. 822	7. 991
2006	8. 697	8. 192	8. 66	8. 532	7. 337	7. 712	8. 054	8. 258	8. 169
2007	8. 778	8. 357	8. 776	8. 697	7. 245	8. 247	8. 183	8. 423	8. 42
2008	8. 811	8. 369	8. 89	8. 701	7. 44	8. 255	8. 336	8. 486	8. 433
2009	8. 876	8. 495	8. 903	8. 746	7. 621	8. 523	8. 387	8. 489	8. 465
2010	8. 656	8. 503	8. 836	8. 752	7. 463	7. 776	7. 877	8. 455	8. 23
2011	9. 153	9. 227	9. 101	9. 115	8. 248	8. 737	8. 704	9. 047	8. 807
2012	9. 382	9. 23	9. 255	9. 21	8. 516	8. 867	8. 663	9. 202	8. 721
2013	9. 357	9. 01	9. 403	9. 481	8. 524	9. 238	8. 783	9. 345	8. 958
2014	9. 297	8. 995	9. 372	9. 354	8. 728	8. 875	9	9. 111	9. 02
平均	8. 444	8. 131	8. 624	8. 503	7. 351	7. 878	7. 969	8. 170	8. 069

表 7-7 西部地区人力资本存量数据

年份	云南	四川	宁夏	新疆	甘肃	贵州	重庆	陕西	青海
1996	5. 618	6. 429	6. 505	7. 214	5. 73	5. 686	6. 519	6. 813	4. 899
1997	5. 789	6. 57	6. 448	7. 512	6. 127	5. 849	6. 601	7. 066	4. 693
1998	5. 789	6. 827	6. 541	7. 464	6. 066	5. 727	6. 683	7. 049	4. 906
1999	5. 819	6. 656	6. 662	7. 942	6. 352	6. 076	6. 875	7. 144	5. 968
2000	5. 707	6. 525	6. 311	7. 028	5. 978	5. 438	6. 73	7. 188	5. 586
2001	6. 32	7. 048	7. 004	7. 686	6. 52	6. 134	7. 257	7. 688	6. 091
2002	6. 119	7. 287	7. 392	8. 366	6. 78	6. 732	7. 438	7. 43	6. 348
2003	6. 04	7. 416	7. 347	8. 376	7. 038	6. 889	7. 669	8. 112	6. 72
2004	6. 816	7. 454	7. 703	8. 485	7. 236	6. 982	7. 247	8. 262	6. 802
2005	6. 378	6. 837	7. 375	8. 203	6. 86	6. 418	7. 392	8. 062	6. 758

续表 7-7

年份	云南	四川	宁夏	新疆	甘肃	贵州	重庆	陕西	青海
2006	6.663	7.242	7.625	8.295	6.777	6.594	7.573	8.299	6.993
2007	6.785	7.434	7.822	8.511	7.064	6.843	7.724	8.4	7.179
2008	6.902	7.515	8.128	8.556	7.166	7.046	7.787	8.512	7.256
2009	6.905	7.694	8.217	8.658	7.291	7.082	7.934	8.585	7.448
2010	7.006	7.635	7.777	8.145	7.485	6.764	7.964	8.599	7.029
2011	7.686	8.217	8.389	9.177	8.154	7.589	8.779	8.952	7.784
2012	7.85	8.478	8.367	9.05	8.279	7.631	8.636	9.135	7.609
2013	7.842	8.447	8.707	8.988	8.346	8.043	8.676	9.283	7.964
2014	7.787	8.348	8.548	9.18	8.321	8.092	8.956	9.14	8.041
平均	6.622	7.372	7.519	8.255	7.030	6.717	7.602	8.090	6.635

7.4.2 各地区分工水平变动的统计分析

从发展现实来看，我国加工贸易多集中在具有良好经济基础和优越地理位置的东部地区，导致东部地区参与分工的水平要远高于中、西部地区。从本部分测算的数据来看，也是如此。然而，在搜集各地区贸易数据时，发现中、西部地区的绝大多数均存在数据缺失问题，个别省份，如内蒙古，甚至缺失多年。因此，难以具体描述中、西部地区参与国际分工的变化，而东部地区的相关贸易统计较为完备。基于此点考虑，在此仅对东部地区参与分工的情况进行简单描述，东部地区垂直专业化分工的测算结果见表 7-8。

表 7-8　东部地区垂直专业化分工程度

年份	上海	北京	辽宁	天津	河北	山东	江苏	浙江	福建	广东	广西	海南
1996	56.99	25.99	43.91	55.61	18.30	50.26	48.43	28.19	51.77	79.46	NA	2.85
1997	60.43	23.72	46.82	64.70	NA	54.33	52.36	26.14	50.22	73.54	NA	1.39
1998	60.41	26.34	51.41	66.68	20.06	54.39	54.15	23.76	52.92	77.18	14.46	12.25
1999	61.27	24.31	52.56	67.95	20.62	52.95	53.84	22.09	52.44	77.73	17.12	13.38
2000	58.31	29.56	55.62	60.75	18.33	51.52	52.98	20.44	49.16	78.09	15.10	13.33
2001	56.94	30.82	54.81	63.36	14.93	49.07	52.68	20.24	47.89	80.17	15.18	11.08
2002	54.37	36.18	55.08	66.97	14.66	47.94	55.28	17.16	47.97	78.67	16.29	11.35
2003	57.00	32.68	54.55	63.75	14.84	46.62	61.90	17.51	50.42	77.30	13.39	11.78
2004	58.19	35.29	50.29	67.20	12.06	48.40	65.10	19.31	49.55	76.02	16.93	11.81
2005	57.19	39.56	50.24	64.85	13.30	49.06	66.73	21.11	46.57	73.51	15.32	14.08
2006	56.14	39.06	47.35	63.89	13.60	46.74	81.70	22.43	42.96	69.01	14.61	18.76

续表 7-8

年份	上海	北京	辽宁	天津	河北	山东	江苏	浙江	福建	广东	广西	海南
2007	55.39	41.38	46.55	60.43	13.76	47.16	64.12	21.29	39.90	66.67	11.04	49.84
2008	54.27	36.08	42.50	51.64	14.17	46.09	59.64	19.99	39.51	64.66	9.64	18.77
2009	57.45	44.21	48.78	55.78	18.18	50.24	61.55	18.73	35.04	62.16	9.50	56.86
2010	55.54	42.07	47.83	55.47	18.17	47.79	59.07	18.29	33.00	60.81	12.62	36.99
2011	52.01	34.98	47.09	53.06	14.69	44.39	55.08	16.66	27.15	58.58	14.54	37.07
2012	49.11	37.47	39.81	53.07	14.00	42.22	48.76	15.45	26.11	56.59	18.67	47.89
2013	46.22	40.47	35.31	51.10	13.37	39.19	45.64	12.96	25.15	50.82	15.61	49.66
2014	43.78	35.83	36.61	49.32	11.82	38.26	43.65	11.94	23.96	49.62	18.43	34.89
平均	55.32	34.53	47.74	59.77	15.49	47.72	56.98	19.67	41.67	68.98	14.61	23.90

从表 7-8 可知，由于我国地区发展差异较大，导致即使仅考虑东部地区，各地区参与分工的程度也呈现出明显的不同。从参与国际分工的平均水平来看，广东参与垂直专业化分工的水平最高，其次是江苏、天津、上海、辽宁、山东、福建等地区，余下的北京、河北、浙江、广西、海南等地区参与垂直专业化分工的水平明显低于上述地区，表中的计算结果基本反映了我国各地区参与国际分工的现实情况。从变化趋势来看，大多数东部地区参与国际分工的水平在经历了一定程度的提升后，近年来开始出现一定的回落，而引起这种回落的原因，既与全球经济放缓、贸易保护主义抬头、制造业回流等外部因素有关，也与我国人口红利消失、劳动成本优势转换等因素有关。

7.4.3 其他变量的统计分析

此外，前文提到资本存量、研发费用、人均城市道路面积等因素对全要素生产率变化也会产生一定的影响。因此，本部分为控制这些变量的影响，也估算和统计了上述变量，以控制其对全要素生产率的影响，统计结果见表 7-9 ~ 表 7-17。从人均资本存量的平均值来看，呈现出东部 > 西部 > 中部的趋势，与中、西部地区相比，东部地区由于具有较好的经济发展优势，至今人均资本存量依然具有一定的优势，特别是要明显高于中部地区。实际上，如果对数据的进一步分析，本部分发现尽管在近几年中部地区在资本存量上奋起直追，特别是河南、湖北等地区的资本存量表现得更为突出，在某种程度上体现了中部崛起的信心的决心，但西部地区由于劳动力数量较低，近年来部分西部省份经济的不景气，导致了大量人口外流，进而使得西部地区人均资本存量反而高于中部地区。

表 7-9　东部地区人均资本存量数据　（亿元/万人）

年份	上海	北京	辽宁	天津	河北	山东	江苏	浙江	福建	广东	广西	海南	平均
1996	2.01	1.44	0.45	0.96	0.38	0.34	0.47	0.62	0.53	0.53	0.20	0.50	0.70
1997	2.12	1.59	0.50	1.08	0.45	0.39	0.52	0.65	0.60	0.56	0.20	0.48	0.76
1998	2.16	2.01	0.55	1.26	0.49	0.44	0.60	0.71	0.69	0.65	0.23	0.53	0.86
1999	2.43	2.48	0.64	1.41	0.65	0.68	0.81	0.96	0.93	0.92	0.26	0.69	1.07
2000	2.33	2.26	0.63	1.43	0.55	0.58	0.71	0.83	0.73	0.78	0.26	0.59	0.97
2001	2.65	2.55	0.70	1.65	0.57	0.64	0.80	0.95	0.76	0.85	0.29	0.62	1.08
2002	2.85	2.87	0.80	1.88	0.60	0.76	0.89	1.14	0.81	0.97	0.33	0.65	1.21
2003	3.09	3.47	1.04	2.31	0.72	0.92	1.22	1.53	0.95	1.13	0.38	0.74	1.46
2004	3.31	3.33	1.39	2.74	0.93	1.20	1.54	1.86	1.16	1.27	0.49	0.84	1.67
2005	4.32	4.08	1.86	3.63	1.30	1.59	2.03	2.08	1.58	1.67	0.65	1.12	2.16
2006	4.25	3.86	2.23	3.77	1.41	1.75	2.16	2.23	1.70	1.64	0.80	1.11	2.24
2007	5.17	4.27	2.89	4.26	1.68	2.06	2.51	2.35	2.16	1.87	1.01	1.38	2.63
2008	5.42	4.07	3.68	5.55	2.23	2.43	2.99	2.52	2.69	2.10	1.34	1.89	3.08
2009	6.06	4.44	3.91	7.50	2.48	2.82	3.63	2.85	2.97	2.47	1.94	2.11	3.60
2010	5.85	5.18	4.76	8.88	2.79	3.25	4.36	3.33	3.28	2.86	2.68	2.68	4.16
2011	6.16	5.57	5.70	10.57	3.45	3.74	5.15	3.76	3.68	3.26	3.32	3.18	4.80
2012	6.29	6.35	6.21	11.60	3.69	4.09	5.55	3.96	4.00	3.69	3.81	4.03	5.27
2013	5.56	6.66	6.54	12.32	3.86	4.44	5.82	4.35	4.57	4.09	3.50	4.34	5.50
2014	5.87	6.88	6.61	12.93	4.06	4.79	6.05	4.58	4.92	4.52	3.74	4.69	5.80

表 7-10　中部地区资本存量数据　（亿元/万人）

年份	山西	内蒙古	吉林	黑龙江	安徽	江西	河南	湖北	湖南	平均
1996	0.24	0.36	0.33	0.42	0.22	0.19	0.23	0.30	0.19	0.28
1997	0.30	0.30	0.31	0.44	0.24	0.23	0.26	0.33	0.20	0.29
1998	0.40	0.34	0.39	0.51	0.25	0.25	0.28	0.37	0.23	0.34
1999	0.56	0.55	0.59	0.58	0.33	0.34	0.37	0.52	0.27	0.46
2000	0.47	0.41	0.54	0.58	0.27	0.29	0.29	0.43	0.30	0.40
2001	0.53	0.48	0.60	0.66	0.30	0.34	0.32	0.47	0.34	0.45
2002	0.62	0.67	0.69	0.72	0.33	0.44	0.37	0.49	0.38	0.52
2003	0.76	1.22	0.83	0.78	0.39	0.59	0.44	0.54	0.44	0.66
2004	1.00	1.77	1.06	0.90	0.53	0.74	0.58	0.66	0.53	0.86
2005	1.45	2.70	1.51	1.12	0.64	0.87	0.89	0.83	0.68	1.19
2006	1.50	3.19	2.24	1.25	0.72	0.98	1.05	0.99	0.81	1.42

续表 7-10

年份	山西	内蒙古	吉林	黑龙江	安徽	江西	河南	湖北	湖南	平均
2007	1.82	4.03	3.11	1.57	0.88	1.26	1.39	1.22	1.08	1.82
2008	2.22	5.01	4.31	1.97	1.08	1.53	1.77	1.49	1.42	2.31
2009	2.98	6.50	4.84	2.66	1.21	1.67	2.18	1.83	1.69	2.84
2010	3.54	7.55	5.81	2.80	1.50	1.90	2.60	2.25	2.15	3.34
2011	4.17	8.67	6.25	3.34	1.84	2.28	3.04	2.89	2.62	3.90
2012	4.28	9.93	6.81	3.86	2.06	2.47	3.45	3.27	2.98	4.35
2013	4.71	10.86	6.89	4.44	2.28	2.62	3.82	3.71	3.36	4.74
2014	4.74	9.04	7.17	4.67	2.49	2.64	4.09	4.19	3.74	4.75

表 7-11 西部地区人均资本存量数据 （亿元/万人）

年份	云南	四川	宁夏	新疆	甘肃	贵州	重庆	陕西	青海	平均
1996	0.22	0.19	0.32	0.62	0.12	0.13	0.18	0.23	0.30	0.26
1997	0.25	0.22	0.34	0.64	0.15	0.15	0.23	0.26	0.38	0.29
1998	0.31	0.25	0.43	0.80	0.17	0.18	0.30	0.32	0.42	0.35
1999	0.34	0.26	0.56	0.84	0.28	0.23	0.33	0.38	0.50	0.41
2000	0.31	0.30	0.58	0.96	0.25	0.24	0.38	0.44	0.55	0.45
2001	0.33	0.34	0.70	1.05	0.31	0.28	0.47	0.50	0.71	0.52
2002	0.37	0.39	0.82	1.22	0.36	0.32	0.59	0.54	0.85	0.61
2003	0.45	0.46	1.09	1.50	0.41	0.36	0.81	0.70	0.97	0.75
2004	0.56	0.55	1.27	1.66	0.50	0.40	1.03	0.82	1.08	0.88
2005	0.81	0.68	1.59	2.03	0.66	0.53	1.28	1.07	1.27	1.10
2006	0.86	0.86	1.67	2.25	0.73	0.59	1.47	1.34	1.40	1.24
2007	0.80	1.07	2.11	2.27	0.86	0.73	1.76	1.63	1.61	1.43
2008	0.87	1.34	2.96	2.70	1.03	0.91	2.05	2.16	1.94	1.77
2009	1.30	1.57	3.61	2.86	1.20	1.11	2.40	2.56	2.61	2.14
2010	1.88	1.87	4.57	3.61	1.45	1.42	2.84	3.30	3.44	2.71
2011	2.34	2.23	4.87	4.14	1.79	1.76	3.48	3.98	4.43	3.22
2012	2.76	2.52	5.71	5.42	2.10	2.23	3.70	4.71	6.10	3.92
2013	3.20	2.72	6.33	6.33	2.42	2.76	3.91	5.24	7.70	4.51
2014	3.69	2.89	8.36	7.31	2.71	3.10	4.35	5.70	9.31	5.27

从各地区专利申请受理数的平均值来看，呈现出东部 > 中部 > 西部的趋势。根据表 7-12 ~ 表 7-14 的计算可知，1996 年东、中、西部三地区专利平均年申请受理数分别为 4176 件、1861 件和 1021 件，而到 2014 年，东、中、西部三地区

平均专利申请量平均值已上升至 130347 件、39585 件、29534 件。从相对值来看，与 1996 年相比，东、中、西部地区分别上升了 30 倍、20 倍、28 倍。由此可见，在专利申请受理方面，中、西部地区非但没有缩小与东部地区的差距，其绝对差距反而被持续拉大。很明显，这不利于我国区域协调发展目标的实现。

表 7-12　东部地区专利申请受理数　　（件）

年份	上海	北京	辽宁	天津	河北	山东	江苏	浙江	福建	广东	广西	海南	平均
1996	3154	6595	5218	1743	2944	6125	4980	5162	2625	9946	1379	235	4176
1997	3120	6313	5142	1540	3292	6523	5339	6262	3018	12858	1374	383	4597
1998	3419	6321	5643	1485	3295	7597	5829	7074	3393	13473	1317	468	4943
1999	4605	7723	6065	2016	3330	8589	7091	8177	3381	16802	1604	373	5813
2000	11337	10344	7151	2789	3848	10019	8211	10316	4211	21123	1762	502	7634
2001	12777	12174	7514	3081	4695	11170	10352	12828	4971	27596	1838	390	9116
2002	19970	13842	9851	5360	5390	12856	13075	17265	6522	34352	1927	546	11746
2003	22374	17003	13545	6812	5623	15794	18393	21463	7236	43186	2250	445	14510
2004	20471	18402	14695	8406	5647	18388	23532	25294	7498	52201	2202	375	16426
2005	32741	22572	15672	11657	6401	28835	34811	43221	9460	72220	2379	498	23372
2006	36042	26555	17052	13299	7220	38284	53267	52980	10351	90886	2784	538	29105
2007	47205	31680	19518	15744	7853	46849	88950	68933	11341	102449	3480	632	37053
2008	52835	43508	20893	18230	9128	60247	128002	89931	13181	103883	3884	873	45383
2009	62241	50236	25803	19624	11361	66857	174329	108482	17559	125673	4277	1040	55624
2010	71196	57296	34216	25973	12295	80856	235873	120742	21994	152907	5117	1019	68290
2011	80215	77955	37102	38489	17595	109599	348381	177066	32325	196272	8106	1489	93716
2012	82682	92305	41152	41009	23241	128614	472656	249373	42773	229514	13610	1824	118229
2013	86450	123336	45996	60915	27619	155170	504500	294014	53701	264265	23251	2359	136798
2014	81664	138111	37860	63422	30000	158619	421907	261435	58075	278358	32298	2416	130347

表 7-13　中部地区专利申请受理数　　（件）

年份	山西	内蒙古	吉林	黑龙江	安徽	江西	河南	湖北	湖南	平均
1996	953	859	1626	2776	1243	1199	2933	2195	2968	1861
1997	1020	940	1672	2642	1404	1307	2948	2278	3070	1920
1998	1070	785	1960	2695	1484	1259	3163	2629	3225	2030
1999	1140	971	2111	2987	1721	1387	3452	2963	3403	2237
2000	1475	1138	2501	3106	1877	1557	3823	3486	4117	2564
2001	1473	1087	2627	3670	2045	1778	4093	4322	4292	2821
2002	1630	1202	3413	4392	2312	2037	4441	4960	4859	3250

续表 7-13

年份	山西	内蒙古	吉林	黑龙江	安徽	江西	河南	湖北	湖南	平均
2003	1743	1393	4267	4972	2676	2434	5261	6635	6054	3937
2004	1949	1457	3657	4919	2943	2685	6318	7960	7693	4398
2005	1985	1455	4101	6050	3516	2815	8981	11534	8763	5467
2006	2824	1946	4578	6535	4679	3171	11538	14576	10249	6677
2007	3333	2015	5251	7242	6070	3548	14916	17376	11233	7887
2008	5386	2221	5536	7974	10409	3746	19090	21147	14016	9947
2009	6822	2484	5934	9014	16386	5224	19589	27206	15948	12067
2010	7927	2912	6445	10269	47128	6307	25149	31311	22381	17759
2011	12769	3841	8196	23432	48556	9673	34076	42510	29516	23619
2012	16786	4732	9171	30610	74888	12458	43442	51316	35709	31012
2013	18859	6388	10751	32264	93353	16938	55920	50816	41336	36292
2014	15687	6359	11933	31856	99160	25594	62434	59050	44194	39585

表 7-14 西部地区专利申请受理数 （件）

年份	云南	四川	宁夏	新疆	甘肃	贵州	重庆	陕西	青海	平均
1996	1290	3077	178	713	601	774	677	1790	92	1021
1997	1109	3020	177	799	553	785	952	1811	130	1037
1998	1136	3187	179	978	598	800	1255	1723	137	1110
1999	1246	3676	262	876	583	789	1274	1685	172	1174
2000	1710	4496	341	1088	798	986	1780	2080	174	1495
2001	1793	5039	412	1086	734	950	2047	2326	162	1617
2002	1780	5997	503	1239	781	1260	3142	2530	151	1931
2003	1966	7443	441	1473	961	1242	4589	3421	173	2412
2004	2132	7260	399	1492	910	1486	5171	3217	124	2466
2005	2556	10567	516	1851	1759	2226	6260	4166	216	3346
2006	3085	13109	671	2256	1460	2674	6471	5717	325	3974
2007	3108	19165	838	2270	1608	2759	6715	8499	387	5039
2008	4089	24335	1087	2412	2178	2943	8324	11898	431	6411
2009	4633	33047	1277	2872	2676	3709	13482	15570	499	8641
2010	5645	40230	739	3560	3558	4414	22825	22949	602	11614
2011	7150	49734	1079	4736	5287	8351	32039	32227	732	15704
2012	9260	66312	1985	7044	8261	11296	38924	43608	844	20837
2013	11512	82453	3230	8224	10976	17405	49036	57287	1099	26802
2014	13343	91167	3532	10210	12020	22467	55298	56235	1534	29534

此外，俗话常讲，要想富先修路，从这点可以看出一个地区的基础设施，特别是道路建设情况也会影响该地区的经济发展情况。因此，本章在回归模型中，加入了人均城市道路面积变量，以控制基础设施对其全要素生产率的影响，各地区人均城市道路面积变化见表 7-15 ~ 表 7-17。

表 7-15　东部地区人均城市道路面积　　(m^2)

年份	上海	北京	辽宁	天津	河北	山东	江苏	浙江	福建	广东	广西	海南	平均
1996	1.9	6.96	5.38	3.45	4.97	5.61	6.9	6.45	5.72	8.22	6.26	9.75	5.96
1997	4.91	5.84	6.13	7.72	8.61	13.87	9.25	12.17	7.98	10.01	9.37	15.21	9.26
1998	6.04	5.86	6.15	7.88	9.04	14.28	9.82	13.41	8.91	10.39	9.7	16.65	9.84
1999	8.52	5.88	6.33	8.49	9.68	14.84	10.24	14.05	9.92	11.78	9.85	17.66	10.60
2000	8.68	6.61	6.47	8.66	10.06	15.25	10.6	14.71	10.56	10.86	10.2	18.72	10.95
2001	13.6	8.3	8.5	10.3	14	16	14.6	18	11.6	16.6	12.3	18.9	13.56
2002	11.6	8.1	7.1	8.5	10.7	8.9	11.7	10.9	7.5	10.3	6.6	13.7	9.63
2003	12.46	9.6	7.35	8.8	11.35	10.54	13.51	12.75	9.37	9.27	6.95	10.03	10.17
2004	15.36	9.45	7.67	9.33	11.6	12.37	14.72	14.04	10.43	11.72	9.22	14.14	11.67
2005	11.78	10.55	7.95	10.41	12.17	12.54	16.32	16.03	12.06	12.04	10.24	14.44	12.21
2006	11.84	7.4	8.51	13.98	12.38	18.14	15.45	12.21	9.63	9.65	10.77	14.21	12.01
2007	4.5	5.6	9.61	11.94	13.59	18.66	19.28	14.6	10.98	9.44	11.28	12.5	11.83
2008	4.63	6.21	9.95	14.39	14.49	19.6	20.28	15.2	12.05	11.65	11.83	12.05	12.69
2009	4.48	6.15	10.41	13.76	15.32	20.94	20.42	16.03	12.58	12.63	13.98	13.28	13.33
2010	4.04	5.57	11.19	14.89	17.35	22.23	21.26	16.7	12.58	12.69	14.31	13.81	13.89
2011	4.04	5.26	11.27	17.05	17.84	23.62	21.86	17.53	13.46	12.51	14.34	18.42	14.77
2012	4.08	7.57	11.55	17.88	17.84	24.7	22.35	17.88	14.13	13.42	14.74	18.85	15.42
2013	4.11	7.61	12.09	18.74	18.22	25.34	23.22	17.83	13.4	13.11	15.53	18.72	15.66
2014	4.11	7.44	12.75	16.71	18.49	25.77	23.89	18.4	13.61	13.2	15.75	17.97	15.67

表 7-16　中部地区人均城市道路面积　　(m^2)

年份	山西	内蒙古	吉林	黑龙江	安徽	江西	河南	湖北	湖南	平均
1996	3.66	4.52	3.76	5.61	6.3	5.39	3.36	6.94	4.5	4.89
1997	8.62	5.83	4.86	6.43	8.45	5.66	5.97	8.97	6.32	6.79
1998	8.71	6.08	5.2	6.48	8.97	6.1	6.21	9.79	6.9	7.16
1999	8.97	6.37	5.68	6.63	9.14	6.49	6.45	10.59	7.09	7.49
2000	8.91	6.88	6.23	6.83	9.62	6.6	6.65	11.39	6.96	7.79
2001	10.7	8.5	7.2	8.7	11.9	8.3	9.7	13.4	8.9	9.70
2002	6.2	7.6	5.9	7.4	8.8	6.5	6.4	7.6	6.6	7.00

续表 7-16

年份	山西	内蒙古	吉林	黑龙江	安徽	江西	河南	湖北	湖南	平均
2003	6.66	8.63	6.78	7.75	9.78	8.15	8.1	8.74	7.9	8.05
2004	7.3	9.44	6.82	7.64	11.14	8.76	8.86	9.31	8.69	8.66
2005	7.93	10.14	7.77	7.96	11.92	9.26	9.72	9.86	9.56	9.35
2006	9.06	10.34	8.51	8.47	12.28	9.61	10	12.06	10.01	10.04
2007	8.55	12.23	9.56	8.73	13.55	10.5	10.81	12.76	11.41	10.90
2008	9.54	12.76	10.39	9.28	14.15	11.06	9.9	13.03	12.01	11.35
2009	10.02	13.62	10.94	9.39	14.91	12.1	10.44	13.84	12.59	11.98
2010	10.66	14.89	12.39	10	16.01	13.77	10.25	14.08	12.95	12.78
2011	11.21	15.77	11.9	11.2	18	14.4	10.83	14.78	13.62	13.52
2012	11.79	17.67	12.61	11.83	18.47	14.99	11.08	15.85	13.49	14.20
2013	12.88	19.69	13.61	13.15	19.61	15.26	11.57	15.85	13.8	15.05
2014	13.34	21.1	14.62	13.32	20.33	15.77	11.67	16.57	13.76	15.61

表 7-17 西部地区人均城市道路面积 (m^2)

年份	云南	四川	宁夏	新疆	甘肃	贵州	重庆	陕西	青海	平均
1996	7.58	2.94	2.38	5.73	3.21	5.5	NA	3.34	2.83	4.19
1997	7.03	6.27	7.38	8.76	7.8	4.78	4.43	5.53	6.13	6.46
1998	7.52	6.6	7.72	9.4	7.82	4.86	4.62	5.58	6.34	6.72
1999	7.9	6.89	8.46	9.44	7.87	4.97	4.89	6.21	6.58	7.02
2000	8.1	7.23	9	10.2	7.8	5.21	5.5	6.07	8.15	7.47
2001	8.4	9.6	10.7	11.6	10.3	6	8.1	7.2	8	8.88
2002	5.9	3.9	6.9	9.3	6.1	3.9	4.4	5.6	7.8	5.98
2003	6.54	10.21	8.68	10.37	10.24	4.29	5.86	6.15	9.06	7.93
2004	6.64	10.58	9.11	11.01	9.69	5.18	6.2	7.16	9.37	8.33
2005	7.12	10.9	10.21	11.48	9.71	6.07	6.64	8.19	9.7	8.89
2006	7.47	9.46	15.49	12.13	11.34	5.35	8.14	9.07	9.33	9.75
2007	9.28	10.33	17.16	13.32	9.83	6.21	9.16	11.58	10.53	10.82
2008	12.09	10.78	14.82	12.47	10.37	6.22	9.49	12.67	11.16	11.12
2009	10	11.5	16.57	12.55	11.29	6.29	9.78	12.86	11.47	11.37
2010	10.9	11.84	17.35	13.19	12.2	6.65	9.37	13.38	11.42	11.81
2011	11.97	12.14	17.9	13.74	12.58	6.63	10.43	13.72	11.22	12.26
2012	11.92	12.72	17.56	14.16	12.56	6.8	10.67	14.71	11.17	12.47
2013	12.29	13.24	18.81	15.69	14.02	9.58	11.23	14.74	10.9	13.39
2014	17.12	13.32	23.16	16.46	15.3	10.33	11.68	15.38	11.08	14.87

注：因重庆 1996 年人均城市道路面积数据缺失，因此，在计算西部地区 1996 年人均城市道路面积时，并未包括重庆地区。

由东、中、西部地区人均城市道路面积可知，在 1996 年，东部地区人均城市道路面积为 5.96m²，要明显高于中部地区的 4.89m² 和西部地区 4.19m²，在基础设施方面要明显优于中、西部地区。然而，到了 2014 年，东部地区和中部地区人均城市道路面积分别为 15.67m² 和 15.61m²，从人均面积来看已基本持平，西部地区人均城市道路面积为 14.87m²，略低于中、东部地区，但亦相差不大。这说明，中部崛起战略和西部大开发计划有力地促进了中、西部地区基础设施的建设。值得注意的是北京、上海两地在 2006 年前后人均城市道路面积出现明显的下降趋势，这必然与近年来大量外地人口涌入北京、上海两地有关。

7.5　回归分析

7.5.1　内生性问题

在本部分设定的基准计量模型当中，解释变量尤其是垂直专业化分工 ln*VSS* 与 ln*TFP* 之间可能存在双向因果联系，即全要素生产率的变动同样会影响我国在国际分工中的地位，进而引致所谓的内生性问题。为解决该问题，本部分报告了三组基于不同计量模型的回归结果：两组回归结果来自于工具变量法（IV），分别采用了 ln*VSS* 的滞后一期和滞后二期来做工具变量，以避免因滞后期选择差异所引起的模型估计稳健性问题，另一组回归结果则使用 GMM 估计方法来进行回归分析，并分别报告了使用 ln*VSS* 水平值，滞后一期和滞后二期来作为核心变量的回归结果。

7.5.2　整体回归分析

表 7-18 给出上述模型的回归结果。从回归结果看，在不加任何控制变量或交互项的情况下，垂直专业化分工的回归系数为正，这说明随着垂直专业化分工的加深，对我国生产效率的提升起到了一定的促进作用。然而，一旦考虑垂直专业化分工的交互作用，垂直专业化分工对全要素生产率的直接影响就为负。这一结果与蒋冰冰的研究有些类似。不同的是，蒋冰冰的实证研究表明垂直专业化分工与资本存量的交互影响为正，与劳动投入的交互影响为负，而本部分的实证研究却与之相左。

模型（3）、模型（6）、模型（7）、模型（8）、模型（9）的回归结果表明，垂直专业化分工与人力资本的交互作用均显著为正，这说明垂直专业化分工的技术进步效应确实表现出一定的人力资本门槛特征，其门槛值稳定在 1.97～2.07 之间；而垂直专业化分工与资本存量的交互作用均为负，且仅在模型（9）中不显著，这说明随着垂直专业化分工的加深，所谓的资本积累效应反而抑制了技术水平的提升，这可能和以下两方面有关：一是我国资本存量增长过快，远超技术水平提升的速度；二是资本存量增长较快，还会引起资源错配程度加深、产能过剩等不利于技术水平提升现象的发生，“挤出效应”的存在可能会进一步抑制全要素生产率的提升，而这些恰巧都是我国现实经济中所面临的重要问题。

表 7-18 整体回归结果

项目	IV 估计（一阶滞后）			IV 估计（二阶滞后）			GMM 估计		
							水平值	一阶滞后	二阶滞后
	模型(1)	模型(2)	模型(3)	模型(4)	模型(5)	模型(6)	模型(7)	模型(8)	模型(9)
ln*VSS*	0.021② (2.92)	0.012② (2.05)	−0.523③ (−3.42)	0.022③ (3.03)	0.011① (1.74)	−0.649③ (−3.87)	−1.096② (−2.04)	−0.64② (−2.42)	−0.756① (−1.92)
ln*VSS* × ln*h*			0.265③ (3.57)			0.324③ (3.98)	0.533② (2.05)	0.311② (2.45)	0.365① (1.90)
ln*VSS* × ln*k*			−0.031③ (−4.51)			−0.03③ (−3.95)	−0.042② (−2.02)	−0.022② (−2.01)	−0.021 (−1.43)
控制变量	×	√	√	×	√	√	√	√	√
交互项	×	×	√	×	×	√	√	√	√
R^2	0.82	0.89	0.9	0.7	0.79	0.8			
AR（1）							0.000	0.000	0.000
AR（2）							0.181	0.466	0.412
Sargan							0.198	0.105	0.603
N	470	470	470	441	441	441	417	405	423

注：1. ①、②和③分别表示 1%、5% 和 10% 置信水平；

2. 模型（1）~模型（6）为双向固定效应回归结果，为避免因滞后项选择的不同而导致估计结果的不稳定性，本部分分别使用 ln*VSS* 的一阶滞后和二阶滞后来进行实证分析，模型（7）~模型（9）为 GMM 估计的回归结果，分别使用了 ln*VSS* 的水平值、一阶滞后值、二阶滞后值来进行回归分析。

进一步如果想要判断各地区垂直专业化分工的技术外溢情况，必须详细剖析各地区人力资本数据。若以人力资本门槛 2.07 这个上限为标准，截至 2014 年，只有云南一省仍未达到该门槛，但需要注意的是，贵州、青海、四川、广西、甘肃、重庆等西部地区达到门槛的时间也并不长，基本都在 2010 年左右，也就是说西部地区在 2010 年之前，由于人力资本水平较低，导致垂直专业化分工对技术进步的影响更多的表现为抑制作用，而 2010 年以后，随着人力资本的积累，才慢慢获得国际分工的技术外溢效应。东部地区由于良好的经济和地理条件，导致人力资本的积累要明显优于中、西部地区，获得垂直专业化分工的技术溢出效应自然也就更大。但需要注意的是，近年来东部地区居住成本的不断提升和污染问题的日益严峻，引致人力资本不断回流至中、西部地区，进而导致东部地区人力资本积累增速放缓，不少地区甚至出现人力资本下降的趋势，尽管人力资本的回流，在一定程度上有益于中、西部地区技术外溢的水平，但考虑到东部地区占全国 GDP 比重过半的事实，东部地区人力资本积累增速放缓，甚至为负，将引致技术外溢水平增长受限甚至为负，进而抑制了我国全要素生产率的提升。

7.5.3 分地区样本回归结果分析

考虑到我国各地区垂直专业化水平、人力资本发展与资本存量等方面均存在较大的差异，特别是中、东、西部地区之间存在着典型的差异，因此，本部分还尝试进一步从中、东、西部三大区域来实证分析垂直专业化分工对我国技术进步的影响，一方面是对上述研究结果的一个稳健性估计；另一方面可以挖掘出三大区域的差异所在。在具体估计之时，考虑到 GMM 估计不适合大 T 小 N 的分样本数据特征，因此，本部分仅选择利用 ln*VSS* 的一阶和二阶滞后项来做 IV 估计，以削弱可能存在的内生性问题，回归结果见表 7-19、表 7-20。

表 7-19 一阶滞后回归结果

项目	IV 估计（一阶滞后）					
	东部		中部		西部	
	模型（1）	模型（2）	模型（3）	模型（4）	模型（5）	模型（6）
ln*VSS*	0.05③ (4.34)	-0.746③ (-2.98)	0.01 (0.89)	-0.672 (-0.94)	0.032② (3.63)	-0.704③ (-2.59)
ln*VSS* × ln*h*		0.387③ (3.17)		0.33 (-0.96)		0.351② (-2.58)
ln*VSS* × ln*k*		-0.048② (-3.46)		-0.03 (-1.31)		-0.014 (-0.93)
控制变量	√	√	√	√	√	√
交互项	×	√	×	√	×	√
R^2	0.95	0.95	0.88	0.89	0.84	0.86
N	213	213	142	142	115	115

注：1. ①、②和③分别表示 1%、5% 和 10% 置信水平；

2. 模型（1）~模型（6）为双向固定效应回归结果。

表 7-20 二阶滞后回归结果

项目	IV 估计（二阶滞后）					
	东部		中部		西部	
	模型（1）	模型（2）	模型（3）	模型（4）	模型（5）	模型（6）
ln*VSS*	0.03③ (2.45)	-0.75③ (-2.98)	0.014 (-1.09)	-0.67 (-0.89)	0.017 (-1.53)	-0.811② (-2.56)
ln*VSS* × ln*h*		0.39③ (3.17)		0.326 (-0.91)		0.403② (-2.55)
ln*VSS* × ln*k*		-0.05③ (-3.46)		-0.02 (-0.89)		-0.017 (-0.95)
控制变量	√	√	√	√	√	√
交互项	×	√	×	√	×	√
R^2	0.9	0.95	0.8	0.81	0.77	0.8
N	201	201	133	133	107	107

注：同表 7-19。

从回归结果来看，无论是一阶滞后的IV估计还是二阶滞后的IV估计，在不考虑交互作用的条件下，东、中、西部垂直专业化分工ln*VSS*的回归系数均为正，尽管中部地区的回归结果并不显著。在考虑交互作用之后，即将垂直专业化分工对技术进步效应的影响进行分解后，ln*VSS*的回归系数由正转变为负，但中部地区的回归结果依然不显著，而垂直专业化分工ln*VSS*与人力资本ln*h*的交互作用，除在中部地区不显著外，在东部和西部地区均显著为正，技术外溢的人力资本门槛值依然稳定在2附近。同时，从回归结果来看，一方面，西部地区垂直专业化分工程度ln*VSS*对全要素生产率的抑制作用是最大的，另一方面，ln*VSS*与ln*h*的交互作用对全要素生产率的提升也是最大，这说明西部地区由于资源丰富，参与国际分工之际更有可能发生“资源诅咒”现象，而人力资本的改善能有效帮助西部地区避免陷入越发展越贫穷的困境。在此研究期内，中部地区由于基础条件得到了较大改善，再加上丰富的人力资源和市场容量，可能导致在参与国际分工的过程中，在大力吸引FDI获取技术外溢的同时，也挤出了大量的国内投资，进而导致技术外溢与“挤出效应”等作用相抵消，ln*VSS*的回归系数在统计上表现的也不显著。彭红枫、鲁维洁（2011）对FDI挤出效应的研究也佐证了本部分的观点。

进一步地，本章发现ln*VSS*与资本存量ln*k*的交互作用的回归结果尽管均为负，但仅在东部地区具有统计上的显著性，这可能是因为东部地区具有较高的垂直专业化分工水平，在参与国际分工之际，快速的资本积累，通过“挤出效应”和资源错配程度加剧等途径，抑制了全要素生产率的提升。李静和楠玉从人力资本的视角，证实了垂直专业化分工“挤出效应”的存在；宋结焱、施炳展的研究证实我国出口贸易加剧了资源错配程度，特别是在东部地区及高强度出口行业表现得更为明显，而这些地区或行业往往垂直专业化分工程度较高；曹玉书、楼东玮的研究也认为，东部地区第二、第三产业的资源错配情况最为严重。可以说，上述文献与本部分的实证结果不谋而合，对本部分实证结果起到了一定的支撑作用。进一步地，考虑到随着产业的阶梯转移，中、西部地区垂直专业化水平的逐步提升，很可能会进一步加剧中、西部地区“挤出效应”或资源错配的程度，进而导致ln*VSS*与ln*k*的交互作用由不显著变为显著，这将进一步抑制我国全要素生产率的提升，而这对我国经济的发展是极其不利的，也是我国必须要重视的地方。

7.6　小结

至此，本章采用省级面板数据，利用IV估计、GMM估计等方法实证分析了垂直专业化分工对全要素生产率的影响，研究发现：（1）在不考虑交互作用之时，参与垂直专业化分工程度的加深有助于加快我国全要素生产率的速度；在考虑个体固定效应和交互作用的情形下，垂直专业化分工对全要素生产率的直接效应表现为负，对全要素生产率的提升主要是靠与人力资本投入的交互作用来体现，而垂直专业化分工与资本存量的交互作用则可能通过“挤出效应”、资源错配等方式抑制全要素生产率的提升。（2）东部地区由于人力资本优势明显，在国际分工中的技术外溢水平最高，但近年来，人力资本的回流，导致东部地区技术外溢水平增长受限甚至为负，进而抑制了我国全要素生产率的提升；西部地区在参与国际分工之际，更有可能发生“资源诅咒”的现象，但人力资本的持续改善能够避免该现象的发生；中部地区良好的基础设施及投资前景，可能导致技术外溢与“挤出效应”相抵消，从而引致垂直专业化分工对全要素生产率的影响并不显著。（3）东部地区较高的垂直专业化分工水平和快速的资本积累，通过“挤出效应”和资源错配程度加剧等途径抑制了全要素生产率的提升，而这点在中、西部地区并不显著。

基于此，为提升我国全要素生产率，促进经济健康持续发展，保障中国梦这一伟大目标的顺利实现。在参与国际分工之时，必须要注意以下几点：一是继续加大教育投入，加快人力资本的培育，促进技术外溢效应的进一步发挥，特别是中、西部地区应更加注重人力资本的培育。同时，这种培育不仅要关注量的积累，还要注重量的提高。从这点来看，国家主导实施的“双一流”建设战略，有助于地方高校引进高层次人才，提升办学层次和办学质量，提高人力资本培育质量，改善人力资本结构，因此，中、西部地区必须要抓住这一有利时机。二是要缓解东部地区房价上涨速度，解决人口城市化等问题，通过降低东部地区的居住成本，来控制东部地区人力资本外流的速度和规模。低技能劳动力的缺失，导致与高技能劳动力的互补效应无法实现，这同样是一种资源错配，不利于我国生产率的提升。三是在经济新常态下，更应注重投资的方向和效果，要防止无效投资，要降低“挤出效应”，更要避免资源错配，以充分发挥资本积累在促进全要素生产率提升方面应有的作用。

8 分工演化与环境污染[1]

8.1 分工演化与环境污染的研究现状及理论框架构建

8.1.1 文献回顾

自20世纪90年代以来，垂直专业化分工模式迅速兴起，贸易模式的变迁使得国际贸易发生爆炸性增长。为谋求国际分工利益，中国也积极参与到全球化生产链条当中，FDI和加工贸易亦成为我国参与国际分工的主要方式。在此期间，中国实际利用外商直接投资额由1996年的417.3亿美元上升至2015年的1262.7亿美元，加工贸易进出口额更是由1996年的1466.1亿美元上升至2015年的12447.9亿美元，为我国经济的长期平稳增长做出巨大贡献[2]。然而，参与垂直专业化分工是一把双刃剑。参与国际分工，一方面能够分享贸易利益、吸收技术外溢、促进产业升级并降低环境污染水平；另一方面，也可能带来污染工序的转移，进而加剧我国环境污染问题。可见，垂直专业化分工对发展中国家环境污染的影响并不确定，而其关键就在于技术溢出是否存在。

从现有研究来看，国内外对垂直专业化分工的研究著作颇丰，主要见诸于对其测度方法的探讨与改进和对就业、技术外溢、产业升级等经济效应影响方面的分析，但对垂直专业化分工与我国环境污染问题进行系统性研究的文献并不多见。在探讨垂直专业化分工对环境污染影响之时，又可以将其归为两个方面：

一是从我国参与垂直专业化分工的主要方式出发，围绕FDI、加工贸易与环境污染之间的关系展开的大量研究。但由于加工贸易数据的缺失，导致现有研究更多地集中在对FDI与环境污染关系的探讨上，其研究结论也不统一。邓柏盛和宋德勇利用部分省级面板数据发现FDI有助于改善我国的环境质量；盛斌和吕越以人均二氧化硫排放量为被解释变量，得到FDI有助于降低我国二氧化硫排放的结论，并指出FDI技术溢出效应是引致SO_2下降的重要因素；但现有诸多文献表明FDI技术溢出可能存在一定的人力资本门槛；Xu Bin进一步指出只有当东道国人力资本存量超过了2.4年时，FDI的技术溢出效应才为统计意义显著的正值。

---

[1] 本部分主要内容已经发表，参见：王昆，黎晓. 参与垂直专业化分工加剧了我国环境污染吗？[J]. 环境经济研究，2017（4）：23～34.

[2] 该数据引自中国国家统计局网站，http：//data. stats. gov. cn/.

与上述结论相反的是，魏龙和潘安利用城市面板数据，以工业二氧化硫排放总量为被解释变量，从FDI流入和FDI比重两个方面，均得到FDI加剧我国环境污染的结论。由此可见，被解释变量的选择差异也许是导致现有研究结论不统一的一个重要因素。从排放总量进行分析，可能更容易得到FDI加剧环境污染的影响；而从人均排放来看，可能更易于得到FDI降低环境污染的结论。在探讨加工贸易与环境污染时似乎也存在着这种趋势。

二是利用投入产出表或加工贸易数据，初步探讨了垂直专业化分工对环境污染的影响，但主要集中在对碳排放，特别是对贸易隐含碳的分析，对二氧化硫排放影响的研究较为匮乏，其结论也不统一。郑国姣和杨来科从产业层面实证研究了东亚地区垂直专业化与贸易隐含碳的关系，发现垂直专业化程度的加深是中国贸易隐含碳排放增加的重要因素；李小平基于垂直专业化分工的环境投入产出模型，对贸易隐含碳进一步分解，认为我国国内投入隐含的CO_2比重在逐步下降，贸易在总体上有利于中国的节能减排。

由此可见，尽管诸多学者对垂直专业化分工与环境污染问题开展了大量的研究，但多数文献侧重于从FDI或贸易发展的某个视角来进行论证，并且得出的FDI与加工贸易对环境污染的影响并不统一，而实际上二者不仅是我国参与国际分工的主要方式，并且还存在着密切的联系，对环境污染的影响应表现出较为一致的特征。部分文献虽直接研究了垂直专业化分工与环境污染的关系，但其研究的重点主要集中在碳排放和环境效率等方面，并未对垂直专业化分工与二氧化硫排放的关系进行深入研究，而二氧化硫恰好是引致大气污染的重要组成之一，与国内近年频发的雾霾现象亦息息相关。基于此，本部分首先对二者之间的影响机理进行重新梳理；其次，以二氧化硫排放为研究对象，并尝试在同一分析框架下，利用FDI、加工贸易等相关数据，使用GMM方法来削弱可能存在的内生性影响，从垂直专业化分工规模和垂直专业化程度两个维度系统考证垂直专业化分工对我国环境污染的影响，以期对现有研究做一有益补充。

8.1.2 理论机理

通过对文献的梳理可知，在垂直专业化分工体系中，发达国家由于占据主导地位，利用发展中国家积极融入全球化生产的机遇，将高能耗、高污染生产型环节转移到发展中国家，这一举措既可以削弱本国对能源消费的需求、降低环境污染水平，又能够集中优势资源更好地发展本国经济，进一步巩固自身在国际分工中的地位；发展中国家在国际分工中，一方面由于承接了大量来自发达国家的高能耗、高污染型生产环节，加剧了本国环境污染，发展中国家为进一步吸引外资，甚至还可能出现环境规制的“向底线赛跑”现象，进一步恶化发展中国家的环境污染水平，我国的“GDP锦标赛”同样有可能导致该现象的发生；另一方面，参与国际分工的过程的技术外溢效应，又有助于提升本国企业的技术水平，提高能源效率、促进产业升级并降低环境污染，当然这种技术外溢可能需要一定的人力资本门槛。由此可见，参与垂直专业化分工对发展中国家环境污染的影响并不确定，关键取决于一国的人力资本水平。

据此，本部分提出此假设：当一个地区人力资本水平较低时，参与垂直专业化分工会恶化本国环境质量；当人力资本达到一定水平后，垂直专业化分工会改善本地环境质量。

垂直专业化分工对环境污染水平的影响机理如图 8-1 所示。

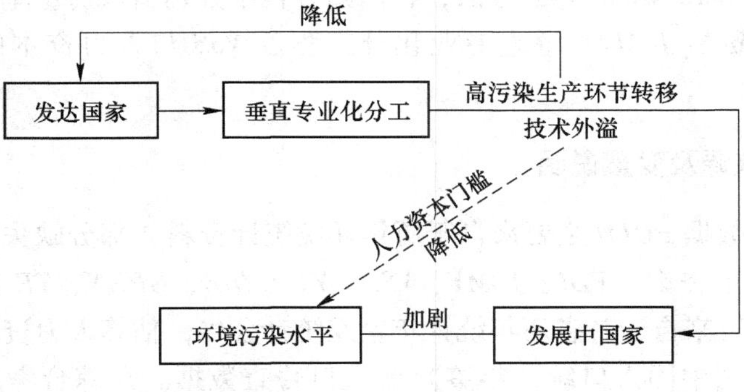

图 8-1 垂直专业化分工对环境污染水平的影响机理

8.2 模型设定及变量说明

8.2.1 模型设定

为系统考证垂直专业化分工对环境污染的影响，本部分一方面从垂直专业化分工规模的视角，即利用 FDI 和加工贸易这两个变量来实证研究分工规模对环境污染的影响；另一方面通过估算垂直专业化程度来研究分工程度的加深对我国环境污染的影响，以求更为系统地回答参与垂直专业化分工对我国环境污染影响的问题。因此，在借鉴 Antweiler、Copeland、Taylor 理论模型分析结果的基础上，结合本部分的研究需要，最终设定的计量模型如下：

$$\ln POLU_{it} = c + \beta_1 \ln POLU_{it-1} + \beta_2 \ln FDI_{it} + \beta_3 \ln FDI_{it} \times \ln H_{it} + \beta_4 \ln H_{it} + \beta_5 \ln Y_{it} + \beta_6 \ln OPEN_{it} + \beta_7 \ln TE_{it} + \beta_8 \ln GYBZ_{it} + \theta_i + \lambda_t + \xi_{it} \tag{8-1}$$

$$\ln POLU_{it} = c + \beta_1 \ln POLU_{it-1} + \beta_2 \ln JGMY_{it} + \beta_3 \ln JGMY_{it} \times \ln H_{it} + \beta_4 \ln H_{it} + \beta_5 \ln Y_{it} + \beta_6 \ln OPEN_{it} + \beta_7 \ln TE_{it} + \beta_8 \ln GYBZ_{it} + \theta_i + \lambda_t + \xi_{it} \tag{8-2}$$

$$\ln POLU_{it} = c + \beta_1 \ln POLU_{it-1} + \beta_2 \ln VSS_{it} + \beta_3 \ln VSS_{it} \times \ln H_{it} + \beta_4 \ln H_{it} + \beta_5 \ln Y_{it} + \beta_6 \ln OPEN_{it} + \beta_7 \ln TE_{it} + \beta_8 \ln GYBZ_{it} + \theta_i + \lambda_t + \xi_{it} \tag{8-3}$$

式中，下标 i 代表第 i 个地区；t 代表年份；*POLU* 代表环境污染水平；*FDI* 代表外商直接投资额；*JGMY* 代表加工贸易额；*VSS* 代表参与垂直专业化分工的程度；*H* 代表人力资本水平；*Y* 代表人均实际产出；*OPEN* 代表外贸开放度；*GYBZ* 代表产业结构水平；*TE* 代表技术水平；θ_i 和 λ_t 分别代表不随时间变化和截面变化的固定效应；ξ_{it}代表随机误差项。

为降低异方差以及由时间趋势因素可能导致的影响，对书中所有变量均做了对数化处理，并且考虑到环境污染水平通常会受到上一期的影响，因此，在三大基本回归模型中还加入被解释变量的一阶滞后项。同时，考虑到技术溢出能够降低环境污染水平，但通常具有一定的人力资本门槛，为验证这种人力资本门槛效应，本章依据 Borensztein 等的方法，在回归方程中分别引入衡量垂直专业化分工的 *FDI*、加工贸易 *JGMY*、垂直专业化分工程度 *VSS* 与人力资本的线性交叉乘积项。

8.2.2　数据来源及变量说明

环境污染数据 *POLU* 主要来自于历年环境统计资料，部分缺失数据利用前瞻网数据库进行了查询，*FDI*、*JGMY*、*VSS*、*Y*、*GYBZ*、*OPEN*、*TE* 这几个变量的统计与测算主要来自于各省历年统计年鉴及统计公告，估算人力资本存量 *H* 的原始数据来自于《中国人口统计年鉴》或人口普查数据。在综合考虑各宏观变量数据的可得性后，剔除了数据缺失严重的西藏自治区以及与内地发展差异较大的港、澳、台地区，最终确定本部分的研究范围为 1996 ~ 2014 年，研究对象包括 30 个省市自治区。为避免价格因素的影响，对书中涉及的宏观经济变量均做了相应的基期转换，基期统一为 1996 年，以美元计价的部分变量均按当年汇率水平做了相应的调整。下面对计量模型中各因变量的指标设定进行详细说明。

环境污染水平 *POLU*。本部分采用工业二氧化硫排放量为被解释变量，并用人均工业二氧化硫排放量做稳健性检验。

衡量垂直专业化分工规模的变量：外商直接投资额 *FDI* 与加工贸易额 *JGMY*。其中，*FDI* 数据采用的是实际利用外商直接投资额[1]，加工贸易额指的是加工贸易出口和加工贸易进口之和，二者均做了相应的基期转换。

衡量垂直专业化分工程度的变量：在计算时，本部分同样是参考胡昭玲和张蕊以及张秋菊和朱钟棣的做法，利用加工贸易出口占总出口的比重来衡量各地区的垂直专业化程度。

人力资本水平 *H*。本部分采用平均受教育年限来代表人力资本存量水平，将受教育程度分为小学、初中、高中和大专及以上，并定义各层次的受教育年限为

[1] 福建省实际利用外商直接投资金额采用的是历史可比口径，其中 2013 和 2014 年的 FDI 数据是按全口径增长率进行的估计。

6 年、9 年、12 年和 16 年，然后与其各自占总人口的比例相乘并加总求和得出。

人均实际产出 *Y*。本部分用平减后的 GDP 值除以样本区的常住人口数来计算人均实际产出，用以考察经济增长与环境污染的关系。

外贸开放度 *OPEN*。本部分用各地区出口额占该地区 GDP 比重来表示，具体计算时，对出口原始数据按历年平均汇率进行了转换。加入该变量，主要用于考察出口贸易是否影响了该地区的环境污染水平。

技术水平 *TE*。本部分用劳动生产率来衡量本地区技术发展的水平，以考察技术水平变化对环境污染的影响。

工业比重 *GYBZ*。用历年工业增加值除以当年 GDP 得到，用来衡量产业结构变化对污染排放的影响。

在上述指标设定的基础上，笔者计算了各变量的值，其统计性描述结果见表 8-1。

表 8-1 主要变量的统计性描述

变量	样本数	均值	标准差	最小值	最大值
ln*POLU*	569	3.778	0.945	0.525	5.171
ln*FDI*	570	13.607	1.752	8.281	16.642
ln*JGMY*	498	14.531	2.3	8.228	19.628
ln*VSS*	498	2.971	0.969	-1.298	4.403
ln*H*	570	2.076	0.14	1.546	2.487
ln*TE*	570	10.097	0.762	8.295	11.796
ln*OPEN*	570	-2.361	0.97	-4.211	-0.099
ln*GYBZ*	570	-0.973	0.257	-2.069	-0.524
ln*Y*	570	19.491	6.845	6.704	38.576

注：1. 重庆 1996 年工业 SO_2 排放数据缺失；

2. 由于部分地区加工贸易相关数据缺失，导致加工贸易和 *VSS* 的数据仅为 498 个。

8.3 回归分析

8.3.1 内生性问题

本部分内生性问题可能源于以下两个方面：一是解释变量中包含被解释变量的一阶滞后项，属典型的动态面板数据模型；二是环境污染本身可能是影响发展中国家参与垂直专业化分工水平的因素之一，即二者之间可能存在着双向因果的关系。那么，无论是衡量参与垂直专业化分工规模的 FDI 和加工贸易变量，还是衡量垂直专业化分工程度的 *VSS* 变量，都可能与随机扰动项相关，进而导致传统的 OLS 估计值是有偏和无效的。为解决上述内生性问题，本部分采用广义矩估计

(generalized method of moments) 方法对模型进行估计分析。同时，考虑到系统 GMM 估计能够比差分 GMM 估计利用更多的信息，进而提高估计结果的有效性和异质性，因此，最终选用的回归方法为系统 GMM 估计。

8.3.2　回归结果与分析

表 8-2 是三大模型的回归结果，分别从 *FDI* 变量、加工贸易变量（*JGMY*）和 *VSS* 变量三个维度解释了参与垂直专业化分工对我国环境污染的影响。从回归结果来看，首先，ln*FDI*、ln*JGMY* 和 ln*VSS* 三变量均显著为正，这说明，无论是从参与垂直专业化分工的规模来看，还是从参与垂直专业化分工的程度来看，参与垂直专业化分工均加剧了我国的环境污染；并且，从回归系数来看，模型（1）和模型（2）的回归结果也较为接近，符合我国 FDI 与加工贸易之间紧密联系的社会现实。具体来看，FDI 或加工贸易额每增加 10%，大致引致我国二氧化硫排放增加 2% 左右，而参与垂直专业化程度每提高 10%，大致引致我国二氧化硫排放增加 4%，这也进一步说明我国参与垂直专业化分工程度的提升，更多的是依靠 FDI 或加工贸易规模的简单扩张来实现的，导致规模扩张的过程中可能存在“向底线赛跑”的效应，在全球价值链中的分工地位并没有得到根本性的改变。

其次，$\ln FDI \times \ln H$、$\ln JGMY \times \ln H$、$\ln VSS \times \ln H$ 这三个变量在回归结果中均显著为负，说明垂直专业化分工中的技术外溢效应同样存在着人力资本门槛，且其门槛值较为稳定，大致在 2.14 ~ 2.26 之间，与 Xu Bin 给出的门槛值较为接近。从各地区人力资本存量来看，截至 2014 年，云南、四川、新疆、甘肃等接近半数的西部省区依然未能达到 2.14 的人力资本门槛；而中部地区除黑龙江、吉林、山西三省外，几乎在 2011 年左右才达到该门槛。进一步，如果仅以 FDI 技术溢出的人力资本门槛为标准，全国范围内仅有上海、北京、天津和辽宁达到了该门槛要求。可见，人力资本的高门槛存在，抑制了垂直专业化分工的技术溢出效应，特别是对中、西部地区来说更是如此，这对我国今后的节能减排工作提出了新的要求。

最后，从控制变量来看，ln*Y* 的回归系数在模型（1）和模型（2）中显著为正，在模型（3）中虽不显著，但与 10% 的显著性水平极其接近，这说明我国的经济增长在一定程度上加剧了二氧化硫的排放，长期的粗放型经济增长模式是导致该结果出现的重要原因。ln*H* 的回归系数在三大模型中均显著为正，这可能是因为人力资本水平的高低与该地区经济发展情况息息相关，进而导致人力资本水平与环境污染排放之间也呈现出一种正相关的关系。ln*TE* 的回归系数在模型（1）和模型（2）的回归结果中也显著为正，说明我国技术进步同样加剧了二氧化硫的排放，这可能是因为我国的技术进步多发生在促进经济增长领域方面，而对绿色环保型技术进步的注重和开发度相对不足。ln*OPEN* 回归系数为负，但并不显著。ln*GYBZ* 的回归系数显著为正，说明工业比重的降低、产业结构的持续升级能够有效降低我国二氧化硫的排放。

表 8-2 回归结果

模型（1）		模型（2）		模型（3）	
L. ln*POLU*	0.935③ (72.06)	L. ln*POLU*	0.962③ (106.31)	L. ln*POLU*	0.959③ (110.26)
ln*FDI*	0.231③ (3.30)	ln*JGMY*	0.207③ (4.67)	ln*VSS*	0.409② (2.42)
ln*FDI* × ln*H*	−0.102③ (−3.02)	ln*JGMY* × ln*H*	−0.0957③ (−4.45)	ln*VSS* × ln*H*	−0.191② (−2.42)
ln*Y*	0.0226③ (2.59)	ln*Y*	0.0193③ (2.85)	ln*Y*	0.0131 (1.62)
ln*H*	1.236③ (2.68)	ln*H*	1.243③ (3.58)	ln*H*	0.446① (1.73)
ln*TE*	0.131① (1.90)	ln*TE*	0.136③ (2.58)	ln*TE*	0.0839 (1.23)
ln*OPEN*	−0.0111 (−0.80)	ln*OPEN*	−0.0078 (−0.58)	ln*OPEN*	−0.003 (−0.27)
ln*GYBZ*	0.166③ (3.34)	ln*GYBZ*	0.0951③ (3.31)	ln*GYBZ*	0.111③ (3.69)
AR（1）	0.000	AR（1）	0.000	AR（1）	0.000
AR（2）	0.108	AR（2）	0.484	AR（2）	0.443
Sargan	0.812	Sargan	0.868	Sargan	0.183
N	539	*N*	480	*N*	480

注：1. 本表结果由 stata14 给出；

2. ①、②、③分别表示 10%、5%、1% 水平上显著，括号内为 *z* 值。

8.3.3 稳健性分析

由于在分析环境污染时部分文献使用人均变量进行实证分析，进而得出了不同的研究结论，因此，本部分尝试进行以下稳健性检验：一是仅改变被解释变量，即用人均工业二氧化硫排放 ln*RJPOLU* 代替二氧化硫排放总量 ln*POLU*；二是将核心解释变量进一步人均化，即用人均实际利用外商直接投资额 ln*RJFDI* 和人均加工贸易额 ln*RJJGMY* 来分别代替实际利用外商直接投资额 ln*FDI* 和加工贸易额 ln*JGMY*。

回归方法同样是使用系统 GMM 估计，表 8-3 即为稳健性检验的回归结果。由表 8-3 可知，除个别控制变量系数的显著性水平有所变动外，核心变量系数的大小、方向及显著性水平均没有发生大的改变，这说明本部分的回归结果是极其稳健的。

表 8-3　稳健性回归结果

模型（1）		模型（2）		模型（3）		模型（4）		模型（5）	
L. ln*RJPOLU*	0. 927③ (43. 09)	L. ln*RJPOLU*	0. 953③ (55. 24)	L. ln*RJPOLU*	0. 959③ (57. 42)	L. ln*RJPOLU*	0. 936③ (57. 42)	L. ln*RJPOLU*	0. 953③ (55. 24)
ln*FDI*	0. 202③ (2. 77)	ln*JGMY*	0. 21③ (4. 02)	ln*VSS*	0. 351② (2. 20)	ln*RJFDI*	0. 288③ (3. 56)	ln*RJJGMY*	0. 21③ (4. 02)
ln*FDI* × ln*H*	-0. 099③ (-2. 80)	ln*JGMY* × ln*H*	-0. 102③ (-4. 06)	ln*VSS* × ln*H*	-0. 167② (-2. 24)	ln*RJFDI* × ln*H*	-0. 135③ (-3. 46)	ln*RJJGMY* × ln*H*	-0. 102③ (-4. 06)
ln*Y*	0. 016② (2. 06)	ln*Y*	0. 018② (2. 56)	ln*Y*	0. 0122 (1. 59)	ln*Y*	0. 023③ (2. 61)	ln*Y*	0. 018② (2. 56)
ln*H*	1. 093② (2. 30)	ln*H*	1. 273③ (3. 33)	ln*H*	0. 313 (1. 28)	ln*H*	0. 526② (2. 32)	ln*H*	1. 273③ (3. 33)
ln*TE*	0. 165② (2. 54)	ln*TE*	0. 158③ (2. 82)	ln*TE*	0. 119② (2. 15)	ln*TE*	0. 199③ (2. 97)	ln*TE*	0. 158③ (2. 82)
ln*OPEN*	-0. 026② (-2. 02)	ln*OPEN*	-0. 006 (-0. 35)	ln*OPEN*	-0. 019① (-1. 75)	ln*OPEN*	-0. 026② (-2. 06)	ln*OPEN*	-0. 006 (-0. 35)
ln*GYBZ*	0. 117② (2. 53)	ln*GYBZ*	0. 073① (1. 93)	ln*GYBZ*	0. 068② (2. 10)	ln*GYBZ*	0. 099② (2. 11)	ln*GYBZ*	0. 073① (1. 93)
AR(1)	0. 000	AR(1)	0. 000	AR(1)	0. 000	AR(1)	0. 000	AR(1)	0. 000
AR(2)	0. 107	AR(2)	0. 513	AR(2)	0. 464	AR(2)	0. 11	AR(2)	0. 513
Sargan	0. 858	Sargan	0. 192	Sargan	0. 193	Sargan	0. 945	Sargan	0. 192
N	539	*N*	480	*N*	480	*N*	539	*N*	480

注：1. 本表结果由 stata14 给出；

2. ①、②、③分别表示 10%、5%、1% 水平上显著，括号内为 *z* 值；

3. 模型（1）~模型（3）为仅改变被解释变量的回归结果，模型（4）~模型（5）为核心变量与被解释变量同时采用人均值的回归结果。

8.4　小结

本章基于 1996 ~ 2014 年中国 30 个省区的面板数据，利用系统 GMM 估计的方法，实证研究了参与垂直专业化分工是否加剧了我国环境污染的问题（SO_2），并通过改变被解释变量和解释变量的方式，进行了稳健性检验，进而得到以下三点结论：

（1）无论是从参与垂直专业化分工的规模，还是从参与垂直专业化分工的程度来看，参与垂直专业化分工均加剧了我国的环境污染问题，并且 FDI 与加工贸易对 SO_2 排放的影响在本部分具有高度的统一性，很好地体现了二者之间的密切联系。

（2）高人力资本门槛阻碍了垂直专业化分工技术外溢效应的发挥。因此，中、西部地区在承接产业转移之时，更需要注意其对环境污染的影响。因为，在中、西部，FDI与加工贸易更有可能呈现出加剧环境污染的结果。

（3）产业结构的调整与升级有助于降低我国二氧化硫的排放，而人力资本存量的提升以及技术进步，往往会通过经济增长效应加剧我国环境污染问题。至于外贸开放度、对环境污染的影响则仅在人均污染变量作为被解释变量时展现出部分统计上的显著性。

据此，本章给出以下几点政策建议：

（1）在积极参与国际分工、大力引进FDI之际，要特别关注FDI的质量问题，要尽可能避免引入高能耗、高污染型FDI，这样才能从根本上降低FDI对环境污染的影响。

（2）要加快促进加工贸易的转型升级，引导劳动密集型加工贸易向资本、技术密集型加工贸易转变，在提升我国在国际分工中地位的同时，降低加工贸易对环境污染的影响。

（3）要加快人力资本积累的速度，特别是要进一步鼓励大学生到中、西部地区就业，改善该地区人力资本的不利情形，尽快跨越人力资本门槛，实现国际分工的技术外溢效应，进而降低环境污染水平。

（4）要通过供给侧改革，加快我国产业结构的调整步伐。通过供给侧改革，提升边际消费倾向，在促进制造业转型升级的同时，提升第三产业发展的速度和质量。

9 区域协调发展水平测度及评价

前8章对分工演化与多重约束之间的关系进行理论和实证上的系统分析，本章尝试对我国区域协调发展水平进行测度，以更好地看出各区域协调发展水平的差异及制约因素。

9.1 研究现状

我国经济发展在经过几十年的高速增长之后，人民生活水平显著提高，但东中西部地区发展差距的日益增大亦是不争的事实，以至于党的十九大报告明确指出我国社会主要矛盾已经转化为人民日益增长的美好生活需要和不平衡不充分的发展之间的矛盾。其中，区域不平衡是发展不平衡的重要体现。因此，要解决这一矛盾，首先必须要清楚了解我国现有区域的协调发展水平以及制约我国各区域协调发展水平的核心因素。

由于区域协调发展问题的日益突出，我国学者对此问题也进行了诸多研究，并取得了一系列的研究成果。韩兆洲从经济水平与经济结构、科技进步与人口素质、社会发展与居民物质生活、生态环境与自然资源四个方面，对中国1998年31个地区协调发展状况进行了系统性的评价；国家发改委宏观经济研究院地区所课题组从人均可支配收入、人均可享有基本公共产品和公共服务以及地区发展保障条件三大方面构建了衡量我国区域协调发展程度的指标体系；高志刚和王垚从经济、城乡、社会、环境与协调能力这五个方面，分析了我国2000年和2007年区域协调发展水平，并对其进行比较分析，研究发现，我国经济发展格局并没发生根本性变化，呈现出“东强、中弱、西更弱”的现象，东部地区在各个方面均占据较大的优势；冯江茹和范新英从经济发展、社会进步、环境质量和资源状况四个方面评价了我国2011年31个地区的协调发展水平，研究发现，我国地区间协调发展水平差异较大，整体呈现出一种“东优、中良、西差”的现象，其中经济发展滞后、社会进步程度低是导致中西部地区协调发展水平偏低的重要原因；江孝君等测量了我国2008年和2013年我国地级及以上行政单元经济社会协调发展水平，研究发现东部沿海地区发展水平较高，西北、西南等地区发展水平较低，但这种区域空间差异正在逐渐缩小。

通过对上述文献的梳理，本章发现现有文献基本已经构建起一套评价我国区域协调发展的指标体系，只是出于不同的分析目的，在指标选择上略有差异，但在评价之际都包括了经济、社会、资源、环境四个方面的衡量指标。因此，本章在重新评估我国区域协调发展水平之际，参考了冯江茹和范新英做法，从经济发展、社会进步、环境质量和资源状况 4 个方面评价我国 2015 年区域协调发展水平，以期为我国区域协调发展战略的实施提供一定理论依据。

9.2 数据来源、指标构建及测算方法

9.2.1 数据来源

本章的研究数据主要来自中国统计局网站，个别指标通过相关统计公告或者历年科技统计年鉴推算得到，因西藏自治区缺少 2015 年的个别指标，因此在样本选择时，本文仅包括中国大陆 30 个省、市、自治区、直辖市。

9.2.2 指标构建

本章在构建区域协调发展指标之时，参考了冯江茹和范新英的做法，从经济发展、社会进步、环境质量和资源状况 4 个方面设定相关指标，具体指标体系构建见表 9-1。

表 9-1 中国区域协调发展水平评价指标体系

目标层	一级指标	二级指标	单位	性质
区域协调发展水平	经济发展（y_1）	人均 GDP	元	正向指标
		第三产业占 GDP 比重	%	正向指标
		农村居民人均可支配收入	元	正向指标
		城镇居民人均可支配收入	元	正向指标
		城镇居民消费水平	元	正向指标
		农村居民消费水平	元	正向指标
	社会进步（y_2）	每万人拥有公共交通车辆	标台	正向指标
		失业率	%	逆向指标
		基本养老保险参保率	%	正向指标
		基本医疗保险参保率	%	正向指标
		财政性教育经费占 GDP 比重	%	正向指标
		R&D 经费占 GDP 比重	%	正向指标
	环境质量（y_3）	单位 GDP 废水排放量	吨/万元	逆向指标
		单位 GDP 废气排放量	吨/万元	逆向指标
		单位 GDP 固体废弃物产生量	吨/万元	逆向指标
		人均公园绿地面积	平方米/人	正向指标

续表 9-1

目标层	一级指标	二级指标	单位	性质
区域协调发展水平	资源状况（y_4）	人均水资源量	立方米/人	正向指标
		森林覆盖率	%	正向指标
		单位 GDP 能耗	吨标准煤/万元	逆向指标
		单位 GDP 水耗	立方米/万元	逆向指标

注：本章在指标设计体系上参考了冯江茹和范新英的做法，但本文选择农村居民人均可支配收入而并非农村居民人均纯收入来作为二级指标之一，以更好地与城镇居民人均可支配收入相匹配。

9.2.3　测算方法

在测算方法的选择上，本章参考了高志刚和王垚以及冯江茹和范新英的做法，通过各指标的界定，将其分为正向指标和逆向指标两类，并对各个指标进行标准化处理，以更好地进行比较分析。

9.2.3.1　标准化处理

考虑到二级指标量纲的差异性，不能对原始数据直接进行运算。因此，首先需要对各二级指标进行无量纲化处理，具体处理方法如下：

$$X_{ij}=\frac{X_{ij}-X_{\min}}{X_{\max}-X_{\min}} \tag{9-1}$$

$$X_{ij}=\frac{X_{\max}-X_{ij}}{X_{\max}-X_{\min}} \tag{9-2}$$

式中，X_{ij}代表二级指标的原始值。其中，正向二级指标的标准化方法采用式（9-1）的方法，逆向二级指标的标准化方法采用式（9-2）的方法。通过这种标准化处理方法，二级指标中表现最好的区域标准化为 1，表现最差的区域标准化为 0，其他区域取值均落在［0，1］区间内。

9.2.3.2　赋权方法及一级指标综合评价得分计算方法

在对二级指标体系进行了标准化处理之后，本章需要对各二级指标赋予权重，以测算一级指标的得分情况。权重计算方法如式（9-3）所示：

$$\omega_j=\frac{S_j}{\sum_{k=1}^{n}S_k} \tag{9-3}$$

式中，n 为某一级指标中所包含的指标个数；S_j 为二级指标中第 j 项指标的标准差；ω_j 即为第 j 项指标的权重。

在给定权重之后，本章利用简单线性加权的方法，计算出各一级指标的评价得分，计算方法如式（9-4）所示。其中，y_i 代表第 i 个一级指标的综合评价得分。

$$y_i = \sum_{j=1}^{n} \omega_j x_j \tag{9-4}$$

9.2.3.3 区域综合发展水平和区域协调发展水平测度方法

在计算出各一级指标的综合评价得分后，本章利用简单算术平均方法测算我国各区域综合发展水平，计算方法如式（9-5）所示：

$$Y = \frac{1}{4}\sum_{j=1}^{4} y_i \tag{9-5}$$

本章同样采用变异系数来衡量我国区域发展的不平衡程度，变异系数计算方法如式（9-6）所示，其中 S 表示某一区域内四个子系统得分的标准差。在计算出变异系数后，本文根据式（9-7）就可以计算出某一区域的协调发展水平 H。

$$V = S/Y \tag{9-6}$$

$$H = 1 - V \tag{9-7}$$

9.3 实证分析

本文利用上述5个步骤，对中国30个省、市、自治区、直辖市2015年的数据进行相关处理，求出我国30个省市自治区的综合发展水平和协调度，并对它们进行排名，结果见表9-2。

表9-2 中国内陆30个省、自治区、直辖市2015年综合发展水平、协调度得分及排名

省、自治区、直辖市	经济发展	社会进步	环境质量	资源状况	区域综合发展水平	综合水平排名	区域协调发展水平	协调发展水平排名
北京	0.9610	0.8039	0.9657	0.6277	0.8396	1	0.8094	1
上海	0.8598	0.5910	0.7508	0.4700	0.6679	2	0.7424	4
辽宁	0.2940	0.4657	0.6130	0.5569	0.4824	9	0.7107	6
天津	0.6417	0.4236	0.8179	0.4647	0.5870	4	0.6921	7
河北	0.1511	0.3588	0.4992	0.4371	0.3615	21	0.5807	10
山东	0.2837	0.4555	0.6604	0.4750	0.4687	10	0.6713	8
江苏	0.6255	0.3466	0.6973	0.4969	0.5416	6	0.7154	5
浙江	0.6929	0.4444	0.6440	0.7617	0.6357	3	0.7854	3
福建	0.3605	0.2905	0.6241	0.8034	0.5196	7	0.5428	12
广东	0.4231	0.5785	0.6307	0.7076	0.5850	5	0.7945	2

续表 9-2

省、自治区、直辖市	经济发展	社会进步	环境质量	资源状况	区域综合发展水平	综合水平排名	区域协调发展水平	协调发展水平排名
广西	0. 0828	0. 2521	0. 4447	0. 7399	0. 3799	20	0. 2580	30
海南	0. 1861	0. 4493	0. 6160	0. 6983	0. 4874	8	0. 5363	14
山西	0. 1198	0. 3941	0. 3086	0. 3161	0. 2847	28	0. 5908	9
内蒙古	0. 3091	0. 1898	0. 6345	0. 4458	0. 3948	18	0. 5162	16
吉林	0. 1647	0. 2484	0. 6454	0. 6033	0. 4155	13	0. 4121	24
黑龙江	0. 1581	0. 4041	0. 5842	0. 5547	0. 4253	12	0. 5419	13
安徽	0. 1658	0. 2507	0. 4729	0. 5357	0. 3563	23	0. 5051	18
江西	0. 1252	0. 2380	0. 4268	0. 7669	0. 3892	19	0. 2785	29
河南	0. 1176	0. 2716	0. 4832	0. 4896	0. 3405	25	0. 4719	21
湖北	0. 2173	0. 2467	0. 5768	0. 6038	0. 4111	14	0. 4952	19
湖南	0. 2129	0. 1798	0. 5331	0. 6754	0. 4003	15	0. 3931	26
云南	0. 0731	0. 3147	0. 3840	0. 6737	0. 3614	22	0. 3159	28
四川	0. 1649	0. 3163	0. 5183	0. 5968	0. 3991	16	0. 5094	17
宁夏	0. 1476	0. 3753	0. 3707	0. 1611	0. 2637	30	0. 5207	15
新疆	0. 1385	0. 4581	0. 4011	0. 1355	0. 2833	29	0. 3981	25
甘肃	0. 0512	0. 3591	0. 4157	0. 3354	0. 2903	27	0. 4387	23
贵州	0. 0463	0. 3837	0. 3851	0. 5587	0. 3435	24	0. 3755	27
重庆	0. 2193	0. 2661	0. 6664	0. 6131	0. 4412	11	0. 4762	20
陕西	0. 1325	0. 2995	0. 5494	0. 6048	0. 3965	17	0. 4439	22
青海	0. 1209	0. 3873	0. 2934	0. 4221	0. 3059	26	0. 5594	11

从表 9-2 区域发展协调水平及其排名来看，在全国 30 个省、市、自治区、直辖市中，北京的协调水平最高，为 0. 8094，广东协调水平紧随其后，达到 0. 7945；其次是浙江、上海、江苏等地，协调水平最高的前八位均被东部地区占据，中西部地区的协调水平明显要弱于东部地区。

为更清楚地看出中国 30 个省、市、自治区的协调发展水平，本章在参考冯江茹、范新英、高志刚和王垚、张佰瑞、韩兆洲等人划分方法基础上，将协调度划分为七个等级标准。将 H 在 0. 2 以下的称为中度失调，0. 3 ~ 0. 39 的称为轻度失调，0. 4 ~ 0. 49 称为濒临失调，0. 5 ~ 0. 59 称为勉强协调，0. 6 ~ 0. 69 称为初级协调，0. 7 ~ 0. 79 称为中级协调，将 H 在 0. 8 以上的称为良好协调。按照这一划定标准，对我国 30 个省市自治区协调度进行区分，结果见表 9-3。

表 9-3 中国 30 个省、自治区、直辖市 2015 年区域协调发展水平分析

协调等级	划定标准	包含地区	占比/%
良好协调	0.8 以上	北京	3.33
中级协调	0.7~0.79	广东、浙江、上海、江苏、辽宁	16.70
初级协调	0.6~0.69	天津、山东	6.67
勉强协调	0.5~0.59	山西、河北、青海、福建、黑龙江、海南、宁夏、内蒙古、四川、安徽	33.33
濒临失调	0.4~0.49	湖北、重庆、河南、山西、甘肃、吉林	20
轻度失调	0.3~0.39	新疆、湖南、贵州、云南	13.33
中度失调	0.2 以下	江西、广西	6.67

根据表 9-3 的结果可以看出，只有北京处于良好协调的范围，凸显了北京在我国政治、经济、科技与文化等方面的特殊地位；中级协调包括广东、浙江、上海、江苏和辽宁四省；初级协调包括天津和山东两地区；勉强协调的比例最高，包括山西、河北、青海、福建、黑龙江、海南、宁夏、内蒙古、四川、安徽这 10 个地区；余下的地区均处于濒临失调、轻度失调和中度失调的范围，共占 40%的比例。由此可以清楚看到，虽然我国东部地区的平均协调发展水平要远高于中、西部地区，但东部地区自身协调发展水平也并不理想，多受制于社会进步、环境质量或资源状况这三因素中某一个因素，甚至某两个因素的影响。

在中级协调地区当中，除辽宁省外，其他 4 个地区均为我国经济发展的重镇，其经济发展水平指标也要明显高于其他地区，良好的经济基础使得这些地区在社会进步、环境质量以及资源状况这三方面的表现也较为突出，因此，这些地区达到了中级协调的水平。辽宁省，作为老工业基地之一，经济发展水平虽然远不如上述三个地区，但在社会进步、环境质量和资源状况这三方面还是展现了作为老工业基地的良好基础。

初级协调的地区仅有天津和山东两个省、市，从两者区域发展协调水平的具体值来看，天津为 0.6921，其经济发展水平指标得分位居第 4，但区域发展协调水平却仅为第 7 名。究其原因，是因为与经济发展和环境质量相比，其社会进步和资源状况的得分较低，所以天津在提高区域协调发展水平之际，更应注意协调好这两个方面的发展情况。山东区域综合发展水平位居全国第 10，但区域发展协调水平位居全国第 8，从细化指标来看，经济发展水平指标与其他三个指标相比明显得分较低。因此，山东在保持现有区域协调发展水平的同时，要更加注重经济发展水平。

在归属于勉强协调的地区中，从地理位置来看，3 个属于东部地区，3 个属于西部地区，4 个属于中部地区。从这 10 个地区在经济发展、社会进步、资源状况、环境质量这四个方面的得分情况来看，至少有一项得分较低。其中，经济指标最为显著，除福建、内蒙古以外，其余地区得分均在 0.1 ~0.2 之间，经济发展水平不佳明显拉低了这些地区的协调发展水平。因此，对这些地区来说，在关注上述四个方面的发展指标时，要特别注重经济发展水平。

在濒临失调的六省中，湖北、河南、山西和吉林四省属中部地区，重庆和甘肃属于西部地区，这些地区与排在之前的地区相比，经济发展程度和社会进步方面的得分相对较低，但在环境质量和资源状况方面的表现尚可，因此，经济发展与社会进步是这六省提升协调发展水平的关键所在。

余下的新疆、湖南、贵州和云南四省属轻度失调，而江西和广西则属于中度失调。这些地区的经济发展水平和社会进步指标的得分较低，特别是贵州经济发展水平指标在全国 30 个地区中的得分是最低的，仅为 0.0463。可见，经济发展程度低，是影响这些地区发展失调的重要原因。值得注意的是，虽然这些地区经济发展程度和社会进步指标远不如东部地区，但这些地区的环境质量和资源状况并不差（除新疆外，新疆资源状况得分较低），这也说明如何利用好这些地区的资源环境资源，以更好地促进当地的经济发展是提升这些地区区域协调发展水平的重要思路，这也契合“绿水青山就是金山银山”的发展理念。

9.4　小结

通过对我国 30 个省、自治区、直辖市的综合发展水平的得分与区域协调发展水平分析可以看出，综合发展水平的 4 个维度能够充分影响区域协调度，具体来看，我国区域协调发展具有以下特点：

第一，与冯江茹、范新英结论相似，大部分地区的综合发展水平排名与协调发展水平的排名相差不大，基本保持一致，即综合发展水平排名较高的地区其协调度也较高；反之，排名靠后的地区其协调度也靠后。当然，本章的研究也发现个别地区与这一规律不一致。

第二，从东中西三大区域角度来看，在协调发展水平前十的地区中，只有山西属于中部地区，其余均属于东部地区；在协调发展水平排名后十的地区中，中部地区占 40%，西部地区占 50%，东部地区仅占 10%。由此可见，东部地区的协调发展程度要显著优于中、西部地区，导致这一差异的主要因素是东中西部的经济发展水平的差异。然而，本章同时发现，中、西部地区虽然经济发展水平的得分较低，但在资源状况和环境质量方面的得分尚可，这与中、西部本身具有较为丰富的自然资源有关。因此，在实施区域协调发展战略之际，政府要更加注重如何利用好中西部地区优质的自然资源，以“绿水青山就是金山银山”的发展理念来促进中西部地区的经济发展水平。需要注意的是，我国资源环境问题的日益凸显是影响我国，特别是中西部区域协调发展水平提升的重要制约因素；并且，根据前文的分析，发现在现有的分工演化下，中西部地区以巨大资源环境代价支撑了东部地区经济的持续快速发展，甚至丧失了部分未来经济增长的潜力。所以，东部地区在引领经济发展之际，要加大对中西部地区的反哺力度，以进一步缩小东中西部之间的不平衡程度。

第三，山西、河北、青海、宁夏这 4 个地区的综合发展水平排名远落后于其协调发展水平的排名。通过细化指标分析发现，这 4 个地区的经济发展水平得分很低，均没有超过 0.2 的水平，并且在社会进步、环境质量和资源状况方面的得分也较低。从这点来看，这四大地区的协调发展水平只是一种低发展水平的协调。因此，对于这类地区来说，其协调发展的实现更需要全方面的提升，从而促使其由低水平协调向高水平协调快速迈进。

第四，海南、重庆、吉林、湖南、江西和广西这 6 个地区的综合发展水平排名高于其协调发展水平，说明这些地区在经济发展、社会进步、环境质量与资源状况中的某一方面或某两个方面的发展严重落后于其他方面的发展，从而使其协调水平较低。从具体发展指标来看，海南的经济发展程度较其他方面要稍逊一筹，而在重庆、吉林、江西、广西这 4 个地区中，经济发展和社会进步方面的发展严重落后于环境质量和资源状况方面的发展。需要注意的是，江西和广西两大地区的经济发展程度极为落后，进而致使其协调发展水平位居末位。因此，在提升上述各地区协调发展水平之际，要因地制宜制定出适合本地的政策体系。

10　主要结论及相关政策建议

10.1　主要结论

通过对分工演化、多重约束与区域协调发展的系统性分析，本书发现：

（1）分工演化确实是影响一国能源消费水平的重要因素之一，并且由于行业特性、一国在国际分工中所处位置的差异，导致分工演化对能源消费的影响在不同国家、不同行业类型间产生显著差异。实证研究表明，发展中国家为参与国际分工，承接了大量来自发达国家转移而来的高能耗型产业，随着分工程度的加深，能源投入需求亦不断提升，而发达国家利用在国际分工中的技术优势，通过产业转移、外包等方式，将高能耗环节转移至发展中国家，抑制了本国对能源投入的需求。因此，发展中国家的资源约束问题日益凸显。中国，作为最大的发展中国家，在吸引大量 FDI 之际也付出了巨大的能源代价，能源需求屡创新高，石油、天然气等多种重要资源的对外依存度不断攀升，能源约束问题已成为制约我国经济社会可持续发展的重要因素之一。

（2）劳动成本优势转换、利润创造能力的不断下降是影响产业不断外移的重要原因。通过研究发现，中国劳动成本优势的不断弱化，与我国劳动报酬的快速上升密切相关；劳动报酬的快速上升又与我国劳动供给短缺有关，特别是这种短缺不仅体现在高技能劳动力方面，还体现在低端劳动力方面。利润创造能力的不断下降，一方面与我国劳动报酬的不断上升有关，另一方面与我国产业升级不利、行业内产品相似度高、创新不足、技术落后以及供过于求的市场状况等因素有关。从这点来看，垂直专业化分工非但没有很好地帮助我国实现“由价值增值到产品盈利再到资产获利”的产业发展目标，其“低端锁定”的路径依赖效应反而可能导致了我国利润创造能力的不断下降。

（3）国际分工中的技术外溢，有助于我国全要素生产率的提升，但其外溢水平受到人力资本存量的制约。东部地区由于具有较高的人力资本优势，在国际分工中的技术外溢水平最高。但近年来，高额的生活成本和生存压力使得东部地区部分人力资本开始回流，导致东部地区技术外溢水平增长受限甚至为负，进而抑制了我国全要素生产率的提升；西部地区在参与国际分工之际，更有可能发生“资源诅咒”的现象，但人力资本的持续改善能够避免该现象的发生；中部地区良好的基础设施及投资前景，可能导致技术外溢与“挤出效应”相抵消，从而引致垂直专业化分工对全要素生产率的影响并不显著。此外，在参与国际分工，利用外商投资之际，还可能通过“挤出效应”、资源错配等方式抑制全要素生产率的提升，这点在参与分工水平较高的东部地区表现得较为明显。

(4) 分工演化在提升我国能源投入需求的同时，也加剧了我国环境污染问题。这一点无论是从参与垂直专业化分工的规模，还是从参与垂直专业化分工的程度来看，均得到了有效验证，并且 FDI 与加工贸易在对 SO_2 排放的影响上展现出了高度的统一性，很好地体现了二者之间的密切联系。

(5) 实证研究表明，中、高等人力资本积累在调整产业结构、促进产业结构升级方面所起的作用并没有达到预期的效果，甚至可能陷入“低技术均衡”。研发投入在缓解能源约束方面的作用，也需要通过与高等人力资本的配合，才能有效促进技术进步，进而降低能源强度。

(6) 对区域协调发展水平的评估发现，我国东部地区的协调发展程度要显著优于中、西部地区，导致这一差异的主要原因是东中西部地区经济发展水平的差异。庆幸的是，资源禀赋优势相对削弱了中西部地区经济发展水平较低带来的不利影响。因此，在提升中西部地区协调发展水平之际，更应以“绿水青山就是金山银山”的发展理念来提升当地经济发展水平。然而，需要注意的是，在参与国际分工的进程当中，资源环境问题的日益凸显是影响我国，特别是中西部区域协调发展水平提升的重要制约因素。所以，东部地区在引领经济发展之际，要加大对中西部地区的反哺力度，以进一步缩小东中西部之间的不平衡程度。

从本书的主要研究结论来看：一方面，无论是要提高国际分工中的溢出效应，还是要发挥研发投入在促进技术进步方面的效果，都需要人力资本的配合；另一方面，人力资本的积累，特别是高等人力资本在促进产业升级、缓解能源、环境约束，乃至提升技术水平和利润创造能力等多个方面，均具有较大的提升空间。并且，人力资本的积累，还能进一步遏制未来劳动报酬的上升速度，进而为我国产业转型赢得更为宝贵的时间。由此可见，人力资本在缓解我国多重约束、实现区域协调发展方面将扮演更为重要的角色。

从这点来看，在我国经济增速下滑，全球经济不景气的大环境下，人才争夺便成为了必然。在这场人才争夺的过程，东部地区由于优越的经济社会环境，在吸引和培养高等人力资本方面具有中、西部地区难以比拟的优势。因此，东部地区的人力资本优势，特别是高等人力资本优势会进一步扩大。未来，东部地区的全要素生产率与中、西部地区的差距可能也会被进一步拉大，潜在经济产出的差异，使得东、中、西部地区在经济发展很可能出现更大的不平衡，因此，如何规避这种不利影响，保证我国区域协调发展目标的实现，也是本书所重点关心所在。

目前，从我国参与国际分工的历史来看，中、西部地区为东部地区的经济发展提供了大量的矿产资源。以煤炭资源为例，从附表 1、附表 2 和附表 3 中可以看出，在煤炭可供消费量方面，呈现出中部 > 东部 > 西部的特征，从附表 4、附表 5 和附表 6 可以看出，在煤炭调入量方面，呈现出东部 > 中部 > 西部的特征。在此基础上，本章测算了各地区煤炭调入占可供消费的比例，见附表 7、附表 8 和附表 9 所示。从各地区煤炭调入占可供消费的比例可知，东部地区煤炭调入占可供消费的比例常年在 80% 以上，远超中、西部地区的平均水平。进一步地，我们注意到东部地区的上海、北京和天津等地区的煤炭调入量常年超过其煤炭可消费量，这说明中、西部地区的确为东部地区经济的快速发展提供了大量的煤炭资源，甚至以一定资源错配的形式，优先确保东部地区能够实现经济的快速发展。所以，在我国社会主要矛盾已经转化为人民日益增长的美好生活需要和不平衡不充分的发展之间的矛盾之际，如何借助东部地区发达的经济资源以及剩余的经济发展能力，来“反哺”中西部地区的发展，便成为我国政府必须考虑的问题。

10.2　政策建议

我国一直高度重视区域协调发展问题，早在 2003 年党的十六届三中全会上就强调“五个统筹”的要求，随后形成了推进西部大开发、振兴东北地区等老工业基地、促进中部地区崛起、鼓励东部地区率先发展等一系列区域发展总体战略。在上述发展战略下，我国区域政策体系不断完善，各地区经济发展迅速，地区人民生活得到持续改善。

然而，由于我国地区差异较大，发展基础参差不齐，区域发展不平衡的现象依然存在，甚至有进一步拉大的趋势。因此，党的十九大报告中明确指出要实施区域协调发展战略，要求建立更加有效的区域协调发展新机制。通过本书的研究，认为提出要建立更加有效的区域协调发展新机制，不仅是因为区域差距的持续拉大，还因为我国在参与国际分工的进程中，多重约束问题凸显，全球经济不景气使得贸易保护主义再次抬头，这些新情况的出现，要求我们必须建立更加有效的区域协调发展新机制。基于这些新情况的出现和本书的研究结论，在促进我国区域协调发展方面，本书给出如下政策建议：

（1）继续推行扩大开放的政策导向，为全球经济增长创造新机遇、增添新动力，让共同繁荣之路越走越宽广，创造更多的合作空间，提供更多的就业岗位给新增就业人员，促进世界经济的全面复苏，推动世界经济进入更全面合作、更高水平发展的新时代。

（2）面对我国出现的能源约束问题，第一，在参与国际分工之际，要通盘考虑，对到底要承接何种产业要进行充分的论证，尽可能削弱其对能源消费的影响；第二，要杜绝能源浪费现象的发生，对浪费能源者深究严惩，完成由粗放型增长方式向集约型增长方式的转变，切实提高我国能源利用效率，缓解能源投入需求；第三，要积极推进产业结构的转型升级，特别是要大力开发中西部地区丰富的旅游和文化资源，加快中西部地区第三产业的发展，依托产业结构调整来降低中西部地区能源强度，进而缓解能源约束问题。

（3）面对我国成本利润约束问题，第一，要增加劳动力有效供给并优化供给结构。可考虑适时出台“三孩政策”（甚至全面放开生育），并通过直接补贴、加大妇幼保健投入等方式降低生育成本，提高生育率，进一步完善社会保障体系，营造良好的工作氛围，提高劳动参与率；第二，要通过深化财税和金融体制改革，降低企业融资成本，通过提高个人所得税起征点等方式降低企业的用工成本，维持和强化现有的劳动力成本优势；第三，要以“一带一路”建设为契机加快推动人民币国际化，规避汇率波动风险，获取大宗商品定价权，降低企业汇兑成本和外币衍生产品交易成本，特别是要积极推进石油、天然气等人民币结算模式，从而降低能源购买成本，提升企业国际竞争力；第四，要充分协调使用好各区域的资源禀赋优势，把资源优势转化为各地的产业优势，加大研发力度，集中力量突破核心技术瓶颈，充分释放市场需求，提升市场供给能力，确保产业顺利转型升级，进而提升企业利润创造能力。

（4）面对我国出现的环境约束问题，第一，各地区要切实重视环境污染的严重性，在参与国际分工之际，要以环境管制为抓手，严控 FDI 的引进质量，尽可能地避免引入高能耗型的 FDI，特别是中西部地区；第二，要加快促进加工贸易的转型升级，引导劳动密集型加工贸易向资本、技术密集型加工贸易转变，在提升我国在国际分工中地位的同时，降低加工贸易对环境污染的影响；第三，要加快人力资本积累的速度，特别是要进一步鼓励大学生到中、西部地区就业，改善该地区人力资本的不利情形，尽快跨越人力资本门槛，获取更高大的技术外溢效应，进而降低环境污染水平；第四，要积极推进能源革命，提高可再生能源在我国能源结构中的比重，促进化石能源清洁高效利用，走低碳化的可持续发展道路，以缓解其能源约束问题。

（5）面对我国产业结构升级不利的局面，要以“双一流”建设为契机，加快对拔尖创新人才的引进和培养，以现代职业教育发展提供中高级技能型人才，走产学研合作道路，促使研发投入和研发人员能够在生产一线得到良好的结合，利用好国际分工中的技术溢出效应，发挥出中、高等人力资本在促进产业结构升级方面应有的作用，全面提升我国全要素生产率，实现我国从制造大国向制造强国的转型。

（6）要继续推进我国供给侧改革，不断完善市场化制度，促进市场资源的合理流动，全面激发市场主体创新活力。但是，在吸引人才流动之际，要避免恶性竞争，避免逐“洋派”、轻“本土”，在引进人才之际，要切合本地产业实际需要，避免因盲目引入而导致的资源错配。中、西部地区要加强与东部地区的合作，东部地区也应加大对中西部地区的反哺力度，中西部地区在谋求发展之际，要深入挖掘注重自身资源环境优势，和东部地区的人力、资金与技术相紧密结合，弥补自身短板，促进自身经济的快速发展，进而确保我国区域协调发展宏伟目标的实现。

参考文献

[1] Ang B W, Liu N. Energy decomposition analysis: IEA model versus other methods [J]. Energy Policy, 2007, 35 (3): 1426-1432.

[2] Ang B W, Zhang F Q. A survey of index decomposition analysis in energy and environmental studies [J]. Energy, 2000, 25 (12): 1149-1176.

[3] Arellano M, Bover O. Another Look at the Instrumental Variable Estimation of Error Components Models [J]. Journal of Econometrics, 1995, 68 (1): 29-51.

[4] Arndt. Globalization and the Open Economy [J]. North American Journal of Economics and Finance, 1997, 8 (1): 71-79.

[5] Arndt Sven W. SUPER-SPECIALIZATION AND THE GAINS FROM TRADE [M]. Evolving Patterns in Global Trade and Finance, 1998: 91-96.

[6] Ayres R U, Turton H, Casten T. Energy efficiency, sustainability and economic growth [J]. Energy, 2007, 32 (5): 634-648.

[7] Bastianoni R M, Pulselli, Pulselli. F M. Models of Withdrawing Renewable and Non-Renewable Resources Based on Odum's Energy Systems Theory and Daly's Quasi-Sustainability Principle [J]. Ecological Modelling, 2009, 220 (16): 126-130.

[8] XuBin. Multinational enterprises, technology diffusion, and host country productivity growth [J]. Journal of Development Economics, 2000, 62: 477-493.

[9] Cole M A, Fredriksson P G. Endogenous Pollution Havens: Does FDI Influence Environmental Regulations? [J]. The Scandinavian Journal of Economics, 2006, 108 (1): 157-178.

[10] Dean J, Gangopadhyay S. Export Bans, Environmental Protection, and Unemployment [J]. Review of Development Economics, 1997, 1 (3): 324-336.

[11] Dunning J H. Location and the Multinational Enterprise: A Neglected Factor? [J]. Journal of International Business Studies, 2009, 40 (1): 5-19.

[12] Feingold D, Soskice D. The Failure of Training in Britain [J]. Nato Asi, 1998, 36 (3): 435-457.

[13] Görg H, Hanley A. International outsourcing and productivity: Evidence from the Irish electronics industry [J]. North American Journal of Economics & Finance, 2005, 16 (2): 255-269.

[14] Hummels D, Ishii J, Yi K M. The nature and growth of vertical specialization in world trade [J]. Journal of International Economics, 2001, 54 (1): 75-96.

[15] ILO. Resolution concerning statistics of labor cost [EB/OL], http://www.ilo.org/global/statistics-and-databases/standards-and-guidelines/resolutions-adopted-by-international-conferences-of-labour-statisticians/WCMS_087500/lang-en/index.htm, 1996.

[16] Jabbour, Liza. Determinants of International Vertical Specialization and Implications on Technology Spillovers [C] //The 4th EUROPAEUM Economic Workshop, University of Bologna, http://www.dse.unibo.it/EUROPAEUM/JABBOUR.PDF. 2005.

[17] Judith M Dean, Fung K C, Wang Zhi. Measuring Vertical Specialization: The Case of China

[J]. Review of International Economics, 2011, 19 (4): 609 – 625.

[18] Fisher-Vanden Karen, Jefferson Gary H, Liu Hongmei, et al. What is driving China's decline in energy intensity? [J]. Resource and Energy Economics, 2004, 26: 77 – 97.

[19] Klenow P J, Rodríguez-Clare A. Economic growth: A review essay [J]. Journal of Monetary Economics, 1997, 40 (3): 597 – 617.

[20] Kraft A, Kraft J. On the Relationship between Energy and GNP [J]. Journal of Energy and Development, 1978, 3: 401 – 403.

[21] Ma C, Stern D I. China's changing energy intensity trend: A decomposition analysis [J]. Energy Economics, 2008, 30 (3): 1037 – 1053.

[22] Mehrara M. Energy consumption and economic growth: The case of oil exporting countries [J]. Energy Policy, 2007, 35 (5): 2939 – 2945.

[23] Pack Howard, Kamal Saggi. Vertical TechnologyTransfer Via International Outsourcing [J]. Journal of Development Economics, 2001, 65 (2): 389 – 415.

[24] Pack H, Saggi K. Vertical Technology Transfer via International Outsourcing [J]. Journal of Development Economics, 2001, 65 (2): 389 – 415.

[25] PONCET S, HERING L, SOUSA J D. Has trade openness reduced pollution in China [R]. FERDI Working Papers, 2015: 132.

[26] Samuelson P A. Where Ricardo and Mill Rebut and Confirm Arguments of Mainstream Economists Supporting Globalization [J]. Journal of Economic Perspective, 2004, 18 (3): 135 – 146.

[27] Schmitz H. Local upgrading in global chains: Recent Findings [R]. Institute of Development Studies Sussex, 2004.

[28] Schneider B R. Hierarchical Market Economies and Varieties of Capitalism in Latin America [J]. Journal of Latin American Studies, 2009, 41 (3): 553 – 575.

[29] Srholec M. High-Tech Exports from Developing Countries: A Symptom of Technology Spurts or Statistical Illusion? [J]. Review of World Economics, 2007, 143 (2): 227 – 255.

[30] Stern D I. Energy and economic growth in the USA: A multivariate approach [J]. Energy Economics, 1993, 15 (2): 137 – 150.

[31] 白嘉，张会新．垂直专业化分工的技术溢出效应研究［J］．中国软科学，2013 (8): 176 – 192.

[32] 北京大学中国经济研究中心课题组．中国出口贸易中的垂直专门化与中美贸易［J］．世界经济，2006 (5): 3 – 11.

[33] 蔡昉．劳动力供给与中国制造业的新竞争力来源［J］．中国发展观察，2012 (4): 17 – 19.

[34] 蔡昉．四方面提高全要素生产率打造经济新动力［EB/OL］. http: //news.xinhuanet.com/fortune/2016 – 01/10/c_ 1117725940. html, 2016-01-10.

[35] 曹翠珍，赵国浩．区域物流发展、经济增长与能源消费——基于中国省际面板数据的实证分析［J］．财贸研究，2015 (2): 44 – 52.

[36] 曹玉书，楼东玮．资源错配、结构变迁与中国经济转型［J］．中国工业经济，2012

(10)：5 - 18.

[37] 曹玉书，尤卓雅．资源约束、能源替代与可持续发展——基于经济增长理论的国外研究综述［J］．浙江大学学报，2010（4）：5 - 12.

[38] 陈超，姚利民．制造业单位劳动成本的国际比较及其对出口与福利的影响［J］．世界经济研究，2007（6）：24 - 29.

[39] 陈芳．加工贸易与能源消耗——基于省区面板数据的研究［J］．安徽大学学报（哲学社会科学版），2015（2）：137 - 143.

[40] 陈媛媛，李坤望．FDI 对省际工业能源效率的影响［J］．当代财经，2010，20（7）：28 - 33.

[41] 陈媛媛，王海宁．FDI、人力资本与省际工业能源效率［J］．国际贸易问题，2011（3）：99 - 109.

[42] 程盈莹，王洪渊．国际垂直专业化对承接国技术溢出的影响——基于不同伙伴国和组织模式的视角［J］．经济问题，2014（5）：72 - 77.

[43] 戴翔．产品内分工、出口增长与环境福利效应——理论及对中国的经验分析［J］．国际贸易问题，2010（10）：57 - 63.

[44] 党玉婷．中国对外贸易对环境污染影响的实证研究［J］．财经研究，2012（2）：26 - 35.

[45] 邓柏盛，宋德勇．我国对外贸易、FDI 与环境污染之间关系的研究：1995—2005［J］．国际贸易问题，2008（4）：101 - 108.

[46] 丁翠翠．我国工业化、城市化对能源消费强度的动态效应与区域差异——基于动态面板数据模型的系统广义矩（SYS-GMM）分析方法［J］．河北经贸大学学报，2015（3）：47 - 54.

[47] 董利．我国能源效率变化趋势的影响因素分析［J］．产业经济研究，2008（1）：8 - 18.

[48] 都阳，曲玥．劳动报酬、劳动生产率与劳动力成本优势——对 2000—2007 年中国制造业企业的经验研究［J］．中国工业经济，2009（5）：25 - 35.

[49] 樊茂清，郑海涛，孙琳琳，等．能源价格、技术变化和信息化投资对部门能源强度的影响［J］．世界经济，2012（5）：22 - 45.

[50] 傅允生．资源约束变动与区域经济动态均衡发展［J］．学术月刊，2007（11）：73 - 80.

[51] 冯江茹，范新英．中国区域协调发展水平综合评价及测度［J］．企业经济，2014（8）：136 - 139.

[52] 高志刚，王垚．基于组合评价的中国区域协调发展水平研究［J］．广东社会科学，2011（1）：19 - 26.

[53] 国家发改委宏观经济研究院地区所课题组．21 世纪中国区域经济可持续发展研究［R］．北京：国家发改委宏观经济研究院，2003.

[54] 呙小明，康继军．中国制造业对外开放与能源效率的非线性关系研究［J］．经济经纬，2016，33（1）：84 - 89.

[55] 贺聪，尤瑞章，莫万贵．制造业劳动力成本国际比较研究［J］．金融研究，2009（7）：170 - 184.

[56] 胡昭玲．产品内国际分工对中国工业生产率的影响分析［J］．中国工业经济，2007（6）：38 - 45.

[57] 胡昭玲，张蕊．中国制造业参与产品内国际分工的影响因素分析［J］．世界经济研究，

2008 (3): 3 – 8.

[58] 韩兆洲. 区域经济协调发展统计测度研究 [D]. 厦门: 厦门大学, 2000.

[59] 江孝君, 杨青山, 等. 中国经济社会协调发展水平空间分异特征 [J]. 经济地理, 2017, 37 (8): 17 – 26.

[60] 蒋冰冰. 产品内国际分工与中国产业发展 [D]. 武汉: 华中科技大学, 2012.

[61] 金三林, 朱贤强. 我国劳动力成本上升的成因及趋势 [J]. 经济纵横, 2013 (2): 37 – 42.

[62] 金艳清, 卢晓勇. FDI、R&D 投入与能源消费——基于省际面板数据的实证分析 [J]. 科学管理研究, 2013 (1): 113 – 116.

[63] 靖学青. 城镇化对西部地区经济增长的影响 [J]. 经济问题探索, 2014 (3): 100 – 106.

[64] 李标, 吴贾, 陈姝兴. 城镇化、工业化、信息化与中国的能源强度 [J]. 中国人口资源与环境, 2015, 25 (8): 69 – 76.

[65] 李建强, 赵西亮. 中国制造还具有劳动力成本优势吗 [J]. 统计研究, 2018 (1): 22 – 31.

[66] 李静, 楠玉. 垂直专业化"挤出效应"与技术进步迟滞 [J]. 国际贸易问题, 2016 (11): 54 – 64.

[67] 李静, 沈伟. 环境规制对中国工业绿色生产率的影响 [J]. 山西财经大学学报, 2012 (4): 56 – 65.

[68] 李锴, 齐绍洲. "FDI 降低东道国能源强度"假说在中国成立吗?——基于省区工业面板数据的经验分析 [J]. 世界经济研究, 2016 (3): 108 – 122.

[69] 李平, 刘利利, 李蕾蕾. 政府研发资助是否促进了技术进步——来自 66 个国家和地区的证据 [J]. 科学学研究, 2016, 34 (11): 1625 – 1636.

[70] 李未无. 对外开放与能源利用效率: 基于 35 个工业行业的实证研究 [J]. 国际贸易问题, 2008 (6): 7 – 15.

[71] 黎晓, 刘立刚, 王昆. 中国稀土企业整合的必要性研究——基于多重约束的视角 [J]. 有色金属科学与工程, 2012 (4): 87 – 90.

[72] 黎晓, 王昆. 分工演化、人力资本积累与能源投入需求 [J]. 福建行政学院学报, 2018 (1): 78 – 90.

[73] 李小平. 国际贸易中隐含的 CO_2 测算——基于垂直专业化分工的环境投入产出模型分析 [J]. 财贸经济, 2010 (5): 66 – 70.

[74] 梁超. 垂直专业化、人力资本与我国的技术创新能力 [J]. 产业经济研究, 2013 (2): 65 – 73.

[75] 梁运文, 芮明杰. 垂直专业化、利润创造与中国制造业发展战略态势 [J]. 产业经济研究, 2013 (4): 1 – 13.

[76] 林伯强, 杜克锐. 理解中国能源强度的变化: 一个综合的分解框架 [J]. 世界经济, 2014 (4): 69 – 87.

[77] 林毅夫, 任若恩. 东亚经济增长模式相关争论的再探讨 [J]. 经济研究, 2007 (8): 4 – 12.

[78] 林毅夫, 苏剑. 论我国经济增长方式的转换 [J]. 管理世界, 2007 (11): 5 – 13.

[79] 刘厚俊, 刘正良. 人力资本门槛与 FDI 效应吸收——中国地区数据的实证检验 [J]. 经济科学, 2006 (5): 90 – 98.

[80] 刘庆林, 高越, 韩军伟. 国际生产分割的生产率效应 [J]. 经济研究, 2010 (2): 32 – 43.

[81] 刘瑞翔．中国的增加值率为什么会出现下降？——基于非竞争型投入产出框架的视角［J］．南方经济，2011，29（9）：30－42.
[82] 刘耀彬．中国城市化与能源消费关系的动态计量分析［J］．财经研究，2007，33（11）：72－81.
[83] 孟祺．垂直专业化对内资企业有技术溢出效应吗？［J］．科研管理，2010（4）：91－97.
[84] 孟祺，隋杨．垂直专业化与全要素生产率——基于工业行业的面板数据分析［J］．山西财经大学学报，2010，32（1）：58－64.
[85] 聂辉华，江艇，杨汝岱．中国工业企业数据库的使用现状和潜在问题［J］．世界经济，2012（5）：142－158.
[86] 牛海霞，罗希晨．我国加工贸易污染排放实证分析［J］．国际贸易问题，2009（2）：96－101.
[87] 彭国华．我国地区全要素生产率与人力资本构成［J］．中国工业经济，2007（2）：54－61.
[88] 彭红枫，鲁维洁．外商直接投资的动态挤入挤出效应——基于全国及地区差异的分析和检验［J］．世界经济研究，2011（2）：59－64.
[89] 丘兆逸．国际垂直专业化中污染工序转移研究——以我国为例［J］．国际贸易问题，2012（4）：107－114.
[90] 单豪杰．中国资本存量K的再估算：1952－2006年［J］．数量经济技术经济研究，2008（10）：17－31.
[91] 沈利生，唐志．对外贸易对我国污染排放的影响——以二氧化硫排放为例［J］．管理世界，2008（6）：21－29.
[92] 沈利生，王恒．增加值率下降意味着什么［J］．经济研究，2006（3）：59－66.
[93] 沈利生．中国经济增长质量与增加值率变动分析［J］．吉林大学社会科学学报，2009，49（3）：126－134.
[94] 沈能，刘凤朝．高强度的环境规制真能促进技术创新吗？［J］．中国软科学，2012（4）：49－59.
[95] 盛斌，吕越．外国直接投资对中国环境的影响——来自工业行业面板数据的实证研究［J］．中国社会科学，2012（5）：54－75.
[96] 史丹．结构变动是影响我国能源消费的主要因素［J］．中国工业经济，1999（11）：38－43.
[97] 石风光，李宗植．要素投入、全要素生产率与地区经济差距——基于中国省区数据的实证分析［J］．数量经济技术经济研究，2009（12）：19－31.
[98] 石奇，张继良．区际产业转移与欠发达地区工业化的协调性［J］．产业经济研究，2007（1）：38－44.
[99] 宋结焱，施炳展．出口贸易是否降低了中国行业内资源错配？［J］．世界经济研究，2014（10）：53－60.
[100] 宋旭光．资源约束与中国经济发展［J］．财经问题研究，2004（11）：15－20.
[101] 孙楚仁，沈玉良，赵红军．FDI和加工贸易的关系：替代、互补或其他？［J］．南开经济研究，2008（3）：84－103.
[102] 唐东波．垂直专业化贸易如何影响了中国的就业结构？［J］．经济研究，2012（8）：118－131.

[103] 唐辉亮. 人力资本结构、技术资本配置结构与产业转型升级能力研究 [J]. 统计与决策, 2014 (2): 106-108.

[104] 滕玉华. 自主研发、技术引进与中国工业能源强度——基于31个行业的实证分析 [J]. 财经论丛 (浙江财经大学学报), 2009 (2): 1-6.

[105] 田巍, 余淼杰. 企业出口强度与进口中间品贸易自由化: 来自中国企业的实证研究 [J]. 管理世界, 2013 (1): 28-44.

[106] 王国印, 王动. 波特假说、环境规制与企业技术创新——对中东部地区的比较分析 [J]. 2011 (1): 100-112.

[107] 王家庭. 多重约束下低成本集约型城镇化模式研究 [M]. 天津: 南开大学出版社, 2010.

[108] 王珂英, 张鸿武. 城镇化与工业化对能源强度影响的实证研究——基于截面相关和异质性回归系数的非平衡面板数据模型 [J]. 中国人口资源与环境, 2016, 26 (6): 122-129.

[109] 王昆, 黎晓. 多重约束、分工演化与区域协调发展: 一个理论分析框架 [J]. 贵州财经大学学报, 2014, 32 (2): 73-78.

[110] 王昆, 田彬彬. 中国制造业利润创造能力的多维比较研究——来自微观加总的证据 [J]. 经济问题探索, 2014 (12): 62-71.

[111] 王昆, 黎晓. 垂直专业化分工抑制了我国的全要素生产率吗? ——来自省级面板数据的证据 [J]. 科技促进发展, 2017, 13 (z2): 636-644.

[112] 王昆, 黎晓. 参与垂直专业化分工加剧了我国环境污染吗? [J]. 环境经济研究, 2017 (4): 23-34.

[113] 王昆, 李兆千. 全球视野下中国劳动力成本优势的弱化与应对 [J]. 西部论坛, 2018 (2): 91-105.

[114] 王昆, 廖涵. 国际产业趋同与差异研究——来自非竞争型投入产出表的证据 [J]. 产业经济研究, 2011 (1): 11-20.

[115] 王燕武, 李文溥, 李晓静. 基于单位劳动力成本的中国制造业国际竞争力研究 [J]. 统计研究, 2011 (10): 60-67.

[116] 王玉潜. 能源消耗强度变动的因素分析方法及其应用 [J]. 数量经济技术经济研究, 2003 (8): 151-154.

[117] 王铮, 滕丽, 蔡砥. 资源约束下两区域的增长 [J]. 自然资源学报, 2008 (4): 581-588.

[118] 王中华. 中国参与国际垂直专业化分工程度的再度量——基于黑田法的研究 [J]. 贵州财经学院学报, 2013 (1): 48-54.

[119] 魏楚, 沈满洪. 能源效率及其影响因素: 基于DEA的实证分析 [J]. 管理世界, 2007, 167 (8): 66-76.

[120] 魏龙, 潘安. 出口贸易和FDI加剧了资源型城市的环境污染吗? ——基于中国285个地级城市面板数据的经验研究 [J]. 自然资源学报, 2016 (1): 17-27.

[121] 吴巧生, 成金华. 中国工业化中的能源消耗强度变动及因素分析——基于分解模型的实证分析 [J]. 财经研究, 2006, 32 (6): 75-85.

[122] 许晓娟, 智冬晓. 中国本土企业获得FDI垂直技术溢出了吗? ——基于1999—2006年

中国制造业企业的实证研究［J］. 中国软科学，2013（8）：43 – 54.
［123］徐毅，张二震. 外包与生产率：基于工业行业数据的经验研究［J］. 经济研究，2008（1）：103 – 113.
［124］杨坤鹏，戴翔. 我国服务业增加值率的变迁及其国际比较［J］. 上海经济研究，2016（2）：12 – 18.
［125］叶素云，叶振宇. FDI对我国地区能源强度影响的经验研究［J］. 国际贸易问题，2010（9）：90 – 95.
［126］于春海，常海龙. 再论我国制造业增加值率下降的原因——基于WIOD数据的分析［J］. 经济理论与经济管理，2015，35（2）：20 – 30.
［127］余泳泽，杜晓芬. 技术进步、产业结构与能源效率——基于省域数据的空间面板计量分析［J］. 产业经济评论：山东大学，2011（4）：36 – 68.
［128］张传国，邓文平. 广东省能源消费、经济增长与FDI互动关系的研究——基于VAR模型［J］. 国际商务：对外经济贸易大学学报，2009（3）：60 – 65.
［129］张国庆，林玳玳. 劳动报酬的提高必然降低我国劳动力成本优势吗——基于2002年以来我国制造业的数据分析［J］. 宏观经济研究，2016（9）：100 – 105.
［130］张明志，李敏. 国际垂直专业化分工下的中国制造业产业升级及实证分析［J］. 国际贸易问题，2011，（1）：118 – 128.
［131］张秋菊，朱钟棣. 跨国外包的承接与我国技术进步关系的实证分析——基于VECM的长、短期因果关系检验［J］. 世界经济研究，2008（6）：74 – 79.
［132］张少华，陈浪男. 经济全球化对我国环境污染影响的实证研究——基于行业面板数据［J］. 国际贸易问题，2009（11）：68 – 79.
［133］张少军，刘志彪. 中国地区差距及其纠偏：全球价值链和国内价值链的视角［J］. 学术月刊，2008（5）：49 – 55.
［134］张涛，张若雪. 人力资本与技术采用：对珠三角技术进步缓慢的一个解释［J］. 管理世界，2009（2）：75 – 82.
［135］张小蒂，孙景蔚. 基于垂直专业化分工的中国产业国际竞争力分析［J］. 世界经济，2006（5）：12 – 21.
［136］张兴祥，许焱，李雅霏. 中国制造业是否陷入"低技术均衡"［J］. 中国科技论坛，2016（8）：17 – 22.
［137］张友国. 中国贸易含碳量及其影响因素——基于（进口）非竞争型投入-产出表的分析［J］. 经济学（季刊），2010，9（4）：1287 – 1310.
［138］张佰瑞. 我国区域协调发展度的评价研究［J］. 工业技术经济，2007（9）.
［139］赵连阁，钟搏. 贸易开放、人力资本与中国能源消耗［J］. 商业经济与管理，2015（10）：78 – 88.
［140］赵领娣，郝青. 人力资本和科技进步对能源效率的影响效应——基于区域面板数据［J］. 北京理工大学学报（社会科学版），2013，15（1）：19 – 25.
［141］赵涛，时洪功. 能源结构和产业结构对能源强度的冲击效应和贡献度研究［J］. 干旱区资源与环境，2013，27（12）：1 – 6.
［142］郑国姣，杨来科. 东亚地区产业垂直专业化、贸易细分与中国的贸易隐含碳［J］. 产

经评论，2015（2）：96－105.
［143］郑海涛，任若恩．中国制造业国际竞争力的比较研究——基于中国和德国的比较［J］．中国软科学，2004（10）：59－64.
［144］郑玉歆．全要素生产率的再认识——用 TFP 分析经济增长质量存在的若干局限［J］．数量经济技术经济研究，2007，24（9）：3－11.
［145］钟昌标，黄远浙，刘伟．外商直接投资最佳行业渗透水平—基于溢出效应视角的实证分析［J］．南开经济研究，2013（6）：19－36.
［146］钟熙维，陈小惠．中国的国际分工地位提升了吗——基于出口品技术含量视角［J］．国际商务：对外经济贸易大学学报，2013（1）：41－52.
［147］周五七．能源价格、效率增进及技术进步对工业行业能源强度的异质性影响［J］．数量经济技术经济研究，2016（2）：130－143.
［148］周一星，田帅．以“五普”数据为基础对我国分省城市化水平数据修补［J］．统计研究，2006（1）：62－65.
［149］周宇．中国是否仍然拥有低劳动力成本优势？［J］．世界经济研究，2014（10）：3－8.
［150］朱雯君，陈红蕾．加工贸易、FDI 对环境污染的影响分析——基于 VECM 模型的实证分析［J］．产经评论，2010（6）：102－108.

附　录

附表 1　东部地区煤炭可供消费量　　(kt)

年份	上海	北京	辽宁	天津	河北	山东	江苏	浙江	福建	广东	广西	海南	平均
1995	39452	26799	93629	24281	109835	99670	89355	42307	16763	49406	23299	1680	51373
1996	40929	26624	93080	22867	113833	99932	88331	45938	18342	50788	23454	1494	52134
1997	42101	26050	94014	23238	116124	96726	85845	47652	17067	50866	21668	1391	51895
1998	42193	26395	86825	23207	114163	99313	85711	46531	17871	50870	21063	1697	51320
1999	42153	25040	84617	22851	116419	99611	87142	47738	19820	52836	21172	1786	51765
2000	45021	26471	95822	24675	118900	87049	87698	50277	21686	59142	22284	1914	53412
2001	46014	25710	90836	26381	126408	110930	89632	55274	22100	60879	22888	1992	56587
2002	46816	25193	93553	29292	137395	129322	96635	60183	27140	66490	21331	NA	66668
2003	49548	26805	104315	29292	148414	151651	108488	66257	32728	79103	25915	3383	68825
2004	51463	29473	117742	35081	174219	182700	132721	83618	38055	87902	33667	4773	80951
2005	53226	30268	130697	38012	205424	251406	167786	96806	48571	99424	37349	3416	96865
2006	51450	28218	142108	38090	213454	289986	184277	113344	53951	111260	41727	3317	105932
2007	52601	26362	152243	39267	245485	317036	199518	130241	61172	125940	47725	4155	116812
2008	54640	26000	153467	39730	244186	343896	207367	130409	65959	132982	46771	4720	120844
2009	53079	25477	160325	41214	265158	347952	210030	132762	71093	136473	51996	5178	125061
2010	58750	26282	169084	48055	274647	373279	231005	139498	70262	159836	62026	6475	134933
2011	61416	23688	180536	52615	307918	389205	273638	147760	87138	184394	70328	8169	148900
2012	57019	22699	182189	52983	313590	402328	277624	143735	84849	176340	72638	9300	149608
2013	56861	20186	181328	52787	316633	376834	279461	141613	80786	171068	73441	10088	146757
2014	48965	17366	180023	50273	296355	395617	269126	138244	81983	170137	67960	10183	143853
2015	47284	11652	173364	45388	289431	409269	272091	138261	76599	165873	61189	10719	141760
2016	46237	8476	169437	42302	281056	409392	280481	139485	68265	161353	65158	10153	140150

数据来源：CEIC 数据库。

附表 2　中部地区煤炭可供消费量　　(kt)

年份	山西	内蒙古	吉林	黑龙江	安徽	江西	河南	湖北	湖南	平均
1995	120149	44229	48470	61881	49727	30804	75866	54039	57854	60335
1996	124019	48871	51400	59914	52837	26574	81871	56634	58051	62241
1997	101677	58619	50025	64576	54237	26445	76653	59042	47027	59811

续附表 2

年份	山西	内蒙古	吉林	黑龙江	安徽	江西	河南	湖北	湖南	平均
1998	107807	53060	41736	59626	53621	23212	68928	59113	47853	57217
1999	57564	55420	42422	54944	54909	21062	57880	59933	33624	48640
2000	26625	59726	42127	54584	58935	22458	52794	60506	30663	45380
2001	26563	63383	44842	51560	63467	23135	64033	60959	41003	48772
2002	90547	69842	46639	52857	65385	26101	72415	64826	42874	59054
2003	145019	83740	52021	60307	73316	32437	105093	72385	49843	74907
2004	151327	115229	57150	72562	77942	39258	120708	80537	60398	86124
2005	136814	137067	68024	76862	83327	42248	169071	88726	87465	98845
2006	148512	160102	75488	79344	88307	45937	160897	99098	94005	105743
2007	122035	183389	78466	80381	97705	51709	172620	107916	102774	110777
2008	283727	221479	83674	80094	114252	52675	171912	101961	101690	134607
2009	277619	243935	85889	90518	125601	53561	177782	116050	107514	142052
2010	298651	270169	95827	122191	133201	62462	238050	134701	113233	163165
2011	334787	346871	110353	132000	145151	69884	262625	158053	130058	187753
2012	345512	366215	110827	139649	147598	68019	216636	157994	120837	185921
2013	366365	349157	105956	132668	156584	72547	250581	121667	112238	185307
2014	375874	364660	103793	135955	158388	74773	241950	118878	108995	187030
2015	371151	364998	98053	134329	157082	76982	237609	117659	111423	185476
2016	356210	366753	94168	140344	157100	76176	232290	116859	114435	183815

数据来源：CEIC 数据库。

附表 3　西部地区煤炭可供消费量　　（kt）

年份	云南	四川	宁夏	新疆	甘肃	贵州	重庆	陕西	青海	平均
1995	27618	89198	10794	24475	25467	39460	NA	37785	4627	32428
1996	30471	92363	11105	27706	26189	48318	NA	40978	4932	35258
1997	33003	61136	10645	27087	23731	52283	27050	36491	5497	30769
1998	31655	59021	10874	27790	23738	55341	28431	35085	5376	30812
1999	29633	48625	10419	25902	23955	31914	30537	29979	6379	26371
2000	28309	46440	NA	27028	24804	29981	29420	27657	5217	27357
2001	31039	46500	NA	27379	25513	26723	27355	31330	6413	27782
2002	33536	54619	NA	28981	27976	34372	30529	34515	6206	31342
2003	43487	72541	14281	31841	32185	57362	26461	39607	6756	36058
2004	30647	81887	27603	36022	34793	68289	29044	49844	6802	40548

续附表 3

年份	云南	四川	宁夏	新疆	甘肃	贵州	重庆	陕西	青海	平均
2005	66815	77919	32489	37143	37507	76578	33352	107279	6874	52884
2006	74820	85327	34896	43141	39591	89512	37346	82243	9124	55111
2007	76203	93105	41353	49398	44552	85976	40787	97776	10582	59970
2008	79159	107270	42875	57086	46829	95139	52727	109873	13166	67125
2009	88854	121474	54454	75113	44785	108676	57817	103518	13095	74198
2010	93494	115204	57638	81064	53896	112203	63969	121230	12707	79045
2011	96639	114543	79458	97056	63034	127381	71893	141968	15083	89673
2012	98501	118722	80765	120276	65575	135689	67499	165887	18598	96835
2013	97831	116786	85337	118153	65411	137178	57945	174336	20732	97079
2014	86747	110454	88569	126312	67159	132795	60958	183861	18165	97224
2015	77129	92889	89075	138663	65571	134198	60472	183886	15081	95218
2016	74612	88695	86646	160539	63775	141471	56744	196965	19624	98786

附表 4　东部地区煤炭调入量　（kt）

年份	上海	北京	辽宁	天津	河北	山东	江苏	浙江	福建	广东	广西	海南	平均
1995	40034	20824	46599	23554	44147	24550	68998	43985	6426	37524	10318	1798	30730
1996	42543	22184	35896	24316	51234	26906	73383	46791	8267	41803	11404	1365	32174
1997	43529	21357	44885	25485	50573	27758	65481	46753	9549	41165	9918	1206	32305
1998	44028	20629	28104	23384	48721	25573	67910	46747	11546	43497	10274	1769	31015
1999	43100	22145	38538	23328	49647	26687	70977	47271	7067	46510	13506	1706	32540
2000	46838	23557	51204	27195	62449	28317	67634	50378	9291	55082	14715	1714	36531
2001	57930	22200	47798	27796	71466	31360	70968	55449	10480	59054	16645	1715	39405
2002	62460	21339	47829	29296	80916	38464	76772	60017	14351	66253	17038	NA	46794
2003	52800	21671	49042	29296	89344	53360	85251	65188	18662	72345	25969	2689	47135
2004	55479	23535	59464	35036	110869	80110	110201	82839	28873	77262	34028	4052	58479
2005	66660	28018	72463	38566	141979	151640	144958	95684	30563	89825	36388	2613	74946
2006	53260	26901	77825	37844	173331	187940	158115	112073	31389	98111	36713	2443	82995
2007	95867	25992	98872	39785	192661	215000	179479	128369	41118	111872	40194	3289	97708
2008	68819	25878	98365	40840	203302	199747	194670	129838	44109	121319	39996	4796	97640
2009	67143	25616	98726	40260	215001	225433	187061	127283	44311	99908	41763	3483	97999
2010	77524	26700	94382	49240	218673	276749	216551	134486	33602	112558	54136	3533	108178
2011	84933	23444	122415	52558	238762	299355	268047	136722	40170	125189	62720	4514	121569
2012	78066	22772	117573	52593	255243	262899	266561	131093	30802	108773	59490	7838	116142

续附表 4

年份	上海	北京	辽宁	天津	河北	山东	江苏	浙江	福建	广东	广西	海南	平均
2013	69693	20769	128308	53125	226647	261808	252677	128744	29815	110152	58294	3587	111968
2014	61421	17258	119736	45640	224679	283595	245412	123778	44554	107206	52318	3248	110737
2015	59942	10242	121762	43755	228679	295616	293927	122524	46600	151885	48406	946	118690
2016	51854	8268	151059	37798	257121	289231	265896	113835	34461	114905	52392	5321	115178

附表 5　中部地区煤炭调入量　　(kt)

年份	山西	内蒙古	吉林	黑龙江	安徽	江西	河南	湖北	湖南	平均
1995	NA	3570	21905	8729	17826	5527	13070	37760	7365	14469
1996	NA	2500	26324	8999	21996	5894	14352	40442	7721	16029
1997	NA	5080	25053	9256	13267	6881	14903	45236	10928	16326
1998	NA	8000	21037	9589	24112	6886	15644	45305	9046	17452
1999	NA	11700	23734	9980	26770	5279	13221	49723	8976	18673
2000	NA	15000	24221	12740	25850	6491	16148	51824	11730	20501
2001	NA	20125	27390	12504	27856	6588	19191	53578	11747	22372
2002	NA	9900	28676	10894	28000	13158	22068	58827	10047	22696
2003	NA	5600	32570	7970	30800	18889	23808	65115	16409	25145
2004	NA	20895	34260	9996	19500	16800	31037	75117	25159	29096
2005	4896	12501	44245	15300	23740	18344	32510	80577	31766	29320
2006	39492	17917	51771	11458	35479	20937	49940	82872	34809	38297
2007	50547	14138	52466	13965	33647	27629	46130	101086	43785	42599
2008	72948	14299	52608	12101	31370	25976	NA	91893	47641	43604
2009	58299	16408	52167	18000	33650	24199	61281	97937	43724	45074
2010	60080	8703	60246	50868	38510	38294	119200	120961	47121	60443
2011	49398	9708	82237	65939	47472	44379	173967	150418	59748	75919
2012	30700	10941	67027	76606	37988	33102	94085	148097	45432	60442
2013	47991	8580	77320	79849	60359	37856	120080	110894	45439	65374
2014	90499	10838	75643	93071	64788	43230	118475	109675	54859	73453
2015	49178	10508	72581	95218	65121	54124	135878	106051	73072	73526
2016	77966	13368	77177	112583	114786	62609	149267	110644	85994	89377

附表 6　西部地区煤炭调入量　　(kt)

年份	云南	四川	宁夏	新疆	甘肃	贵州	重庆	陕西	青海	平均
1995	782	2090	900	14	5064	NA	NA	3335	1730	1988
1996	828	1841	200	123	7018	NA	NA	3739	1931	2240
1997	3233	1488	700	96	4145	NA	400	4732	2260	2132

续附表 6

年份	云南	四川	宁夏	新疆	甘肃	贵州	重庆	陕西	青海	平均
1998	1289	3936	NA	153	3121	NA	NA	4411	2321	2539
1999	3778	5480	350	135	7464	NA	NA	4288	3200	3528
2000	6585	4080	NA	107	9397	NA	NA	4013	3000	4530
2001	7983	4151	NA	182	6567	NA	1367	7000	4510	4537
2002	5356	4396	NA	306	11648	NA	1367	9426	3707	5172
2003	3520	4179	NA	195	12921	NA	NA	14084	3701	6433
2004	8923	19238	13980	229	4532	NA	566	15420	2603	8186
2005	8323	6514	17881	324	11075	NA	4233	9800	1263	7427
2006	8290	20273	14218	414	10427	NA	3095	NA	3804	8646
2007	11549	6029	13796	1754	14352	1678	11020	NA	4056	8029
2008	5955	20614	16621	949	19220	NA	23946	NA	4820	13161
2009	8058	31380	33231	1219	21522	1188	30065	NA	3085	16219
2010	11479	26478	30117	2134	23538	NA	31587	12407	3627	17671
2011	12293	23821	40900	NA	29638	1674	40041	9308	7266	20618
2012	19511	28044	26441	NA	40454	1682	41059	18383	11914	23436
2013	11308	49357	32069	4883	38168	3485	29648	11905	12469	21477
2014	48817	33761	29697	4855	40352	2891	32736	6745	11131	23443
2015	46030	30680	32104	2136	39336	3212	27815	15882	7033	22692
2016	45523	25998	29565	2824	40297	3879	44567	20700	13782	25237

附表 7　东部地区煤炭调入占可供消费的比例　（%）

年份	上海	北京	辽宁	天津	河北	山东	江苏	浙江	福建	广东	广西	海南	平均
1995	101	78	50	97	40	25	77	104	38	76	44	107	70
1996	104	83	39	106	45	27	83	102	45	82	49	91	71
1997	103	82	48	110	44	29	76	98	56	81	46	87	72
1998	104	78	32	101	43	26	79	100	65	86	49	104	72
1999	102	88	46	102	43	27	81	99	36	88	64	96	73
2000	104	89	53	110	53	33	77	100	43	93	66	90	76
2001	126	86	53	105	57	28	79	100	47	97	73	86	78
2002	133	85	51	100	59	30	79	100	53	100	80	NA	79
2003	107	81	47	100	60	35	79	98	57	91	100	79	78
2004	108	80	51	100	64	44	83	99	76	88	101	85	82
2005	125	93	55	101	69	60	86	99	63	90	97	76	85

续附表 7

年份	上海	北京	辽宁	天津	河北	山东	江苏	浙江	福建	广东	广西	海南	平均
2006	104	95	55	99	81	65	86	99	58	88	88	74	83
2007	182	99	65	101	78	68	90	99	67	89	84	79	92
2008	126	100	64	103	83	58	94	100	67	91	86	102	90
2009	126	101	62	98	81	65	89	96	62	73	80	67	83
2010	132	102	56	102	80	74	94	96	48	70	87	55	83
2011	138	99	68	100	78	77	98	93	46	68	89	55	84
2012	137	100	65	99	81	65	96	91	36	62	82	84	83
2013	123	103	71	101	72	69	90	91	37	64	79	36	78
2014	125	99	67	91	76	72	91	90	54	63	77	32	78
2015	127	88	70	96	79	72	108	89	61	92	79	9	81
2016	112	98	89	89	91	71	95	82	50	71	80	52	82

附表 8 中部地区煤炭调入占可供消费的比例 (%)

年份	山西	内蒙古	吉林	黑龙江	安徽	江西	河南	湖北	湖南	平均
1995	NA	8	45	14	36	18	17	70	13	NA
1996	NA	5	51	15	42	22	18	71	13	NA
1997	NA	9	50	14	24	26	19	77	23	NA
1998	NA	15	50	16	45	30	23	77	19	NA
1999	NA	21	56	18	49	25	23	83	27	NA
2000	NA	25	57	23	44	29	31	86	38	NA
2001	NA	32	61	24	44	28	30	88	29	NA
2002	NA	14	61	21	43	50	30	91	23	NA
2003	NA	7	63	13	42	58	23	90	33	NA
2004	NA	18	60	14	25	43	26	93	42	NA
2005	4	9	65	20	28	43	19	91	36	30
2006	27	11	69	14	40	46	31	84	37	36
2007	41	8	67	17	34	53	27	94	43	38
2008	26	6	63	15	27	49	0	90	47	32
2009	21	7	61	20	27	45	34	84	41	32
2010	20	3	63	42	29	61	50	90	42	37
2011	15	3	75	50	33	64	66	95	46	40
2012	9	3	60	55	26	49	43	94	38	33
2013	13	2	73	60	39	52	48	91	40	35

续附表 8

年份	山西	内蒙古	吉林	黑龙江	安徽	江西	河南	湖北	湖南	平均
2014	24	3	73	68	41	58	49	92	50	39
2015	13	3	74	71	41	70	57	90	66	40
2016	22	4	82	80	73	82	64	95	75	49

附表 9　西部地区煤炭调入占可供消费的比例　　（%）

年份	云南	四川	宁夏	新疆	甘肃	贵州	重庆	陕西	青海	平均
1995	2.8	2.3	8.3	0.1	19.9	0.0	—	8.8	37.4	10.0
1996	2.7	2.0	1.8	0.4	26.8	0.0	—	9.1	39.2	10.3
1997	9.8	2.4	6.6	0.4	17.5	0.0	1.5	13.0	41.1	10.2
1998	4.1	6.7	0.0	0.6	13.1	0.0	0.0	12.6	43.2	8.9
1999	12.7	11.3	3.4	0.5	31.2	0.0	0.0	14.3	50.2	13.7
2000	23.3	8.8	—	0.4	37.9	0.0	0.0	14.5	57.5	17.8
2001	25.7	8.9	—	0.7	25.7	0.0	5.0	22.3	70.3	19.8
2002	16.0	8.0	—	1.1	41.6	0.0	4.5	27.3	59.7	19.8
2003	8.1	5.8	0.0	0.6	40.1	0.0	0.0	35.6	54.8	16.1
2004	29.1	23.5	50.6	0.6	13.0	0.0	1.9	30.9	38.3	20.9
2005	12.5	8.4	55.0	0.9	29.5	0.0	12.7	9.1	18.4	16.3
2006	11.1	23.8	40.7	1.0	26.3	0.0	8.3	0.0	41.7	17.0
2007	15.2	6.5	33.4	3.6	32.2	2.0	27.0	0.0	38.3	17.6
2008	7.5	19.2	38.8	1.7	41.0	0.0	45.4	0.0	36.6	21.1
2009	9.1	25.8	61.0	1.6	48.1	1.1	52.0	0.0	23.6	24.7
2010	12.3	23.0	52.3	2.6	43.7	0.0	49.4	10.2	28.5	24.7
2011	12.7	20.8	51.5	0.0	47.0	1.3	55.7	6.6	48.2	27.1
2012	19.8	23.6	32.7	0.0	61.7	1.2	60.8	11.1	64.1	30.6
2013	11.6	42.3	37.6	4.1	58.4	2.5	51.2	6.8	60.1	30.5
2014	56.3	30.6	33.5	3.8	60.1	2.2	53.7	3.7	61.3	33.9
2015	59.7	33.0	36.0	1.5	60.0	2.4	46.0	8.6	46.6	32.7
2016	61.0	29.3	34.1	1.8	63.2	2.7	78.5	10.5	70.2	39.0

后　记

在本书出版之际，我回忆起7年前出版的博士论文，不禁感慨万千。可以说，每本著作的出版，都凝聚了多年的心血，本书更是自己对该领域多年持续研究的重要总结。

撰写过程中所遇到的艰辛在此不再赘述，仅在此对所有关心和帮助过我的人致以最诚挚的谢意。首先，感谢本单位领导的信任与支持，感谢江西理工大学的资金资助，以使得本书能够顺利出版。其次，该书成稿于北京大学经济学院访学期间，感谢苏剑老师提供优越的科研环境，感谢邢曙光博士、孔帅博士等人对该书部分章节的重要指导。再次，感谢家人提供的重要后勤保障，使我得以潜心学术，顺利完成本书的终稿。

该书的出版意味着我在该领域的研究将暂时告一段落，新的研究已启动，在此，我期望未来能够做出更好的研究。

王　昆

（2019年7月15日写于江西理工大学）